Gotthold Zielasek

Projektmanagement als Führungskonzept

Springer

Berlin
Heidelberg
New York
Barcelona
Hongkong
London
Mailand
Paris
Singapur
Tokio

Gotthold Zielasek

Projektmanagement als Führungskonzept

Erfolgreich durch Aktivierung aller Unternehmensebenen

Zweite, überarbeitete Auflage

Mit 177 Abbildungen

Springer

Dr. Gotthold Zielasek
Geigersbergstraße 39
76227 Karlsruhe

Die Deutsche Bibliothek - Cip-Einheitsaufnahme
Zielasek, Gotthold:
Projektmanagement als Führungskonzept :
erfolgreich durch Aktivierung aller Unternehmensebenen / Gotthold Zielasek.
Berlin ; Heidelberg ; New York ; Barcelona ; Hongkong ; London ; Mailand ; Paris ; Singapur ; Tokio :
Springer, 1999
1. Aufl. u.d.T.: Zielasek, Gotthold: Projektmanagement

ISBN-13: 978-3-642-64275-3 e-ISBN-13: 978-3-642-60144-6
DOI: 10.1007/978-3-642-60144-6

Einband-Entwurf: de'blik, Berlin

SPIN: 10718354 62/3020 - 5 4 3 2 1 0 Gedruckt auf säurefreiem Papier

Meiner Familie

„Die Menschen werden durch Gesinnungen geeinigt
und durch Meinungen getrennt.“

(Goethe)

Geleitwort

Das vorliegende Buch wurde aus der Praxis für die Praxis geschrieben. Der Autor kann auf eine jahrzehntelange Erfahrung mit dem Führungskonzept Projektmanagement zurückblicken. Das vorliegende Buch profitiert auch von der nunmehr zehnjährigen universitären Lehrerfahrung des Autors. Es ist ihm hervorragend gelungen, sein wertvolles praktisches Wissen in anschaulicher Form zu vermitteln.

Das Buch stellt die ganzheitliche Führungskonzeption Projektmanagement in den Mittelpunkt. Es wendet sich an die Unternehmensleitungen, Führungskräfte und Projektbearbeiter in mittelgroßen Unternehmen und damit an eine Zielgruppe, deren Innovationsaktivität als Beschäftigungsmotor unserer Volkswirtschaft angesehen werden kann.

Herr Dr. Zielasek legt ein maßgeschneidertes Konzept vor, das auf die Bedürfnisse dieser Zielgruppe zugeschnitten ist. In seinem Konzept stehen die Fragen der Projektführung im Vordergrund. Das Projektmanagementsystem dient der Verbesserung der Zusammenarbeit der „drei Säulen" (Unternehmensleitung, mittlere Führungskräfte und Projektteam). Vor diesem Hintergrund werden die Fragen der Projektorganisation, Projektplanung und -abwicklung systematisch behandelt.

Ich wünsche dem vorliegenden Werk den gleichen hohen Zuspruch, den die Lehrveranstaltungen des Autors bei unseren Wirtschaftsingenieur-Studenten gefunden haben.

Karlsruhe im Juni 1995 Prof. Dr. Hans Georg Gemünden

Vorwort zur 2. Auflage

Obwohl die 2. Auflage dieses Buches überarbeitet wurde, blieben der Grundgedanke der Projektmanagement-„Philosophie" sowie der Inhalt der 1. Auflage von 1995 erhalten. Neben geringfügigen Korrekturen wurden folgende Ergänzungen hinzugefügt:

In Kap. 5, Abschn. 5.1 *(Definition des Begriffes Team und Bedeutung der Teamarbeit)* sind die Sozialkompetenz der Teammitglieder sowie der Vorteil kooperativ arbeitender Teams gegenüber konkurrenzorientierten Gruppen kurz erläutert. Kap. 6 *(Ziele und Aufgaben des Projektmanagements)* führt zu Beginn die wesentlichen Projektmanagement-Ziele auf. Kurze Hinweise zum *Projektablauf* (Kap. 7, Abschn. 7.1) ergänzen die Möglichkeiten für die praktische Vorgehensweise bei der Projektbearbeitung. In Kap. 9, Abschn. 9.2 *(Überlappende Arbeitsweise und Verantwortlichkeiten)* wird auf den Zusammenhang der überlappenden oder parallelen Arbeitsweise beim Projektmanagement mit dem Begriff „simultaneous engineering" hingewiesen. Zur Anwendung des *Projektcontrollings* (Kap. 10) als Prozeß wird im Abschn. 10.7 *(Vorgehensweise bei der Projektüberwachung)* anhand einer Darstellung (neue Abb. 10.7) eine mögliche Vorgehensweise aufgezeigt. Darüber hinaus ist eine weitere neue Abb. 4.2 dazugekommen, welche die Zusammenarbeit der Projektgruppen mit externem Partner und dem Projektsteuerungsgremium darstellt. Einzelne Abbildungen bedurften einer geringfügigen Korrektur.

Das letzte Kap. 12 *(Voraussetzungen für den Erfolg eines Projektes)* weist einige erweiterte Darstellungen auf. Zu Beginn des Abschn. 12.1 *(Projektmanagement-Philosophie und Drei-Säulen-Hypothese)* erläutere ich die von mir vertretene „Philosophie". Der im wesentlichen von Herrn Prof. Dr. Hans Georg Gemünden stammende Beitrag im Abschn. 12.3 *(Erfolgsfaktoren des Projektmanagements)* wurde durch Ergebnisse weiterer Untersuchungen auf diesem Gebiet in Zusammenarbeit mit Dr. Thomas Lechler ergänzt, wobei *statisches* und *dynamisches Projektmanagement* gegenübergestellt werden. Im letzten Abschn. 12.4 *(Projektmanagement-Kon-*

zept), in dem die wesentlichen Aspekte des Projektmanagement-Konzeptes in 10 Punkten zusammenfassend erläutert werden, ist in Einzelfällen die flexible Handhabung der beschriebenen Projektmanagement-Methode (u.a. durch Rahmenbedingungen) zusätzlich erwähnt. Sie kommt zwar in den einzelnen Kapiteln immer wieder zum Ausdruck, sollte aber wegen ihrer Bedeutung in der Zusammenfassung noch einmal in Erinnerung gebracht werden.

Karlsruhe im Jahre 1999 Gotthold Zielasek

Vorwort

Projektmanagement ist zwar seit etwa vier Jahrzehnten bekannt, doch beschränkten sich die meisten Anwendungen dieses Managementkonzeptes zunächst auf spezielle Großprojekte, z.B. militärischer Art oder allgemein bei Luft- und Raumfahrt sowie im Großanlagenbau. Erst allmählich setzte sich die Erkenntnis durch, daß auch für die Abwicklung mittlerer und kleiner Projekte – wie z.B. beim Apparate-, Maschinen- und Gerätebau, bei der Entwicklung technologischer Prozesse oder technischer Komponenten sowie bei EDV-Vorhaben – ein darauf angepaßtes Projektmanagement-Konzept sehr nützlich sein kann. Eigene jahrzehntelange praktische Anwendungen und Erfahrungen auf diesem Sektor in verschiedenen Positionen der Industrie (einschl. Topmanagement) bestätigten diese Erkenntnisse und führten zu entsprechenden Erfolgen.

Für Vorlesungen an der Universität und Berufsakademie Karlsruhe, zeitweise auch an der Wirtschaftsuniversität Wien sowie für Seminare und Beratungen in Industrieunternehmen und Institutionen habe ich – basierend auf eigenen Erfahrungen und Entwicklungen – Unterlagen übers Projektmanagement aus Literatur und Praxis zusammengestellt, die vor allem zum Grundverständnis für die praktische Anwendung mittlerer und kleiner Projekte relevant sind. Weiterhin ergibt sich daraus die Erkenntnis, welche Faktoren für ein erfolgreiches Projektmanagement wichtig sind, daß vorweg eine Gesamtkonzeption vorliegen muß und daß es notwendig und durchaus möglich ist, das Projektmanagement-Konzept dem Unternehmen und gegebenenfalls auch dem Projekt anzupassen.

Dem vielseitigen Wunsch, diese meine Projektmanagement-„Philosophie“ in einem Buch zusammenzufassen, möchte ich hiermit nachkommen. Es ist für Unternehmensleitungen (oberste Führungskräfte), mittlere Führungskräfte und Projektbearbeiter gleichermaßen gedacht. Denn nur bei gleichem Engagement dieser drei „Säulen“ sowie bei genauer Kenntnis, Akzeptanz und Befolgung eines einheitlichen Konzeptes bzw. einer einheitlichen Projektmanagement-„Philosophie“ aller Beteiligten ist eine erfolgreiche Anwendung des Projektmanagements möglich. Darüber hinaus soll das Buch praxisorientierten Studenten den Einstieg in das Gebiet des Projektmanagements ermöglichen.

Einzelne Darstellungen mögen auf den ersten Blick gelegentlich trivial oder selbstverständlich erscheinen. In der Praxis werden aber „selbstverständliche" Dinge leider nicht immer beachtet, was oft zu Mißerfolgen führt. Deshalb ist diese Problematik in die Gesamt-„Philosophie", die ich zu vermitteln suche, mit integriert, so daß sich bei konsequenter Anwendung des Konzeptes zwangsläufig eine Berücksichtigung der oft nicht beachteten „Selbstverständlichkeiten" ergibt.

Den Beitrag zur Behandlung der „Erfolgsfaktoren" des Projektmanagements (Abschn. 12.3 im letzten Kap.) habe ich Herrn Prof. Dr. Hans Georg Gemünden zu verdanken; er ist Leiter des Instituts für Angewandte Betriebswirtschaftslehre und Unternehmensführung an der Universität Karlsruhe (TH). Für das Verständnis des beträchtlichen Zeitaufwandes bei der Ausarbeitung des Buches danke ich meiner Frau Ursula, die oft auf unsere gemeinsame Freizeitgestaltung verzichten mußte. Meinem Bruder, Dipl.-Phys. Dr. Adelbert Zielasek, gebührt ein besonderer Dank für die kritische Durchsicht des Manuskriptes und für einige Anregungen. Auch meinem Sohn, Dipl.-Wirtsch.-Ing. Jörg Zielasek, bin ich dankbar, daß er mir trotz starker beruflicher Inanspruchnahme vor allem zu Beginn der Manuskripterstellung einige wesentliche Hinweise geben konnte. Weitere Hinweise erhielt ich auch von meinem Neffen, Dipl.-Phys. Dr. Burkhard Krüger, wofür ich ebenfalls danke. Schließlich gilt mein Dank Herrn Dipl.-Inform. Mathias Klann für das Lektorieren des Manuskriptes sowie dem Springer-Verlag für die Herstellung und Verbreitung des Werkes, insbesondere den Verlagsmitarbeitern, die mir bei der Berücksichtigung verlagstechnischer Belange sehr geholfen haben.

Karlsruhe im Juni 1995 Gotthold Zielasek

Inhaltsverzeichnis

1 Einleitung

Der Begriff *Projektmanagement* ist zwar seit vier Jahrzehnten bekannt, doch sind die Vorstellungen darüber verschieden. Als ich in den 50er Jahren erstmalig einen Artikel über Projektmanagement in der amerikanischen Literatur las, fand ich den Grundgedanken der fach- und firmenübergreifenden Kooperation und Koordination faszinierend. Dessen erfolgversprechender Einsatz bei Großprojekten war einleuchtend, die Anwendung auf Kleinprojekte schien jedoch aus Gründen des Verwaltungsaufwandes nicht ohne weiteres übertragbar. Bei der Entwicklung von elektronischen Bauelementen, mit der ich mich damals in einem Großunternehmen befaßte, war aber eine enge Kooperation mit verschiedenen Abteilungen und Bereichen des Unternehmens und auch mit Zulieferern ebenso unerläßlich wie bei Großprojekten. Auch mußten die Arbeiten zwischen Physik, Chemie, Verfahrens- und Fertigungstechnik sowie Testlabor und Anwendern koordiniert werden. Ausgehend vom Projektmanagementgedanken aus den USA versuchte ich, dieses Problem zunächst ohne großen organisatorischen und administrativen Aufwand durch verstärktes persönliches Engagement zu lösen, bis nach und nach auch einige organisatorische Regelungen zur Anwendung kamen.

Bei der Neuproduktentwicklung von Baugruppen, Geräten, Apparaten und Kleinanlagen ergibt sich dieselbe Problematik. Hierbei geht es vor allem um die rechtzeitige Koordination der Aufgaben von Marketing, Entwicklung, Fertigung, Qualitätssicherung und Einkauf und um die Kooperation aller Beteiligten. Auch bei kleineren Vorhaben der angewandten Forschung und Entwicklung ist es sinnvoll, die Zusammenarbeit von Experten verschiedener Fachrichtungen zu fördern und deren Aktivitäten zu koordinieren, wobei ein störender Einfluß autoritärer Reglementierungen zu vermeiden ist. Der Grundgedanke des Projektmanagements kann hier sehr hilfreich sein, wenn es gelingt, bei dessen Anwendung das Projekt, die beteiligten Stellen und Personen sowie das vorhandene Umfeld zu berücksichtigen. Das heißt, es muß dafür ein flexibles, dem Projekt angemessenes

Führungskonzept zugrunde gelegt werden, bei dem der organisatorische und administrative Aufwand aus wirtschaftlichen Gründen gering zu halten ist. Unter Umständen muß sogar das Umfeld den Erfordernissen angepaßt werden.

Eine besondere Rolle spielen hierbei die beteiligten Personen. Wie bei vielen anderen Aktionen kommt es auch hier auf das Handeln und Verhalten der Menschen an. Für das Handeln stehen verschiedene Methoden, Verfahren oder Handlungsweisen als Werkzeuge zur Verfügung, die laufend verbessert und neu entwickelt werden. Das Verhalten des Menschen wird wesentlich durch die Kultur seiner Umgebung geprägt oder beeinflußt. Deshalb bedarf es einer gewissen Unternehmenskultur, die sich aus der Unternehmenspolitik oder Unternehmensphilosophie ergibt. Damit in einer angemessenen Kultur alles geordnet und zielorientiert abläuft, bedarf es gewisser Regeln oder Rahmenbedingungen. Dabei ist u.a. dem menschlichen Bedürfnis nach Akzeptanz, Anerkennung, Sicherheit, Selbstachtung und Selbstentfaltung den individuellen Anlagen und Fähigkeiten entsprechend Rechnung zu tragen. Gefordert sind vor allem Engagement, Initiative, Teamfähigkeit aber auch Fairneß bei Meinungsverschiedenheiten oder sonstigen Auseinandersetzungen. Das gilt allerdings nicht nur beim Projektmanagement, sondern ebenso bei speziellen Problemlösungsverfahren verschiedener Art. Dabei geht es darum, die Menschen zu effektivem und effizientem Handeln zu bewegen, um die vorhandenen geistigen und physischen Kapazitäten auch im persönlichen Interesse der Beteiligten möglichst optimal zu aktivieren, zu nutzen und somit erfolgreich zu sein, was eine innere Befriedigung zur Folge hat. Stellvertretend für solche speziellen Verfahren seien hier nur Qualitätszirkel, Total Quality Management und Lean Management erwähnt. Das Funktionieren und der Erfolg hängen in allen Fällen primär von den Menschen, deren „Arbeitsumfeldkultur" und einem akzeptablen Konzept bzw. System ab. Es setzt allerdings bei den Beteiligten die Einsicht voraus, daß das Wohl des Ganzen langfristig auch für den einzelnen die meisten Vorteile bietet.

Somit kann das Führungskonzept „Projektmanagement", das vielseitig einsetzbar ist und verschiedene spezielle Problemlösungssysteme beinhaltet, wie z.B. Simultanous Engineering, Schnittstellenmanagement, Innovationsmanagement und kooperative Führungskonzepte, erfolgreich praktiziert werden, wenn man es den jeweiligen Gegebenheiten anpaßt und einige grundsätzliche Gesichtspunkte beachtet. So ist beispielsweise bei der besonders kritischen menschlichen Komponente vor allem die von mir als „Drei-Säulen-Hypothese" (s. Kap. 12, Abschn. 12.1) bezeichnete Übereinstimmung und Kooperation aller Hierarchieebenen wichtig. Demnach müssen

1. Vorstand, Geschäftsführung bzw. Topmanagement („1. Säule"),
2. mittlere Führungskräfte („2. Säule") und
3. beteiligte sowie betroffene Mitarbeiter, einschließlich sonstige Führungskräfte und Experten oder Sachbearbeiter, die eigentliche Ausführungsebene („3. Säule")

ein einheitliches, den Beteiligten und der Sache angepaßtes Projektmanagementkonzept festlegen, das von allen akzeptiert wird und dessen Handhabung und Regeln allen gleichermaßen bekannt sind. (Scherzhafterweise vergleichbar mit 3 Skatspielern, die einheitliche Skatregeln kennen und praktizieren müssen.) Das geht in den meisten Fällen nur über Schulungen bzw. Seminare, denen sich vor allem auch das Topmanagement stellen muß, und durch Übungen (Workshops, Training-on-the-job usw.).

Ein erfolgversprechendes Konzept erfüllt eben nur dann die positiven Erwartungen, wenn es von allen Beteiligten in gleicher Weise angewandt und unterstützt wird – unabhängig von deren hierarchischer Stellung im Unternehmen. Das hat sich auch in der Praxis des Autors als Physiker, Laborleiter, Abteilungsleiter, Geschäftsführer und Vorstandsmitglied in Industrieunternehmen vor allem bei der Neuproduktentwicklung, bei Rationalisierungsvorhaben, bei der Verbesserung von Produktions- und Verwaltungsabläufen, bei EDV-Projekten, im Kleinanlagenbau aber auch bei Forschungs- und Entwicklungsprojekten verschiedener Art sowie bei mehr oder weniger umfangreichen Studien – national und international – immer wieder bestätigt. Deshalb soll hier aufgrund jahrzehntelanger praktischer Erfahrung mit der Anwendung des Projektmanagements vom Praktiker für den Praktiker aller hierarchischen Ebenen vermittelt werden, wie Projektmanagement auch bei kleineren Projekten[1] mit relativ ge-

[1] Als „kleinere Projekte" werden die in der Praxis in großer Anzahl anfallenden fachübergreifenden Aufgabenstellungen bezeichnet, die nicht unter die Großprojekte (wie z.B. Luft- und Raumfahrtprojekte, Großanlagenbau, Großbauten u.a.) fallen. Die Grenze zwischen Großprojekten und „kleineren" bzw. „Nicht-Großprojekten" ist nicht scharf. Beispiele für „kleinere Projekte": Neuproduktentwicklung von Haushaltgeräten (Kühlschrank, Waschmaschine, Herd, Toaster usw.), von medizinischen Geräten (Elektro-

ringem Aufwand durchaus von Nutzen sein kann. Voraussetzung dafür sind grundlegende Kenntnisse des Projektmanagements, soweit sie auch bei der von mir vertretenen „Projektmanagement-Philosophie" notwendig sind. Diese möchte ich in den folgenden Kapiteln erläutern. Als Basis dafür habe ich Unterlagen verwendet, die ich seit 1986 für Vorlesungen über Projektmanagement an Berufsakademie und Universitäten sowie für Seminare und Workshops in Industrieunternehmen und Forschungsinstituten aus Literatur und eigener Erfahrung zusammengestellt und jeweils den neuesten Erkenntnissen angepaßt habe. Dabei bleibt der Grundgedanke des Projektmanagements, fach- und firmenübergreifende Kooperation und Koordination im nationalen und internationalen Rahmen, bestehen; die Konzeption muß jedoch mit der technologischen, organisatorischen, führungstechnischen aber auch sozialen und psychologischen Entwicklung Schritt halten. Deshalb ist Projektmanagement nach meinem Verständnis kein starres, sondern ein flexibles, anpassungsfähiges und somit zukunftweisendes Führungskonzept, das sich viele bekannte und neu entwickelte Methoden zunutze machen kann.

Qualifizierte, strebsame Mitarbeiter akzeptieren diese Denkweise im allgemeinen sehr schnell und sind zum Engagement und zur selbständigen, verantwortungsbewußten Teamarbeit bereit, wenn das gesamte Management dem Konzept entsprechend „mitzieht" und die Voraussetzungen für die erforderliche „Umfeldkultur" schafft. Das erfordert zwar eine Änderung der Verhaltensweise, die sich jedoch durch entsprechende Strukturen aufgrund der „Umfeldkultur" weitgehend zwangsläufig ergibt, wenn die Führungskräfte damit beginnen. B. Pischetsrieder, Vorstandsvorsitzender von BMW, sagte einmal[2]: „Strukturen bestimmen Verhalten. Das Verhalten der Führung eines Unternehmens bestimmt aber letztlich auch dessen Strukturen. Also kann Veränderung von Strukturen nur durch Verhaltensänderung der Führung erreicht werden." Bei meinen Schulungen, Seminaren, Workshops und Trainings zeigt sich, daß besonders bei der Kooperation mit hochqualifizierten Mitarbeitern in manchen Unternehmen ein Umdenken des Managements erforderlich ist, um Projektma-

---

kardiograph, Ultraschallgerät, elektronisches Blutdruckmeßgerät usw.), von Prozessoren für automatische Regelungen bzw. Steuerungen sowie grundlegende Untersuchungen für die praktische Anwendung neuer Technologien (z.B. Lasertechnologie) in Medizin und Technik (s. auch [18], S. 83 ff.).

[2] Aus: BMW Magazin 3/1994, S. 34.

nagement erfolgreich zu praktizieren. Gelegentlich gibt es vor allem beim mittleren Management ein falsches Verständnis für die Delegation von Verantwortung und Kompetenz an ein Projektteam. Man befürchtet einen Einfluß- und Prestigeverlust, oder man traut den Mitarbeitern das selbständige und eigenverantwortliche Handeln nicht zu. Bei Anwendung organisatorischer Maßnahmen und entsprechendem Führungsverhalten erweisen sich diese Bedenken als gegenstandslos. Die wohlüberlegte Delegation von Verantwortung und Kompetenz für ein Projekt an ein Projektteam ermöglicht der Führungskraft vielmehr Freiraum für eigentliche Führungsaufgaben. Das heißt, der Schlüssel zur Akzeptanz und erfolgreichen Anwendung des Projektmanagements für kleinere und mittelgroße Projekte liegt vor allem beim Management, wie auch aus den folgenden Ausführungen zu entnehmen ist. Hierbei kommt es darauf an, alle Unternehmensebenen zu aktivieren und deren geistigen Kapazitäten in kooperativem Sinne zusammenzuführen und voll zu nutzen. Im übrigen entspricht die Summe der Mitarbeitererfolge weitgehend dem Gesamterfolg der zuständigen Führungskraft.

Dieses Buch erhebt nicht den Anspruch einer wissenschaftlichen Abhandlung, sondern vereinigt bekannte, zum Teil in der Literatur behandelte Vorgänge, Methoden oder Verfahren mit Ergebnissen der Praxis zu einer Projektmanagement-Philosophie[3] als Grundlage für den Umgang mit kleineren und mittelgroßen Projekten. Die im Literaturverzeichnis angegebenen Veröffentlichungen sind nur zum Teil für die eigenen Ausführungen berücksichtigt. Es wird auch nicht in allen Einzelfällen die jeweilige Literaturstelle zitiert.

---

[3] Bei der Projektmanagement-Philosophie geht es im wesentlichen um ein gegenseitiges kooperatives bzw. partnerschaftliches Verhalten. Dabei sind vor allem Initiative, Kreativität, Selbständigkeit, Teamarbeit sowie Verantwortungsbereitschaft und damit eine unternehmerische Denkweise (Ganzheitsbetrachtung) durch entsprechendes Führungsverhalten und geeignete Gestaltung des Arbeitsumfeldes zu fördern (s. Kap. 12, Abschn. 12.1).

2 Was ist Projektmanagement?

2.1 Definition der Begriffe Projekt und Projektmanagement

Nach DIN 69901 lautet die Definition des Begriffes Projekt:
„Vorhaben, das im wesentlichen durch Einmaligkeit der Bedingungen in ihrer Gesamtheit gekennzeichnet ist, wie z.B.

- Zielvorgabe
- zeitliche, finanzielle oder andere Begrenzungen
- Abgrenzung gegenüber anderen Vorhaben
- projektspezifische Organisation."

Die in der Literatur angegebenen Definitionen lehnen sich an die DIN-Definition an oder bringen die Besonderheit des Projektes gegenüber sonstigen Aufgaben in anderer Weise zum Ausdruck. So heißt es z.B. [12]: Ein Projekt ist eine besondere, umfangreiche Aufgabe mit hohem Schwierigkeitsgrad und Risiko. Oder: Aufgaben, die außergewöhnliche Vorhaben sind, werden in der Regel als Projekte bezeichnet. Eine andere Version lautet: Projekte sind zeitlich prinzipiell begrenzte Aufgaben von relativer Neuartigkeit, die ein auf die Steuerung von *normalen* Daueraufgaben eingerichtetes Management vor besondere Probleme stellt. Um auch die für die Bearbeitung von Projekten erforderliche fachübergreifende Kooperation zu erwähnen, kann man zusammenfassend folgende Definition formulieren:

Ein Projekt ist eine besondere, umfangreiche und zeitlich begrenzte Aufgabe von relativer Neuartigkeit mit hohem Schwierigkeitsgrad und Risiko, die in der Regel enge fachübergreifende Zusammenarbeit aller Beteiligten fordert.

Nun stößt man in der Praxis auf Vorhaben bzw. Aufgaben, die von verschiedenen Stellen zwar als Projekt bezeichnet werden, jedoch mit den üblichen Definitionen des Begriffes Projekt nichts oder kaum etwas gemeinsam haben. Das liegt zum Teil daran, daß in der Praxis ganz verschiedenartige Projekte vorkommen, unterschiedliche Branchen sich mit Projekten befassen und es vielfältige Projektbeispiele gibt. Eine kleine Auswahl dieser Vielseitigkeit ist aus Abb. 2.1 zu ersehen. Man sollte den Begriff *Projekt* nicht zu eng auslegen, denn in vielen Fällen lassen sich Vorhaben, die zunächst nicht als Projekt per definitionem anzusehen sind, doch wie ein Projekt behandeln, wenn man z.B. die Notwendigkeit einer interdisziplinären Zusammenarbeit erkennt oder überhaupt die Möglichkeit zu einer sinnvollen Anwendung des Projektmanagements sieht. Die Ansichten dazu sind in der Praxis jedoch unterschiedlich.

In der EDV-Abteilung eines Industrieunternehmens standen einige Aufgaben zur Bearbeitung an, über deren Einschätzung als Projekt verschiedene Meinungen vertreten wurden. Es handelte sich u.a. um folgende Vorhaben, die verschiedentlich generell als Projekte angesehen wurden:

1. Ausarbeitung eines speziellen Controlling-Konzeptes für die laufende Überwachung der Wirtschaftlichkeit des Rechenzentrums, das man als EDV-„Produktion" bezeichnete.
2. Erarbeitung und Einführung eines EDV-Systems für die laufende Auftragsabwicklung im Unternehmen vom Auftragseingang bis zur Auslieferung und Abrechnung, einschließlich Fakturierung und Überwachung der Zahlungsziele.
3. Erweiterung der EDV-Kapazität (Hardware) durch eine weitere Parallelanlage des vorhandenen Typs und einer bekannten Konfiguration.
4. Erstellung eines EDV-Programms zur Auswertung einer einmaligen, speziellen Marketinganalyse.

Letztendlich wurde nur die 2. Aufgabe als Projekt bearbeitet. Man folgte der Argumentation, daß es sich hierbei um eine grundsätzliche Bedeutung für das Unternehmen handelte und eine interdisziplinäre Zusammenarbeit zwischen EDV-Personal und Anwendern unbedingt erforderlich wäre, während die anderen Vorhaben innerhalb der EDV-Abteilung von deren einzelnen Experten im wesentlichen allein bearbeitet werden könnten.

Soweit zum Begriff Projekt. Projektmanagement setzt sich aus den Begriffen *Projekt* und *Management* zusammen. Management ist auch im deutschen Sprachgebrauch ein geläufiger Begriff, obwohl man als Synonyme Leitung und Führung kennt. Ungeachtet des Unterschiedes zwischen Leitung und Führung in der Führungslehre betont die Definition des zu-

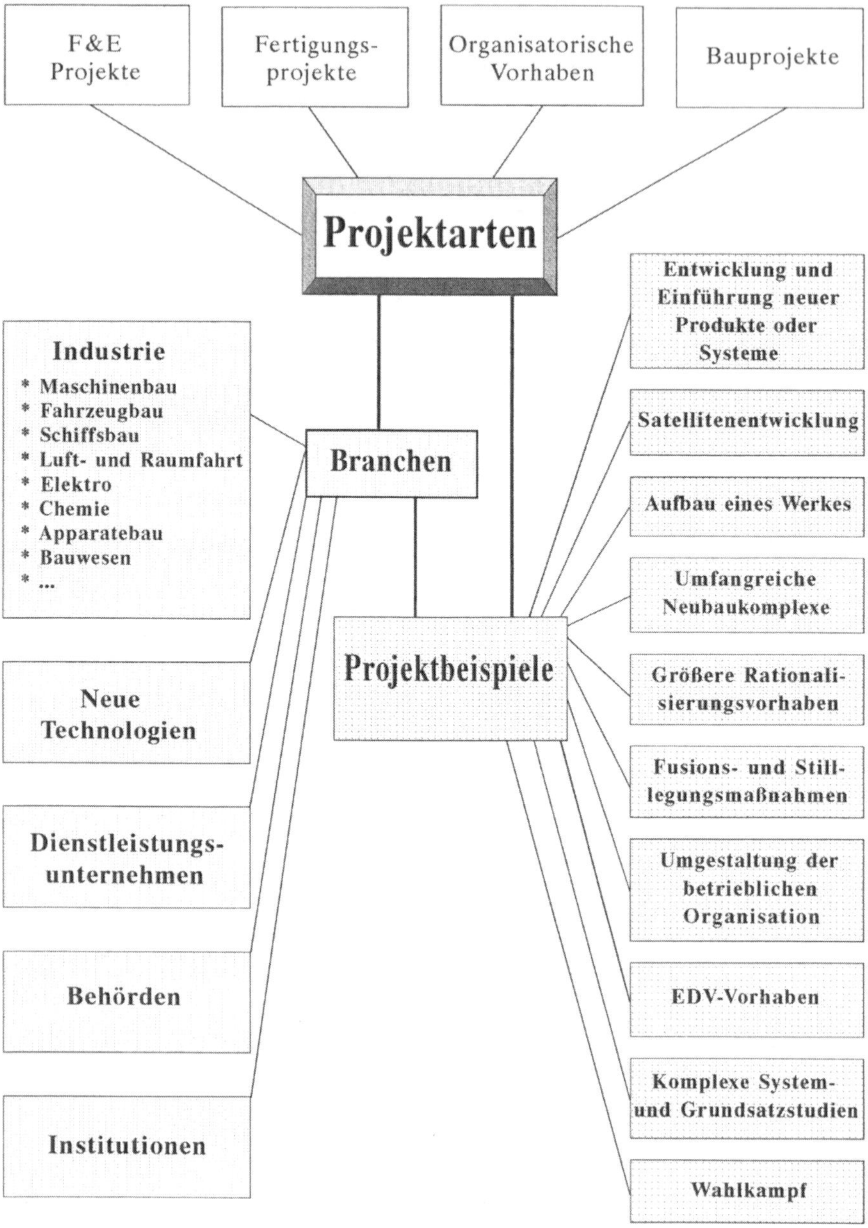

Abb. 2.1. Auswahl der Vielseitigkeit von Projektarten, Projektbeispielen und Branchen, die sich mit der Bearbeitung von Projekten befassen.

sammengesetzten Begriffes *Projektmanagement* die Führung bei der Projektbearbeitung und Projektbetreuung – sowohl die sachbezogene als auch die personenbezogene Komponente. Nach DIN 69901 ist das Kurzzeichen für Projektmanagement *PM*, und dessen Definition lautet:

„Gesamtheit von Führungsaufgaben, -organisation, -techniken und -mittel für die Abwicklung eines Projektes."

In der Literatur heißt es dementsprechend [12]: Projektmanagement ist eine Führungskonzeption oder ein Führungsinstrument. Oder: Projektmanagement ist eine direkte, fachübergreifende Koordination der Planungs-, Steuerungs- und Entscheidungsprozesse bei fachübergreifenden Aufgabenstellungen. Und schließlich auch: Projektmanagement ist eine systematische Anwendung erprobter Verfahren aus den Gebieten der Führungslehre, Organisationstechnik, Informationstechnik und der Entscheidungstheorie. Um das Wesentliche herauszustellen, kann man sagen:

Projektmanagement ist eine Führungskonzeption für direkte fachübergreifende Koordination von Planung, Entscheidung Realisierung, Überwachung und Steuerung bei der Abwicklung interdisziplinärer Aufgabenstellungen.

2.2 Historische Entwicklung des Projektmanagements

In den 50er Jahren haben sich Theorie und Praxis des Managements, besonders in den USA, sehr eingehend mit Fragen der Menschenführung befaßt. Bei menschenbezogenen Führungsaufgaben, die psychologisch-soziologischer Natur sind, kommt es vor allem auf Kenntnisse über die Beeinflussung des menschlichen Verhaltens an. In diesem Zusammenhang seien hier am Rande einige amerikanische Wissenschaftler genannt, wie Argyris, Herzberg, Maslow, McGregor, Nenniger, Schein und andere, die sich intensiv damit beschäftigt haben. Zahlreiche Studien und praktische Erprobungen führten schließlich zu verschiedenen Führungsmodellen, die als sogenannte Management-by-Konzepte bekannt sind. Als Beispiel sollen hier nur Management-by-Delegation und Management-by-Objectives erwähnt werden. Dabei geht es um kooperative Führung und um die Verwirklichung des *Leitbildes vom mündigen Mitarbeiter*, was auch beim Projektmanagement von Bedeutung ist (s. Kap. 3, Abschn. 3.2.4).

Im Rahmen dieser Untersuchungen wurde auch das Führungskonzept *Projektmanagement* entwickelt. Hierbei ging es darum, bei der Durchführung komplexer Vorhaben mit mehreren Spezialisten (aus verschiedenen Fachrichtungen und unterschiedlichen organisatorischen Einheiten) geeignete Organisationsstrukturen und Managementmethoden anzuwenden, die eine effiziente und wirtschaftliche Lösung ermöglichten. Das schien zunächst vor allem bei der Entwicklung von Waffensystemen und bei der Realisierung von Raumfahrtprogrammen erforderlich zu sein. Eine schnelle Anwendung in der Industrie gelang dadurch, daß bei amerikanischen Regierungsaufträgen der Einsatz des Projektmanagements zur Bedingung gemacht wurde. Ausbildungsstätten, insbesondere Managementschulen, sorgten für eine Ausbreitung dieses Führungskonzeptes. Bauindustrie und Großanlagenbau haben die Vorteile des Projektmanagements für ihre komplexen Vorhaben erkannt und entsprechend genutzt. Die Anwendung bei kleineren technologischen Projekten hat sich nur zögernd durchgesetzt, weil der organisatorische und administrative Aufwand gescheut wurden. Es zeigte sich jedoch, daß bei derartigen Projekten dieser Aufwand stark reduziert werden kann. Der Einsatz der elektronischen Datenverarbeitung brachte eine gewisse Hilfe, gleichfalls hat sich die Anwendung des Projektmanagements auch bei EDV-Projekten schnell durchgesetzt. Inzwischen gibt es Möglichkeiten, dieses bewährte Führungskonzept bei technologischen, technischen oder verwaltungstechnischen Projekten wirtschaftlich sinnvoll einzusetzen, wenn man es den jeweiligen Gegebenheiten anpaßt. Ein Fachverband[1] bemüht sich, Projektmanagement zu verbreiten und weiterzuentwickeln.

2.3 Warum Projektmanagement?

Schon bei einem relativ leicht übersichtlichen Vorhaben, wie z.B. beim Bau eines Einfamilienhauses, was durchaus ein Projekt sein kann, kommt es auf die enge und zügige Zusammenarbeit verschiedener Handwerkerberufe an, wenn das Haus kostengünstig und in möglichst kurzer Zeit

[1] Es ist die GPM: Deutsche Gesellschaft für Projektmanagement e.V., Roritzerstr. 27, D-90419 Nürnberg. Deren internationale Dachorganisation ist die IPMA – International Project Management Association, ein Verbund aus vorwiegend europäischen Projektmanagement-Vereinigungen mit internationalen Verbindungen.

dem geplanten Leistungsumfang entsprechend fertiggestellt sein soll. In der Regel koordinieren Architekt oder Bauleiter die anfallenden Arbeiten. Trotzdem kann es kostenverursachende oder zeitraubende Probleme geben, wenn die Kooperation der Beteiligten nicht funktioniert, z.B. nachträgliche Mauerdurchbrüche für den Installateur, zu späte Anlieferung von einzubetonierenden Elementen und vieles mehr. Eine gut funktionierende Organisation und Methode zur Kooperation und Koordination sind also notwendig. Das umso mehr bei komplexen Vorhaben, die neuartig sind, wie z.B. F&E-Vorhaben, Neuproduktentwicklungen, EDV-Projekte, umfangreiche Grundsatzstudien usw., überall dort, wo vor allem die Zusammenarbeit zwischen Experten verschiedener Fachrichtungen oder verschiedener Organisationseinheiten unerläßlich ist. Werden Arbeiten an unterschiedlichen Stellen oder gar bei verschiedenen Unternehmen (z.B. Industrieunternehmen und Zulieferer sowie Forschungsinstitute) durchgeführt, muß eine Koordination der Teilaufgaben erst recht gewährleistet sein. Diese Probleme lassen sich mit Hilfe des Projektmanagements bewältigen, wenn neben den rein organisatorischen und administrativen Regelungen eine „Philosophie“ (s. Kap. 12, Abschn. 12.1) dahintersteht, die eine Denkweise zur Förderung besonders von Engagement, Motivation und Teamarbeit bewirkt. Das führt u.a. zur:

- verbesserten zielorientierten Kooperation,
- Förderung der persönlichen und fachlichen Qualifikation der Projektmitarbeiter,
- Steigerung der Kreativität und Innovationsfähigkeit,
- Reduzierung von Risiken bei der Projektarbeit,
- Verbesserung des Informationsflusses und -austausches sowie
- Erhöhung der Effizienz und Effektivität.

Projektmanagement, richtig verstanden, ermöglicht somit die Bewältigung komplexer Vorhaben - auch mittlerer und kleiner Größe - in kooperativer Weise bei optimaler Nutzung der dafür eingesetzten Ressourcen.

2.4 Erläuterung der Gliederung

Da die menschliche Komponente bei der Zusammenarbeit aller Beteiligten - ungeachtet der Hierarchiestufen - eine wesentliche Rolle spielt, soll diesem Faktor bei der Behandlung des Projektmanagements durch Ansätze für eine bestimmte Denkweise bzw. „Philosophie" Rechnung getragen werden. Das heißt, bei den einzelnen Schwerpunktthemen – wie z.B. Organisation, Verantwortung, Team, Aufgaben, Abwicklung, Planung, Überwachung und Steuerung bzw. Controlling – sollen neben der allgemeinen Darstellung vor allem einige Fakten herauskristallisiert werden, die eine vorteilhafte Denkweise und Initiative bei der Anwendung des Projektmanagements, insbesondere auch bei kleineren Projekten, fördern. Dementsprechend erfolgt die Behandlung der betreffenden Kapitel. In den *Grundlagen für die Organisation des Projektmanagements* (Kap. 3) steht die Matrixorganisation zur Sicherstellung von Kooperation und Koordination im Vordergrund. Dabei ergeben sich wichtige Fragen nach der *Projektverantwortung*, die Kap. 4 beantwortet. Es folgen Erläuterungen zum *Projektteam* und zu den *Aufgaben des Projektmanagements* in den Kap. 5 und 6. Anschließend befaßt sich Kap. 7 mit *Projektabwicklung und Projektphasen*, wobei die Zielsetzung eine herausragende Rolle spielt. Kapitel 8 und 9 behandeln *Projektplanung* und grundsätzliche Betrachtungen zu den *Werkzeugen der Projektplanung* unter Berücksichtigung der Planung als Teamarbeit. Basierend auf der Projektplanung folgt die Behandlung des *Projektcontrollings* (Kap. 10). Nach einigen Hinweisen zum *Projektabschluß* (Kap. 11) folgen schließlich im letzten Kap. 12 verschiedene Betrachtungen zu wesentlichen *Voraussetzungen für den Erfolg eines Projektes*, wobei auch die „Projektmanagement-Philosophie" und die „Drei-Säulen-Hypothese" zusammenfassend erläutert sind.

3 Grundlagen für die Organisation des Projektmanagements

3.1 Hierarchische Organisation

Für die grundsätzliche Funktionsfähigkeit eines Unternehmens bedient man sich im allgemeinen einer hierarchischen Organisation, wie sie prinzipiell in Abb. 3.1 dargestellt ist. Danach steht an der Spitze eines Unternehmens das Topmanagement bzw. die Unternehmensleitung z.B. als Vorstand oder Geschäftsführung, die für das Unternehmen mit allen seinen Aktivitäten verantwortlich ist. Das gesamte Unternehmen gliedert sich in mehrere Bereiche entweder nach Funktionen (z.B. Entwicklung, Beschaffung, Fertigung, Vertrieb usw.) oder nach Produkten bzw. Produktgruppen, die man auch als Sparten bezeichnet. Man spricht in diesem Zusammenhang von divisionaler Organisation.

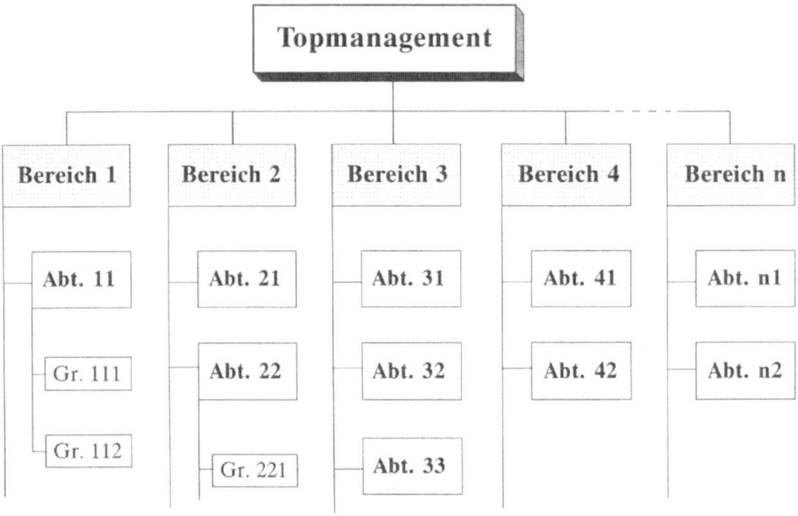

Abb. 3.1. Prinzip eines hierarchischen Organisationssystems.

Die Bereiche sind in der Regel weiter untergliedert in Abteilungen, diese wiederum können sich aus einzelnen Gruppen zusammensetzen. Die für die Bereiche verantwortlichen Leiter unterstehen der Unternehmensleitung, können aber auch Mitglieder der Unternehmensleitung sein. Die Unternehmensleitung delegiert jedenfalls Teile bzw. Teilaufgaben des Unternehmens mit den dazu erforderlichen Verantwortlichkeiten und Befugnissen an die einzelnen Bereichsleiter. Deren Abteilungen sind für verschiedene fach- bzw. funktionsspezifische Aufgaben innerhalb der jeweiligen Bereiche zuständig. Verantwortung und Kompetenz liegen bei den in der Regel fachkundigen Abteilungsleitern. Die einzelnen Unternehmensbereiche können bei entsprechender Kompetenz weitgehend selbständige Unternehmenseinheiten, sogenannte *Profitcenter,* sein. Auch einzelne Abteilungen fühlen sich bei ihren funktions- oder fachbezogenen Aufgaben als selbständig operierende Einheiten. Das führt häufig zu einer gewissen Konkurrenz zwischen verschiedenen Bereichen oder Abteilungen innerhalb des eigenen Unternehmens, wenn keine organisatorischen Regelungen dagegen getroffen werden. Gelegentlich ist diese Konkurrenz erwünscht, in den meisten Fällen wirkt sie jedoch bei der Zusammenarbeit störend.

Nun gibt es neben der bereits erwähnten funktionalen und Spartenorganisation auch eine gemischte Organisationsform, die sowohl Produktgruppen (Sparten) als auch Funktionalbereiche beinhaltet. Die Funktionalbereiche sind oft Dienstleistungsbereiche für die einzelnen Produktgruppen, welche die Dienstleistungen je nach Bedarf gegen entsprechende Vergütung bzw. betriebsinterne Verrechnung in Anspruch nehmen können. Das trifft z.B. für die zentrale Forschung und Entwicklung (F&E) oder für die Informationsverarbeitung zu. Zwar könnte man diese Aufgaben auch an fremde Dienstleistungsunternehmen vergeben, doch gibt es gelegentlich Gründe, wie Vertraulichkeit, Geheimhaltung oder zentrale Steuerung, um diese Funktionen im eigenen Hause zu behalten. In diesem Falle kann die Zusammenarbeit der gemischten Bereiche über eine Matrixorganisation geregelt werden, wie sie im Prinzip Abb. 3.2 zeigt. Die unter der obersten Leitung angesiedelten Einheiten bezeichnet man zwar häufig als Bereiche, bei kleineren Unternehmen oder kleinen Organisationseinheiten können sie jedoch auch unter der Bezeichnung Abteilung laufen.

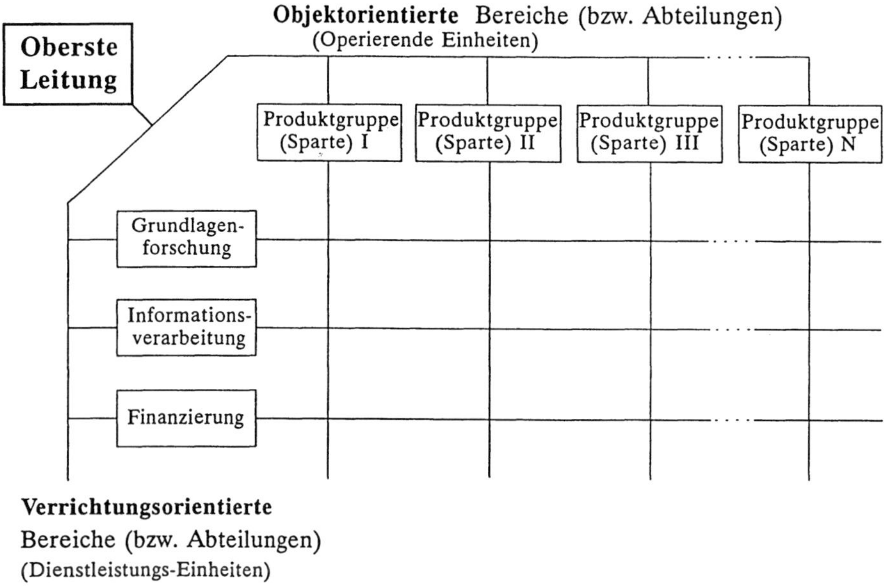

Abb. 3.2. Matrixorganisation; gemischte Organisationsform mit objektorientierten (Produktgruppen) und verrichtungsorientierten (Dienstleistungs-) Bereichen bzw. Abteilungen.

Die Matrixorganisation garantiert jedoch nicht per se eine gute Zusammenarbeit zwischen allen Einheiten. Das Problem des Bereichs- oder Abteilungsdenkens bleibt aufgrund der hierarchischen Organisationsstruktur erhalten. Es sind also weitere organisatorische Regelungen notwendig, um eine enge Kooperation zwischen verschiedenen Organisationseinheiten zu gewährleisten. Das ist z.B. bei der Entwicklung und Einführung von EDV-Systemen der Fall, wo neben den Fachkenntnissen der einzelnen Anwenderabteilungen auch das Expertenwissen der Informationsverarbeitung gleichermaßen gefragt sind. Dasselbe trifft generell für die Entwicklung und Einführung von Neuprodukten zu, wobei die Fachkenntnisse von Marketing, Entwicklung (Konstruktion, Versuch usw.), Qualitätssicherung, Produktion, Einkauf oder gar Lieferanten und auch Kunden konzentriert eingebracht und genutzt werden müssen, wenn man optimale Effektivität und Effizienz erzielen will. In solchen Fällen, bei denen für die Bewältigung komplexer Aufgaben Mitarbeiter verschiedener Fachbereiche oder Fachabteilungen erforderlich sind, ist fachübergreifende, also interdisziplinäre Zusammenarbeit unerläßlich. Manche Unternehmen versuchen das dadurch zu erreichen, daß dazu Teams zusammengestellt werden; d.h. man benennt geeignete Mitarbeiter aus den beteiligten Einheiten, die jeweils für ihre abteilungsbezogenen Teilaufgaben des Gesamtprojektes verantwortlich sind und diese in Abstimmung mit den Teammitgliedern – also in Teamarbeit – bearbeiten sollen. Dabei sind die einzelnen Abteilungen meistens bestrebt, ihre Kompetenzen zu wahren, wie sie gemäß der hierarchischen Organisation vorgegeben sind. Das behindert allerdings eine echte Teamarbeit, weshalb für die Projektbearbeitung konkretere organisatorische Maßnahmen festzulegen sind.

3.2 Organisatorische Möglichkeiten des Projektmanagaments (Schwerpunkt Matrix-Projektmanagament)

In der Regel werden für fachbereichs- oder fachabteilungsüberschreitende Zusammenarbeit neue Organisationsformen benötigt, um die dabei auftretenden Anforderungen besser zu erfüllen als es die traditionelle Linienorganisation mit ihren hierarchischen Strukturen vermag. Deshalb wurde ja das Projektmanagement entwickelt, um für interdisziplinäre Aufgabenstellungen, die einen hohen Grad an Komplexität und Neuartigkeit aufweisen, eine geeignete Projektorganisation anzubieten. Das Projektmanagement und seine Organisation sind nicht als Konkurrenz, sondern als Ergänzung zur Linienorganisation anzusehen. Damit sollen vor allem Kooperation und Koordination gefördert und somit Risiken vermindert werden, die sich bei der Durchführung derartiger Projekte ergeben. Das gilt für F&E-Projekte, für umfassende Innovationen, für komplexe System- und Grundlagenstudien sowie für Rationalisierungsprojekte kleineren Umfangs genauso wie für den Anlagenbau oder sonstige Großprojekte. Die Organisationsform kann aber je nach Projekt und Struktur des Unternehmens verschieden sein. Grundsätzlich gibt es drei verschiedene Projektmanagement-Organisationsformen: Das *reine Projektmanagement*, das *Projektmanagement als Stabsfunktion* oder *Einfluß-Projektmanagement* und das *Matrix-Projektmanagement*. In der Praxis werden auch Mischformen davon angewandt.

3.2.1 Reines Projektmanagement

Beim reinen Projektmanagement wird für die Bearbeitung des Projektes eine eigenständige Organisationseinheit als Bereich oder Abteilung in Ergänzung zur bestehenden hierarchischen Linienorganisation geschaffen (s. Abb. 3.3). Bei mehreren parallel laufenden Projekten gibt es entsprechend auch mehrere parallel angesiedelte Projektorganisationseinheiten mit den jeweils erforderlichen Verwaltungsfunktionen, die entsprechende Gemeinkosten verursachen.

Die für das Projekt erforderlichen Mitarbeiter rekrutieren sich im wesentlichen aus dem eigenen Unternehmen, man zieht gelegentlich aber auch Externe hinzu. Je nach Größe des Projektes kann man die Projektorganisationseinheit ebenso untergliedern wie eine hierarchische Organisation. Hierbei ist jedoch besonders darauf zu achten, daß echte Teamarbeit praktiziert werden kann, d.h. Experten aus Bereichen verschiedener Fachrichtungen, die in Abteilungen oder Gruppen als Spezialteams zusammengefaßt sind, müssen eng zusammenarbeiten können. Die der Linienorganisation verwandte Organisationsform darf nicht die negativen Auswirkungen der konventionellen hierarchischen Organisation bezüglich der Bereichs- bzw. Abteilungsgrenzen aufweisen. Das ist durch kooperative Führungselemente zu gewährleisten. Es fängt damit an, daß man

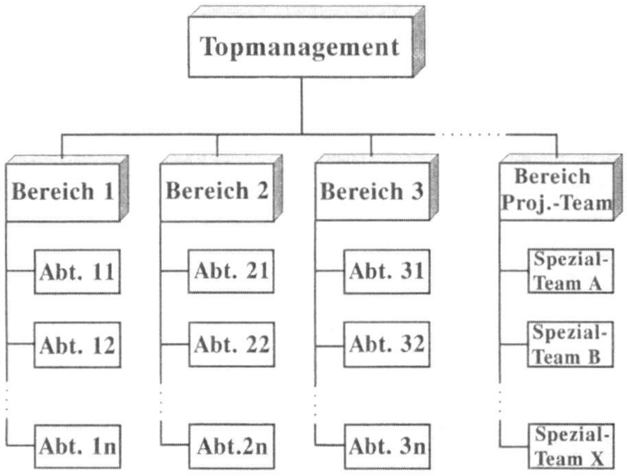

Abb. 3.3. Reines Projektmanagement bei einem Projekt (Prinzip).

den qualifizierten Mitarbeitern Teilziele des Projektes zur selbständigen Bearbeitung im Team überläßt und die dazu erforderlichen Befugnisse gewährt. Die Aufgaben mehrerer Spezialteams werden von einem übergeordneten Projektteam koordiniert. Dabei ist es vorteilhaft, wenn die Leiter der einzelnen Spezialteams Mitglieder des koordinierenden Projektteams sind. Der Leiter dieses Projektführungsteams trägt die Gesamtverantwortung für das Projekt und hat auch die entsprechenden Befugnisse, wie sie in der Linienorganisation üblich sind. Er ist Vorgesetzter der Mitarbeiter in der Projektorganisation. Im Interesse einer kooperativen Führung, die sich auf die erforderliche enge Zusammenarbeit positiv auswirkt, ist es zweckmäßig, wenn der oberste Projektleiter innerhalb des koordinierenden Führungsteams als *Primus inter pares* fungiert. Die einzelnen Spezialteams bzw. Projektgruppen oder Projektabteilungen können je nach Art und Umfang des Projektes neben koordinierenden Aufgaben auch Arbeiten am Projekt selbst durchführen oder Aufträge nach außen vergeben, die dann entsprechend koordiniert und überwacht werden müssen. Das reine Projektmanagement eignet sich vor allem bei Großprojekten, wie sie z.B. im Anlagenbau oder generell im Bauwesen anfallen. Ein Problem für die Projektmitarbeiter einschließlich Projektleitung ergibt sich bei dieser Organisationsform dann, wenn nach Abschluß des Projektes kein neuer Auftrag vorliegt und auch sonst im Unternehmen keine freien Stellen für die frei werdenden Projektbearbeiter zur Verfügung stehen. Deshalb ist eine rechtzeitige Klärung bzw. Vereinbarung über den Verbleib nach Projektende ratsam.

3.2.2 Stabsstellen- oder Einfluß-Projektmanagement

Das Stabsstellen- oder Einfluß-Projektmanagement ist dann zu empfehlen, wenn das Topmanagement selbst das Projekt entscheidend mitgestalten und auch im Detail beeinflussen möchte. Dazu wird das Projektteam direkt der Unternehmensleitung als Stabsstelle unterstellt. Wenn zwei Projekte gleichzeitig bearbeitet werden, gibt es eben zwei Stabsstellen-Projektteams usw. Abbildung 3.4 zeigt das Prinzip dieser Organisationsform.

Das Projektteam setzt sich aus Mitarbeitern der am Projekt beteiligten Unternehmenseinheiten zusammen. Die Unternehmensleitung hat ent-

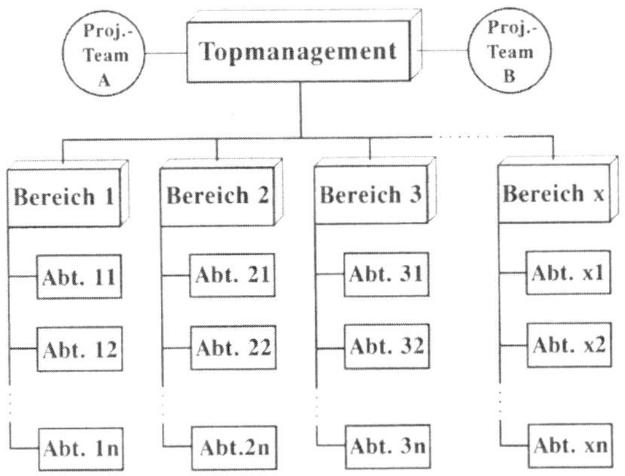

Abb. 3.4. Stabsstellen- oder Einfluß-Projektmanagement bei zwei parallel durchzuführenden Projekten A und B.

scheidenden Einfluß auf die für die Projektbearbeitung jeweils einzusetzenden Mitarbeiter, so daß ein flexibler Personaleinsatz und eine gute Nutzung der vorhandenen Kapazitäten an Personal und Einrichtungen möglich ist. Je nach Umfang der anfallenden Projektarbeiten kann zeitweise die Personalkapazität verstärkt werden, oder die Aktivitäten lassen sich vom Projektteam selbst bewerkstelligen. Im übrigen hat das Projektteam die für das Projekt durchzuführenden Arbeiten in den einzelnen Abteilungen zu koordinieren und Entscheidungen vorzubereiten. Entscheidungen zu fällen ist Sache der Unternehmensleitung. Es ist von Vorteil, wenn der Leiter des Projektteams ein dem Topmanagement vertrauter Mitarbeiter ist, z.B. der Assistent der Unternehmensleitung, um von vornherein eine effiziente Zusammenarbeit zwischen Koordinations- und Entscheidungsgremium zu erzielen. Denn das Team und dessen Leiter haben keine Weisungs- und Entscheidungsbefugnisse, so daß leicht Frustration auftreten kann, was der Kooperation und Koordination schadet. Ansonsten kann das Stabsstellen-Projektmanagement sehr effizient sein, denn Einfluß und Unterstützung der Unternehmensleitung fördern die Projektarbeit beträchtlich.

3.2.3 Matrix-Projektmanagement

Das Matrix-Projektmanagement lehnt sich an die in Abschn. 3.1 (Abb. 3.2) erläuterte Matrixorganisation an. Es ist eine interdisziplinäre Projektorganisation, bei der die für das Projekt erforderlichen Mitarbeiter aus den verschiedenen Bereichen bzw. Abteilungen des Unternehmens in einem Team zusammengefaßt sind. Abbildung 3.5 zeigt das Prinzip des Matrix-Projektmanagements.

Die Projektorganisation ist der Linienorganisation überlagert. Der Projektleiter mit seinem Team ist dem Topmanagement gegenüber für das Projekt verantwortlich, obwohl die Projektteilaufgaben in den mitwirkenden Abteilungen bearbeitet werden. Die am Projekt beteiligten Mitarbeiter und auch die Teammitglieder bleiben weiterhin innerhalb ihrer Organisationseinheiten dem jeweiligen Abteilungsleiter disziplinarisch unterstellt und behalten ihren Arbeitsplatz in ihrer Abteilung. Der Projektleiter ist mit seinem Team für das Gesamtprojekt zuständig. Das heißt, das Team – mit dem Projektleiter als *Primus inter pares* – hat die von den einzelnen Organisationseinheiten zu bearbeitenden Teilaufgaben für das Projekt zu koordinieren. Bei kleinen Projekten können die einzelnen Teammitglieder die für ihre jeweilige Abteilung anfallenden Aufgaben selbst durchführen und diese innerhalb des Teams aufeinander abstimmen. Größere Projekte, an deren Teilaufgaben mehrere Mitarbei-

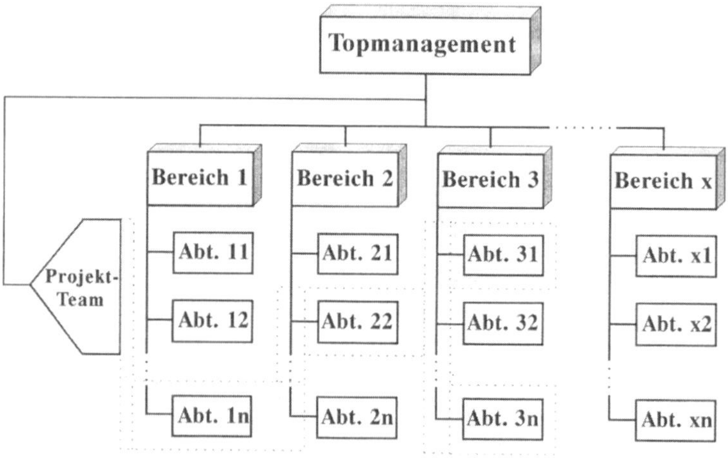

Abb. 3.5. Prinzip des Matrix-Projektmanagements mit einem Projektteam.

ter in den verschiedenen Abteilungen mitwirken, haben mehr Koordinationsaufgaben zur Folge, was von den Teammitgliedern zu bewerkstelligen ist. Dadurch bleibt weniger Zeit für deren Mitwirkung an Projektteilaufgaben. Denn die Teammitglieder sind verpflichtet und berechtigt, alle Aktivitäten bezüglich des Projektes ungeachtet der hierarchischen Bereichs- und Abteilungsgrenzen direkt miteinander abzustimmen - ungeachtet ihres Beteiligungsanteils an Projektteilaufgaben. Je größer der Koordinationsaufwand (eine Führungsaufgabe), umso geringer die Möglichkeit zur direkten Projektbearbeitung. Jedes Teammitglied muß den Stand der Projektarbeiten in der eigenen Abteilung genau kennen. Das Team sollte auch befugt sein, die Klärung von Detailproblemen auf Sachbearbeiterebene dadurch zu ermöglichen, daß Experten verschiedener Bereiche oder Abteilungen, die mit Projektteilaufgaben befaßt sind aber nicht zum Team gehören, im Bedarfsfall ungehindert direkten Kontakt zueinander aufnehmen. Die am Projekt mitwirkenden Abteilungen bzw. deren Abteilungsleiter tragen die Verantwortung für die von ihnen durchzuführenden Teilaufgaben des Projektes und werden darin von ihren delegierten Teammitgliedern unterstützt. Aus diesen beiden sich teil-

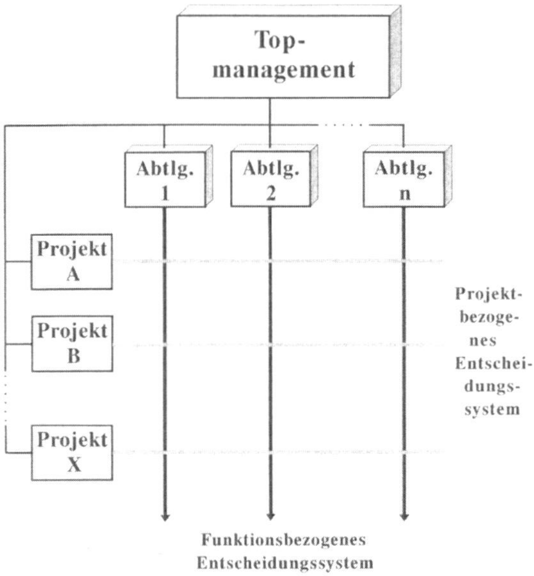

Abb. 3.6. Entscheidungsbezogenes Prinzip des Projektmanagements.

weise überschneidenden Kompetenzen ergibt sich das entscheidungsbezogene Prinzip des Matrix-Projektmanagements, das aus Abb. 3.6 ersichtlich ist. Die funktionsbezogenen Abteilungen stellen das funktionsbezogene Entscheidungssystem dar, dem das projektbezogene Entscheidungssystem der verschiedenen zeitlimitierten Projektleitungen überlagert ist. Organisatorisch wird das Matrix-Projektmanagement vor allem wegen der Kompetenzabgrenzung, die Konflikte verursachen kann, als problematisch angesehen. Bei eindeutiger Kompetenzregelung und einer kooperativen Führungsphilosophie erweist es sich jedoch in der Praxis als flexibel einsetzbares, effizientes Führungskonzept, insbesondere zur Bewältigung von kleinen und mittelgroßen Projekten, wie z.B. von Neuproduktentwicklungen und deren Einführung sowie von Forschungsvorhaben und EDV-Projekten, ohne daß mehr Konflikte auftreten als bei jeder anderen Zusammenarbeit auch. Bei Befolgung der organisatorischen Regelung von Verantwortung und Zuständigkeiten ergeben sich sogar entscheidend weniger Konflikte.

3.2.4 Unterschiede und Auswahl der verschiedenen Projektmanagement-Arten

Zur Unterscheidung der verschiedenen Organisationsformen des Projektmanagements kann man folgende Merkmale heranziehen: Weisungsbefugnisse, Kompetenzabgrenzung, Verantwortung, Unterstützungsnotwendigkeit durch den Auftraggeber sowie die Problematik der Eingliederung von Projektmitarbeitern. Aus Abb. 3.7 ist zu ersehen, wie sich diese Kriterien für die einzelnen Organisationsformen darstellen.

Welche der drei wesentlichen Projektmanagement-Arten angewandt werden soll, muß von Fall zu Fall entschieden werden. Es hängt vom Projekt, von der Unternehmensstruktur und von der erforderlichen Kooperation der am Projekt beteiligten Organisationseinheiten ab. Vor- und Nachteile gibt es bei allen Möglichkeiten, sie sind in Abb. 3.8 zusammenfassend dargestellt.

Bei kleinen und mittelgroßen Projekten bietet sich aufgrund eigener Erfahrungen in vielen Fällen das Matrix-Projektmanagement an. Die in Abb. 3.8 aufgeführten Nachteile – vor allem problematische Kompetenzabgrenzung und Konflikte – gibt es grundsätzlich in jeder Organisation und überall dort, wo Menschen zusammenarbeiten. Es ist eine generelle

Unterscheidungskriterien / Organisationsformen	Reines Projektmanagement	Projektmanagement als Stabsfunktion (Einfluß-Projektmgmt.)	Matrix-Projektmanagement
Weisungsbefugnisse	...sind durch die Einheit von Leitung und Auftragsempfang klar geregelt. Projektleiter ist Linienvorgesetzter.	...des Projektleiters beschränken sich auf die hauptamtlichen, ständigen Teammitglieder.	
Kompetenzabgrenzung	...ist durch die Organisationsform geregelt.		...ist erforderlich, da die Mitarbeiter projektbezogen zwei Vorgesetzte haben können: - disziplinar.(Linien-)Vorges. - Fachvorgesetzter (Projektltr.)
Verantwortung	...liegt voll beim Projektleiter.	... kann nur z.T. vom Projektleiter getragen werden, da die notwendigen Kompetenzen fehlen.	...für das Projektmanagement hat der Projektleiter, im allgemeinen jedoch nicht für die Systemarbeit.
Unterstützung des Auftraggebers	...ist vor allem beim Start notwendig.	...ist ständig notwendig.	...ist fallweise (bei Konflikten mit der Linie) erforderlich.
Nicht-ständige Projekt-Mitarbeiter	...verursachen Probleme bei ihrer Eingliederung, so daß mit großer Wahrscheinlichkeit auf manche kompetente Mitarbeiter verzichtet werden muß.	...sind erforderlich und lassen sich leicht eingliedern.	...lassen sich innerhalb der beteiligten Abteilungen problemlos eingliedern.

Abb. 3.7. Kriterien zur Unterscheidung verschiedener Organisationsformen des Projektmanagements.

	Vorteile	Nachteile
Reines Projektmanagement	* Straffe Projektleitung * Klare und eindeutige Projektverantwortung * Einheit des Auftragsempfangs (Aufgabe & Kompetenz)	* Starre Organisationsform * Hohe Gemeinkosten * Eingliederung zeitlich begrenzter Spezialistentätigkeit problematisch
Projektmanagement als Stabsfunktion (Einfluß-Projektmanagement)	* Eingliederung des Projektteams ohne größere organisatorische Eingriffe möglich * Flexibler Personaleinsatz * Relativ gute Nutzung der Personalkapazitäten	* Fehlende Weisungsbefugnisse * Der Projektleiter hat keine umfassende Projektverantwortung
Matrix-Projektmanagement	* Flexible Eingliederung der Projektmitarbeiter * Fachverantwortung des Projektleiters	* Problematische Kompetenzabgrenzung * Konflikte (zwischen "Projekt" und "Linie")

Abb. 3.8. Wesentliche Vor- und Nachteile der verschiedenen Projektmanagement-Arten.

Führungsaufgabe, diese Probleme unter Kontrolle zu bekommen. Bei geschickter Lösung der den Gegebenheiten angemessenen organisatorischen Rahmenbedingungen, der Verantwortlichkeiten, einer klaren Kompetenzregelung sowie der Gestaltung einer die Zusammenarbeit und die Kreativität fördernden Umgebung lassen sich diese Nachteile primär durch eine entsprechende Denkweise bzw. Philosophie auf ein akzeptables Minimum reduzieren. Das heißt, Grundlage des Projektmanagement-Konzeptes muß eine kooperative Führungspolitik sein, wie sie z.B. das *Management by Objectives* bietet [13, 14, 36 u. 38]. Voraussetzung ist, daß alle Beteiligten, Unternehmensleitung, sonstige Führungskräfte und am Projekt Mitwirkende, diese Projektmanagement-Philosophie gleichermaßen verstehen, akzeptieren und praktizieren. Dabei sind die Führungskräfte auf allen Ebenen besonders gefordert. Nur mit Hilfe ihres Engagements und ihrer Unterstützung ist eine erfolgreiche Realisierung möglich. Eine entsprechende fachliche und auch charakterliche Qualifikation der Mitarbeiter, deren Engagement und Verantwortungsbereitschaft erleichtern die Anwendung eines solchen anspruchsvollen Führungskonzeptes. Nicht alle Mitarbeiter sind jedoch bereit oder überhaupt in der Lage, Verantwortung zu übernehmen. Auch hapert es verschiedentlich mit dem Engagement. Dieses Problem zu lösen, ist wiederum Aufgabe der Führungskräfte. Häufig können auch weniger qualifizierte Mitarbeiter sinnvoll eingesetzt werden. Anreizsysteme (Bonus, Prämien, besondere Anerkennung usw.), wie sie beim *Management by Objectives* üblich sind [13 und 14], spornen in der Regel die Gruppe aber auch Einzelpersonen zu hoher Leistungsbereitschaft an. Innerhalb einer Gruppe ergänzen sich die verschiedenen Talente, gelegentlich regelt ein gewisser Gruppenzwang aufkommende Unstimmigkeiten. Jedenfalls geht es bei der Projektmanagement-Philosophie (s. Kap. 12, Abschn. 12.1) um eine Partnerschaft zwischen allen am Projekt Beteiligten mit den daraus zu folgernden Konsequenzen. Die einzelnen Mitwirkenden fungieren zueinander einerseits als Lieferanten, andererseits als Kunden. Sie sind im weitesten Sinne Einzelunternehmer im Unternehmen, was gelegentlich auch ohne Projektmanagement praktiziert wird. Und auf diese unternehmerische Denkweise kommt es an, was in den folgenden Ausführungen in verschiedenem Zusammenhang zum Ausdruck kommt. Führungskräfte spielen vorzugsweise die Rolle von Koordinatoren, Beratern, „Moderatoren", Schlichtern oder „Coaches", sie treffen aber in Zweifelsfällen die letzte Entscheidung. Unter diesen Aspekten ergibt sich zwangsläufig die Erkenntnis, daß auch externe Kunden und Lieferanten am Projektgeschehen selbstverständlich direkt beteiligt werden können. Dazu bietet sich wiederum vorzugsweise das Matrix-Projektmanagement an, denn es ermöglicht die Eigenständigkeit der *Partner* bei gleichzeitiger direkter Kooperation und Koordination.

Eine solche Eigenständigkeit der am Projekt Beteiligten ist bei der Anwendung des Stabstellen- oder Einfluß-Projektmanagements im allgemeinen nicht üblich; das trifft nicht einmal für die Projektleitung zu. Trotzdem ist das Stabsstellen-Projektmanagement in manchen Fällen durchaus angebracht. Es ist z.B. dann geeignet, wenn in einem Unternehmen oder in einem eigenständigen Unternehmensbereich die oberste Führungsspitze selbst das Projekt entscheidend beeinflussen und steuern möchte. Vorteilhaft ist dann die Unterstützung bzw. Projektleitung durch eine vertrauenswürdige Stabsstelle. Dazu ein Fall aus der Praxis:

In einem mittelständischen Unternehmen mit etwa 300 Beschäftigten und dem Eigentümer als alleinigem Geschäftsführer gab es zur Unterstützung der Geschäftsführung eine Stabsstelle, die ein tüchtiger Assistent erfolgreich leitete. Diese Stelle bearbeitete auch die zunächst bescheidenen EDV-Aktivitäten für das gesamte Unternehmen, die der Firmenchef jedoch stark beeinflußte. Als aufgrund der Geschäftsausweitung die Entwicklung und Einführung eines umfassenden EDV-Systems für Auftragsabwicklung, Personalwesen, Kostenrechnung und Fertigungssteuerung notwendig wurden, entschloß man sich, dieses Vorhaben als Projekt mit Hilfe eines auf diesem Gebiet erfahrenen Softwarehauses zu bearbeiten. Im Interesse der späteren Anwendung sollten Verantwortung und Steuerung des Projektes von vornherein in den Händen des Unternehmens bleiben. Grundsätzliche Entscheidungen während des Projektablaufs hatte sich der Geschäftsführer selbst vorbehalten. Unter diesen Voraussetzungen bot sich hierfür das Stabsstellen-Projektmanagement mit dem Assistenten als Projektleiter an, zumal dieser ohnehin für die EDV-Belange des Unternehmens verantwortlich war und außerdem eine gute Beziehung zu seinem Chef hatte; es bestand ein gegenseitiges Vertrauensverhältnis. Die Beeinflussung durch die Unternehmensleitung war somit gegeben, was übrigens dem gesamten Projektablauf zugute kam. Mitarbeiter des Unternehmens und Experten des Softwarehauses bildeten ein „gemischtes Projektteam“ (s. Kap. 5, Abschn. 5.2).

3.3 Organisatorische Grundformen für die Kooperation und Koordination im Unternehmen

Wie bereits erwähnt, können die für die Projektbearbeitung wichtige Kooperation und Koordination nur dann erfolgreich bewerkstelligt werden, wenn eine klare Kompetenzregelung vorliegt und damit auch die Verantwortlichkeiten festgelegt sind. Außerdem ist eine frühzeitige Information der Beteiligten über die Problematik oder gar deren Einbindung in die Problemstellung von Vorteil, wenn nicht sogar erforderlich, um deren Akzeptanz und Engagement zur Problemlösung – also letztendlich zur

Projektbearbeitung – zu gewährleisten oder zumindest zu fördern. Eine organisatorische Regelung dafür kann hilfreich sein. Wenn beispielsweise ein größeres Unternehmensproblem – etwa der starke Absatzrückgang eines bislang erfolgreichen Produktes oder beträchtliche Kostensteigerungen – zu lösen ist, sollte das von der Unternehmensleitung als solches erkannt und in Angriff genommen werden, unabhängig davon, von welcher Hierarchieebene das Problem aufgedeckt wurde. In der Regel findet dazu als erster Schritt eine Besprechung der Verantwortlichen statt, bei der das zuständige Mitglied der Unternehmensleitung *Regie* führt. Wenn sich dabei herausstellt, daß die Problemstellung zunächst genauer definiert werden muß, kann es sinnvoll sein, dafür einen speziellen Ausschuß bzw. ein Komitee zu bilden. Mitglieder dieses Komitees sollten ein für die betreffende Problematik kompetenter Vertreter der Unternehmensleitung sowie die Verantwortlichen der von der Problematik betroffenen Unternehmensbereiche sein. Das Gremium muß die Befugnis haben, für das betreffende Problem oder dessen Lösung die letzte unternehmerische Entscheidung zu treffen. Um überhaupt in der Lage zu sein, die Problemstellung zu präzisieren oder deren Lösung vorzubereiten, ist die Unterstützung verschiedener Stellen bzw. Mitarbeiter des Unternehmens notwendig. Zu diesem Zweck bildet man Fachausschüsse und Arbeitskreise, welche detaillierte Untersuchungen anstellen, um dem letztendlichen Entscheidungsgremium Lösungsvorschläge zu unterbreiten. Eine organisatorische Regelung für derartige Gremien zur Zusammenarbeit und Koordination bei komplexen Problemstellungen ist in Abb. 3.9 wiedergegeben.

Hierbei ist das Steuerungskomitee die letztentscheidliche Instanz, da dessen Mitglieder sich aus den für das anstehende Problem verantwortlichen oberen Führungskräften unter Leitung des zuständigen Vertreters der Unternehmensleitung zusammensetzen. In diesem Beispiel sind es die Bereichsleiter von *UB2*, *UBn* und *F&E*. Je nach Umfang der Problemstellung bereiten ein Fachausschuß oder mehrere Fachausschüsse mit Arbeitskreisen die Entscheidung vor. Das heißt, Abteilungsleiter und Mitarbeiter aus den betroffenen Bereichen (*UB2*, *UBn* und *F&E*) stellen im Auftrag des Steuerungskomitees Untersuchungen an, die zur konkreten Problemstellung und gegebenenfalls auch zu Lösungsvorschlägen führen. Falls Experten eines nicht betroffenen Unternehmensbereiches für die Untersuchungen notwendig sind, können auch diese auf Veranlassung der Unternehmensleitung in den Fachausschüssen oder Arbeitskreisen mit-

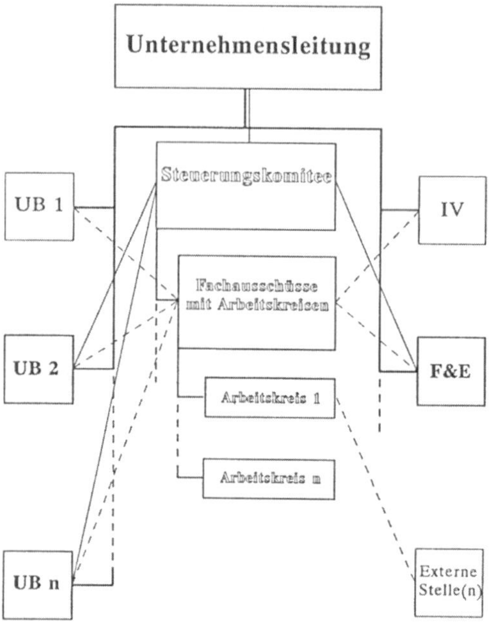

Abb. 3.9. Prinzip der Kooperation und Koordination im Unternehmen mit Hilfe von Gremien. *UB1* bis *UBn* = operative Unternehmensbereiche; als Vertreter der Dienstleistungsbereiche sind hier *IV* = Informationsverarbeitung und *F&E* = Forschung und Entwicklung aufgeführt. Operative Unternehmensbereiche und Dienstleistungsbereiche mit der Unternehmensleitung an der Spitze deuten die hierarchische Organisationsstruktur an. Steuerungskomitee, Fachausschüsse und Arbeitskreise weisen auf die Möglichkeit zur Schaffung von interdisziplinären, zeitlich begrenzten Gremien hin zur Regelung von fachübergreifenden Problemlösungen.

wirken, wie es in Abb. 3.9 für *UB1* und *IV* angedeutet ist. Selbstverständlich ist es möglich, auch externe Stellen (Unternehmensberater, Forschungsinstitute usw.) zur Mithilfe heranzuziehen; in Abb. 3.9 ist ein solcher Fall für den Arbeitskreis 1 vorgesehen.

Es ist aber wichtig, daß in den Fachausschüssen und Arbeitskreisen Vertreter der Abteilungen mitwirken, die vom anstehenden Problem am stärksten betroffen sind oder an dessen zu erwartender Lösung beteiligt werden sollen. Denn dadurch haben sie Gelegenheit, Lösungsvorschläge zu unterbreiten, die sie anschließend evtl. realisieren müssen. Das fördert die Akzeptanz und Motivation. Der Einsatz dieser Personen bei einer späteren Realisierung eines der Vorschläge ist deshalb sinnvoll. Doch zunächst geht es um Untersuchungen zur genauen Problemstellung oder um realisierbare Lösungsvorschläge durch den Arbeitskreis bzw. die Arbeitskreise. Die Resultate werden vom Fachausschuß bzw. von den Fachausschüssen überprüft, also zur Entscheidung vorbereitet. Das Steuerungskomitee trifft zwar die letzte Entscheidung, die Beteiligung der Mitglieder von Fachausschuß und Arbeitskreis bleibt jedoch wirkungsvoll. Fällt die Entscheidung zugunsten der Realisierung eines Projektes, dann ist eine wesentliche Voraussetzung für eine positive Einstellung zur Lösung des Problems erfüllt. Oft zeigt sich schon bei den Vorbereitungen, wer sich als Projektleiter oder als spezielles Projektteammitglied eignet. Bei der Anwendung des Projektmanagements kann dasselbe Steuerungskomitee bestehen bleiben; falls erforderlich, ist aber auch eine andere Besetzung möglich. Anstelle der Ausschüsse und Arbeitskreise tritt nun das Projektmanagement mit dem Projektteam und der Teamarbeit zur fachübergreifenden Kooperation und Koordination (s. Abb. 3.10). Im wesentlichen werden wohl wieder dieselben Stellen des Unternehmens zusammenarbeiten müssen wie bei den Vorbereitungen (also *UB2, UBn* und *F&E)*. Falls notwendig, ist auch hierbei die Unterstützung nicht betroffener Bereiche möglich (in Abb. 3.10 sind es wieder *UB1* und *IV)*. Ebenso können externe Stellen bei der Projektbearbeitung im Rahmen des Projektmanagements mitwirken, z.B. Lieferanten oder Kunden.

Die hier aufgezeigten organisatorischen Regelungen sind allgemein bekannt, werden aber häufig nicht angewandt. Manchmal ist das zu frühe Einschalten der betroffenen Mitarbeiter nicht erwünscht, was aber nicht immer stichhaltig begründet werden kann; manchmal fürchten die Verantwortlichen einen administrativen Aufwand oder gar einen Kompetenzverlust. Die Praxis zeigt, daß das Prinzip dieser Vorgehensweise in vielen Fällen ohne nennenswerten administrativen Aufwand und auch ohne Kompetenzverlust möglich ist. Auf jeden Fall überwiegt der Vorteil; die meisten Bedenken erweisen sich hinterher als unberechtigt. Die Bezeichnung der Gremien ist ebenfalls sekundär; wichtig ist die Denkweise - die Philosophie - die hinter diesem Konzept steht.

Als praktisches Beispiel für die Organisation von Kooperation und Koordination soll im folgenden die Zusammenarbeit zwischen einem Elektronikunternehmen *A* und einem Hersteller optischer Systeme *B* erläutert werden. *A* stellt u.a. Meß- und Steuergeräte für Kontrollzwecke her. Das Unternehmen ist bestrebt, neuartige Prüfanlagen zu entwickeln, die eine automatische Überprüfung und Steuerung der Fertigungs-

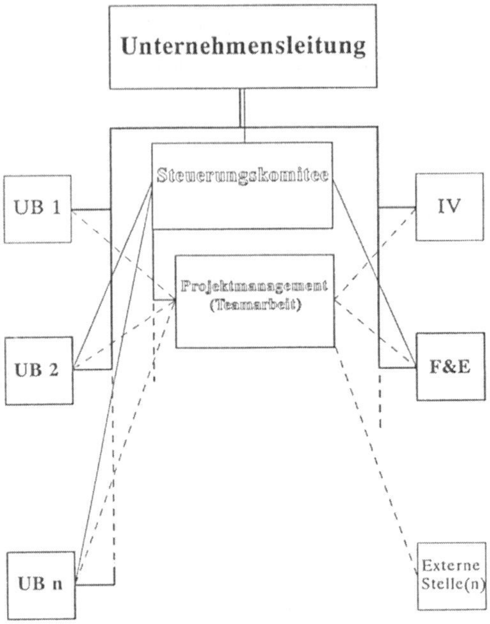

Abb. 3.10. Prinzip der Kooperation und Koordination im Unternehmen bei Anwendung des Projektmanagements. *UB1* bis *UBn* = operative Unternehmensbereiche; als Vertreter der Dienstleistungsbereiche sind hier *IV* = Informationsverarbeitung und *F&E* = Forschung und Entwicklung aufgeführt. Operative Unternehmensbereiche und Dienstleistungsbereiche mit der Unternehmensleitung an der Spitze deuten die hierarchische Organisationsstruktur an. Steuerungskomitee und Projektmanagement weisen auf die Möglichkeit zur interdisziplinären Zusammenarbeit und zur Koordination von fachübergreifenden Aufgabenstellungen hin.

qualität von Spezialteilen ermöglichen. Man erkennt, daß dazu auch neuartige optische Systeme erforderlich sind, die es noch nicht gibt. In einem Gespräch mit dem Hersteller *B* zeigt dieser Interesse an der Entwicklung solcher Systeme. Die Geschäftsleitungen beider Unternehmen *A* und *B* kommen überein, das Projekt „Neuartige Prüfanlage" gemeinsam anzugehen. Über die Aufgabenteilung und Kostenübernahme bestehen grundsätzliche Übereinkommen. Für jedes der beiden Unternehmen handelt es sich um eigenständige spezielle Teilprojekte, die jedoch für die beabsichtigte Anwendung gut koordiniert werden müssen.

Als aufbauorganisatorische Regelung etablieren beide Unternehmen *A* und *B* je ein spezielles Projektteam sowie ein gemeinsames Koordinationsteam (s. Abb. 3.11). Das *Team A* setzt sich aus geeigneten Mitarbei-

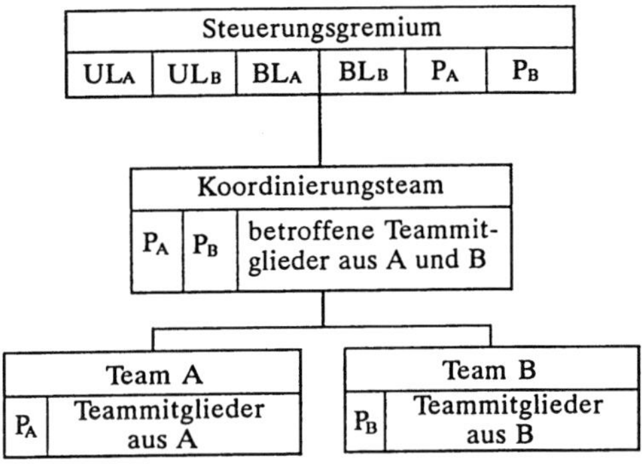

Abb. 3.11. Aufbauorganisatorische Regelung für die Kooperation und Koordination eines gemeinsamen Projektes, an dem zwei eigenständige Unternehmen A und B beteiligt sind.
Bedeutung der Abkürzungen:
A = Elektronikunternehmen A
B = Unternehmen B (Hersteller optischer Systeme)
BL_A = zuständiger Bereichs- bzw. Abteilungsleiter des Unternehmens A
BL_B = zuständiger Bereichs- bzw. Abteilungsleiter des Unternehmens B
P_A = Projektleiter des elektronischen Teilprojektes im Unternehmen A
P_B = Projektleiter des optischen Teilprojektes im Unternehmen B
Team A = Projektteam des Unternehmens A für das elektronische Teilprojekt
Team B = Projektteam des Unternehmens B für das optische Teilprojekt
UL_A = Unternehmensleitung des Unternehmens A
UL_B = Unternehmensleitung des Unternehmens B

tern des Unternehmens *A* zusammen. Der Projektleiter P_A stammt ebenfalls vom Elektronikunternehmen. *Team B* und Projektleiter P_B kommen aus dem Unternehmen *B*. Im *koordinierenden Team* sind beide Projektleiter P_A und P_B mit wechselndem Vorsitz („Primus inter pares") vertreten und jeweils die Teammitglieder von *Team A* und *B*, deren Problem zur Behandlung ansteht. Darüber hinaus ist eine direkte Kommunikation von Teammitgliedern beider Teams möglich, um eine enge Kooperation sicherzustellen. Zur Koordination und vor allem für Problemfälle sowie als letzte Entscheidungsinstanz steht ein *Steuerungsgremium* (s. Kap. 4, Abschn. 4.2) zur Verfügung, das sich aus je einem Unternehmensleiter *(UL)* der Unternehmen *A* und *B* sowie aus den beteiligten Bereichs- *(BL)* bzw. Abteilungsleitern beider Unternehmen und den beiden Projektleitern zusammensetzt. Der Vorsitz wechselt zwischen UL_A und UL_B. Somit ergibt sich die in Abb. 3.11 vereinfacht dargestellte Aufbauorganisation. Diese Regelung hat den Vorteil, daß in jedem Unternehmen zwar getrennt an den jeweiligen Teilprojekten in bekanntem Umfeld gearbeitet werden kann, die Arbeiten jedoch durch das *Koordinierungsteam* aufeinander abgestimmt sind und dadurch auch eine Kooperation begünstigt wird.

Für die ablauforganisatorische Regelung ist von den beiden Unternehmensleitungen vorweg festgelegt, wann das *Steuerungsgremium* zusammenzukommen hat und daß der Vorsitz im Wechsel von den Vertretern beider Unternehmensleitungen wahrzunehmen ist. Nach Klärung der Zielsetzung durch das *Steuerungsgremium* legen beide Projektleiter die Aufgabenstellung für beide Teams fest und stimmen sie aufeinander ab. Jedes Team bearbeitet sein Teilprojekt. Um die Kooperation zu fördern, ist im Bedarfsfall eine direkte Kommunikation zwischen den Teammitgliedern beider Teams gewährleistet. Im Konflikt- bzw. Problemfall haben die Teammitglieder über den zuständigen Projektleiter die Einberufung des *Koordinierungsteams* zu veranlassen. Falls auch dort eine Problemlösung nicht möglich ist oder keine Einigung zustandekommt, ist das *Steuerungsgremium* als letzte Entscheidungsinstanz gefragt. Auf diese Weise ist gewährleistet, daß auf unterer Ebene ein freies, selbständiges Arbeiten und die erforderliche Kooperation möglich sind und daß man Probleme sowie Konflikte zunächst unter sich in den Teams mit Hilfe der Projektleiter löst. Sind jedoch anfallende Probleme oder Konflikte auf diese Art nicht zu bewerkstelligen, dann steht das *Steuerungsgremium* zur Verfügung.

4 Projektverantwortung

4.1 Projektverantwortungsebenen

Im vorangehenden Kapitel wurde auf die Bedeutung einer klaren Kompetenzregelung insbesondere bei der Anwendung des Matrix-Projektmanagements hingewiesen. Das ist nicht nur deshalb wichtig, weil die Teammitglieder zwei Vorgesetzte haben können (projektbezogen: Projektleiter; disziplinarisch: Linienvorgesetzter, z.B. Abteilungsleiter), sondern weil beim Projektmanagement grundsätzlich drei verschiedene Verantwortungsebenen zusammenwirken. Da ist einmal die **politische Ebene**. Dazu gehört vor allem der Auftraggeber, der letztendlich entscheidet, welches Projektziel angesteuert wird, unabhängig davon, woher Vorschläge oder Anregungen dazu kommen. Auftraggeber ist bei unternehmensinternen Projekten im allgemeinen die Unternehmensleitung, die z.B. bei der Entwicklung und Einführung von Neuprodukten oder bei Rationalisierungsvorhaben die Entscheidung zu deren Durchführung trifft, d.h. den Auftrag dazu erteilt. Im Anlagenbau oder bei der Auftragsforschung z.B. ist jeweils der Kunde Auftraggeber. Er wählt für die Projektrealisierung den geeigneten Partner aus und legt durch entsprechende vertragliche Regelungen Zielsetzung, Termine, Kosten und sonstige Rahmenbedingungen fest. Die Verantwortung für die Vertragserfüllung obliegt dann der Leitung des ausführenden Unternehmens, die somit Treuhänder des Auftraggebers ist. In der Regel wird der Auftraggeber von Beratern unterstützt, mit denen er in einem speziellen Gremium Entscheidungen vorbereitet und auch fällt; er trägt aber das Risiko und damit die letzte Verantwortung, vor allem auch für die Finanzierung des Projektes. Deshalb sollte er – evtl. zusammen mit seinem Gremium – auch entsprechenden Einfluß auf die *Politik* des Projektmanagements ausüben. Ein diesbezügliches Engagement des Auftraggebers schafft günstige Voraussetzungen für ein erfolgreiches Projektmanagement. Hierin liegt eine große Verantwortung, denn Umfeldbedingungen, Personenauswahl, Partnerwahl, Kapazitätszuordnung, klare Zielsetzung und geeignete Führungsmethode, die mit zur *Politik* des Projektmanagements gehören, sind entscheidende Faktoren für erfolgreiche Projektarbeit. Sie tragen zur Projektmanagement-Philosophie bei und müssen von oberster Stelle aus erkannt, in die Wege geleitet und unterstützt werden.

Zweitens gibt es die **administrative Projektverantwortungsebene**. Es geht hierbei um die Projektleitung. Der Auftraggeber oder dessen Treuhänder delegiert die Verantwortung zur Abwicklung des Projektes an eine Projektleitung, bzw. er erteilt ihr den Auftrag dazu. Je nach Projektart und -größe ergeben sich dabei unterschiedliche Führungsaufgaben – von der Organisation über Information, Planung, Koordination bis zur Überwachung und Steuerung des Projektablaufs. Unabhängig davon, ob es sich bei der Projektleitung um eine Person oder um ein Team handelt, muß in jedem Fall eine geeignete Persönlichkeit als Projektleiter nominiert werden. Bei kleinen Projekten kann der Projektleiter die Projektleitung weitgehend allein bewältigen. Bei zunehmender Projektkomplexität benötigt er Hilfe. Diese kann durch eine weitere Person oder ein Team geleistet werden. Das ganze Team bildet dann die Projektleitung, wobei der Projektleiter *Primus inter pares* oder Sprecher des Projektleitungsteams ist. Um der Verantwortung gerecht werden zu können, müssen der Projektleitung auch die für die Abwicklung des Projektes erforderlichen Befugnisse eingeräumt werden, wie z.B. die Entscheidungskompetenz für alle erforderlichen Maßnahmen zur Koordinierung der Projektarbeiten.

Schließlich hat die **operative Ebene** die Verantwortung für die Projektrealisierung. Es geht um die Durchführung des eigentlichen Projektes. Die Verantwortung dafür liegt bei Anwendung des Matrix-Projektmanagements nicht nur bei der Projektleitung, sondern teilweise auch bei den Unternehmenseinheiten oder bei Zulieferern (Partnern), die mit Teilaufgaben am Projekt beteiligt sind. Jede Abteilung oder auch externe Stelle ist für den Projektteil verantwortlich, den sie bearbeitet. Die einzelnen Fachabteilungen besitzen in der Regel die für ihre Teilaufgaben notwendige Kompetenz. Für die Koordination dieser Teilaufgaben ist wiederum die Projektleitung verantwortlich.

Diese drei Projektverantwortungsebenen weisen darauf hin, daß verschiedene Hierarchieebenen aber auch die unterschiedlich Beteiligten gewisse Verantwortung am Projekt übernehmen müssen, wenn die Anwendung des Projektmanagements erfolgreich sein soll. Es stellt sich allerdings die Frage, wie diese etwas problematischen Zuständigkeiten bzw. Kompetenzen organisatorisch geregelt werden können, um eine zufriedenstellende Zusammenarbeit und eine möglichst optimale Koordination zu gewährleisten. Das ist mit Hilfe eines Projektsteuerungsgremiums und mit entsprechenden Regelungen durchaus möglich.

4.2 Projektsteuerungsgremium

Das für die Projektrealisierung hauptverantwortliche Unternehmen hat organisatorische Regelungen zur effizienten Kooperation und Koordination zu treffen. Einen Ansatz dazu zeigt Abschn. 3.3 (Abb. 3.10) auf. Ein wesentlicher Faktor ist dabei die Kompetenzregelung. Die Projektleitung (Projektteam mit Projektleiter und Teammitgliedern), die von der Unternehmensleitung den Auftrag hat, das Projekt durchzuführen, ist bei Anwendung des Matrix-Projektmanagements auf die Zusammenarbeit mit Stellen der Linienorganisation angewiesen, ohne daß sie direkt eingreifen kann, also ohne Kompetenzen. Sie ist abhängig von der Bereitschaft der Linienverantwortlichen oder von der Intervention der Unternehmensleitung. Dazu bedarf es einer klaren Regelung. Die Unternehmensleitung, als Hauptverantwortliche für das Projekt bzw. für alle die Projekte, die im Unternehmen bearbeitet werden, muß letztendlich in Abstimmung mit allen Beteiligten die Steuerung grundsätzlicher Probleme übernehmen. Denn das dafür zuständige Mitglied der Unternehmensleitung hat neben der Aufsichtspflicht gleichermaßen das Recht zur letzten Entscheidung. Um auch hierbei eine gute Zusammenarbeit zu erreichen, bietet sich eine Lösung an, wie sie in Abb. 4.1 prinzipiell dargestellt ist.

Wenn wir davon ausgehen, daß die Unternehmensleitung für alle Aktivitäten innerhalb des Unternehmens verantwortlich ist, dann obliegt es ihr – auch bei weitgehender Delegation von Verantwortung und Kompetenz – bei Unstimmigkeiten zwischen verschiedenen Einheiten sowie zwischen Linien- und Projektorganisation oder bei grundsätzlichen Problemen einzuschreiten, falls die Betroffenen unter sich nicht einig werden oder für die Lösung des grundsätzlichen Problems die Zustimmung der Unternehmensleitung benötigen. Das trifft auch für Probleme beim Matrix-Projektmanagement zu. Die Projektleitung, also Projektteam mit Pro-

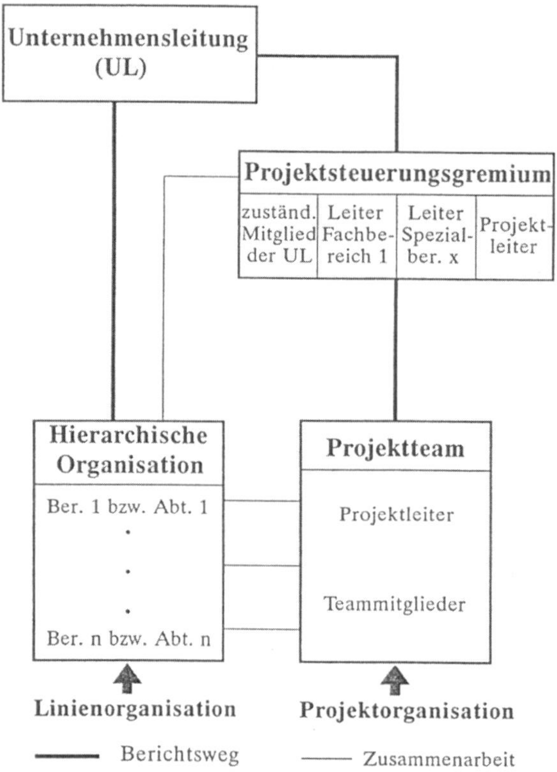

Abb. 4.1. Prinzip der Zusammenarbeit zwischen Projekt- und Linienorganisation mittels eines Projektsteuerungsgremiums.

jektleiter und Teammitgliedern, kann das Projekt im Idealfall selbständig in bester Kooperation mit den Stellen der Linienorganisation abwickeln, wenn alles planmäßig abläuft und hinreichende Befugnisse erteilt wurden, um auftretende Schwierigkeiten in Eigenverantwortung lösen zu können. In diesem Falle sollte trotzdem ein Projektsteuerungsgremium als Ansprechstelle für die Projektleitung zur Verfügung stehen; denn die Unternehmensleitung ist zumindest bei markanten Projektabschnitten (Meilensteine) über den Stand des Projektes zu informieren, da sie Auftraggeber oder Treuhänder des Auftraggebers ist. In der Praxis tritt der Idealfall eines reibungslosen Projektablaufs selten auf. Deshalb ist die Existenz eines Projektsteuerungsgremiums um so wichtiger. Wenn Schwierigkeiten auftreten, die vom Projektteam und den beteiligten Stellen nicht gelöst werden können, ist das Projektsteuerungsgremium einzuberufen. Ansonsten ist es üblich, daß das Steuerungsgremium zur routinemäßigen Berichterstattung an festgesetzten bzw. geplanten Terminen zusammenkommt (z.B. zur Meilensteinsitzung). Dieses Gremium setzt sich je nach Problemstellung aus den Verantwortlichen der am Projekt beteiligten Stellen zusammen, die zur Lösung des anstehenden Problems beitragen können. Das *zuständige Mitglied der Unternehmensleitung* oder dessen Vertreter sollte jedesmal dabei sein, um eine kontinuierliche Politik bei der Projektabwicklung beizubehalten. Darüber hinaus kann im Gremium z.B. der *Leiter des Fachbereichs 1* vertreten sein, in dem das Problem aufgetreten ist (s. Abb. 4.1). Zusätzlich ist der *Leiter des Spezialbereichs x* anwesend, der aufgrund von Voruntersuchungen voraussichtlich zur Lösung des Problems entscheidend beitragen kann. Schließlich muß der betroffene *Projektleiter* dabei sein, der das Problem vorträgt und gegebenenfalls Vorschläge zur Lösung unterbreitet. Falls notwendig, steht ein Teammitglied zur Verfügung, um evtl. fachspezifische Fragen konkret beantworten zu können. Wichtig ist, daß eine Sitzung des Projektsteuerungsgremiums und dessen notwendige Entscheidung gründlich vorbereitet werden. Probleme, bei denen das Gremium eingeschaltet werden muß, können verschiedener Art sein: zu erwartender Zeitverzug, zu erwartende Kostenüberschreitung, Kapazitätsprobleme, Kooperationsschwierigkeiten aber auch grundsätzliche fachliche Probleme. Da z.B. bei zu erwartender Zeitverzögerung oder Kostenüberschreitung schnell gehandelt werden muß, um rechtzeitig einen Ausweg zu finden, muß das Steuerungsgremium unverzüglich zusammenkommen. Deshalb sollten wichtige Entscheidungsträger, die nicht immer verfügbar sind, eine feste, kompetente Vertretung nominieren oder zumindest festgelegte Termine stets einhalten. Die Entscheidungen des Projektsteuerungsgremiums werden über die Unternehmensleitung oder über die im Gremium vertretenen Bereichs- bzw. Abteilungsleiter in die hierarchische Linienorganisation hineingetragen, so daß dadurch die Zusammenarbeit zwischen Linien- und Projektorganisation gefördert wird.

Falls bei einem Projekt eine enge Zusammenarbeit mit einem externen Partner notwendig ist, kann es sinnvoll sein, einen kompetenten Vertreter dieses Partners in das Steuerungsgremium aufzunehmen. Dabei kann es sich je nach Erfordernis um ein ständiges Mitglied des Gremiums handeln oder auch nur um eine temporäre Mitgliedschaft im Bedarfsfall (s. Abb.

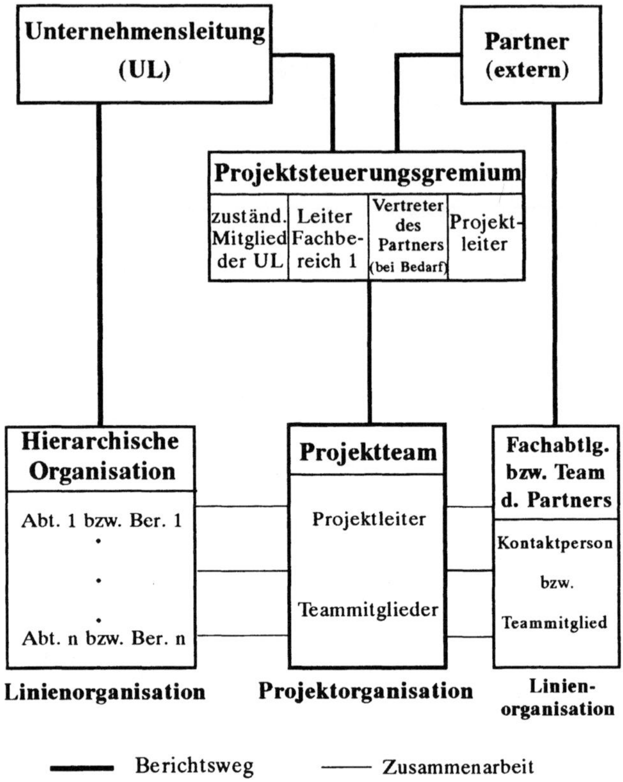

Abb. 4.2. Projektsteuerungsgremium und Zusammenarbeit der Projektgruppen mit externem Partner.

4.2). Das hat den Vorteil, daß grundsätzliche Projektentscheidungen des Steuerungsgremiums von der obersten Leitung des Partners unterstützt werden, so daß die Kooperation auf Fachbereichs- oder Fachabteilungsebene gefördert wird. Im übrigen können so auch die Regelungen für die Zusammenarbeit der Teams festgelegt werden.

In der Praxis gibt es unterschiedliche Bezeichnungen für dieses Gremium: Steuerungsausschuß bzw. Steuerungskomitee und Lenkungsausschuß oder Lenkungsgruppe sind wohl die geläufigsten; die Namen sind belanglos, entscheidend sind die Aufgaben. Zusammenfassend kann festgestellt werden, daß dieses interdisziplinäre Steuerungskomitee die fachübergreifende Kooperation fördert.

4.3 Projektverantwortung gemäß Projektorganisation (Projektteam-Organisation, Matrix-Organisation)

Wenn bei Projekten größeren Umfangs ein Projektteam mit der Projektleitung überfordert ist, kann eine organisatorische Strukturierung des Teams hilfreich sein. Einige Spezialteams sind dann jeweils für ein spezielles Teilprojekt verantwortlich. So können z.B. bei der Entwicklung eines Kraftfahrzeugs Teilprojekte für Motor, Getriebe, Fahrwerk usw. geschaffen werden, die zu einem einheitlichen Gesamt-Kraftfahrzeug zusammengefaßt werden müssen. Dazu ist eine Koordination der Teilprojekte erforderlich. Die Verantwortung dafür trägt ein übergeordnetes Koordinationsteam (s. Abb. 4.3). Dabei hat jedes Spezialteam (Team eines Teilprojektes) einen Teilprojektleiter und die für seinen Aufgabenbereich notwendigen Teammitglieder. Jedes Spezialteam ist für sein Teilprojekt verantwortlich. Das Team für die übergeordnete koordinierende Projektleitung des Gesamtprojektes setzt sich aus den Teilprojektleitern der einzelnen Spezialteams zusammen. Projektleiter dieses Teams kann sowohl eine eigens dafür vorgesehene Person als auch einer der Teilprojektleiter sein. Es hängt von den Persönlichkeiten und den Gegebenheiten ab. Gelegentlich wird auch ein Wechsel der Projektleitung eines koordinierenden Teams praktiziert. Das heißt, der *Vorsitz* im Team wechselt z.B. je nach Problem-

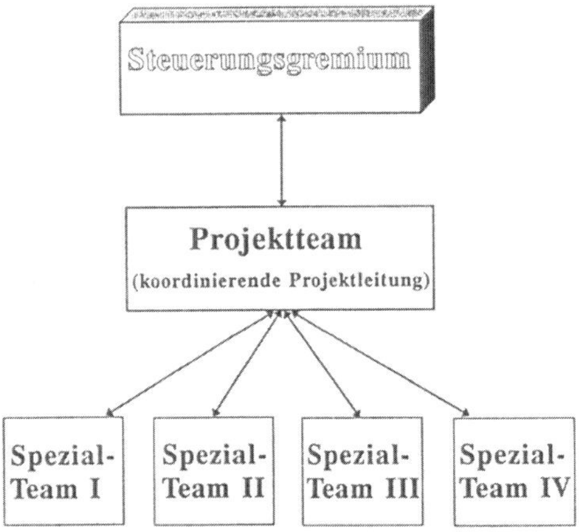

Abb. 4.3. Strukturierung von Projekt-Spezialteams bei Projekten größeren Umfangs, die in Teilprojekte zerlegt werden.

schwerpunkt. Koordinierender Projektleiter ist dann jeweils der Teilprojektleiter, in dessen Team gerade die Hauptproblematik der Koordination liegt. Verantwortlich für das Gesamtprojekt ist das koordinierende Team. Als übergeordnete Instanz des Projektteams bzw. der koordinierenden Projektleitung ist jedoch ein Steuerungsgremium notwendig, wie in Abschn. 4.2 beschrieben.

Diese organisatorische Strukturierung des Teams basiert auf dem *Gruppenkonzept von Likert* (s. Abb. 4.4 [36]) und kann um weitere Team- bzw. Gruppenebenen ergänzt werden. Es entsteht so ein Netzwerk ineinander verflochtener Gruppen, das die Kommunikation verbessert und eine effiziente Koordination ermöglicht. Das wird dadurch erreicht, daß die Gruppenführer der einzelnen Gruppen gleichfalls Mitglieder der übergeordneten Gruppe sind. Damit ergeben sich Informations- und Kommunikationswege sowohl von oben nach unten als auch von unten nach oben (s. Pfeile in Abb. 4.4).

Die Projektverantwortung bei Anwendung des Matrix-Projektmanagements wird in der Praxis häufig als problematisch hingestellt, weil die Kompetenzabgrenzung schwierig wäre. Doch hierfür bieten sich in den meisten Fällen für alle Beteiligten durchaus akzeptable und praktikable Regelungen an. Ein Grundgedanke dazu soll anhand der organisatorischen Darstellung in Abb. 4.5 erläutert werden. Dort ist eine Matrix-

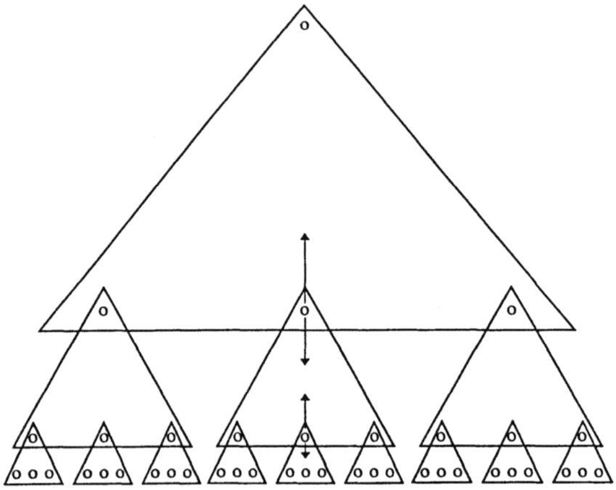

Abb. 4.4. Gruppenkonzept von Likert [36], ein System überlappender Teams. Die jeweiligen Dreiecke stellen je ein Team dar. o = Teammitglied (wenn o an der Hypothenuse des Dreiecks) bzw. Teamleiter (wenn o an der Spitze des Dreiecks).

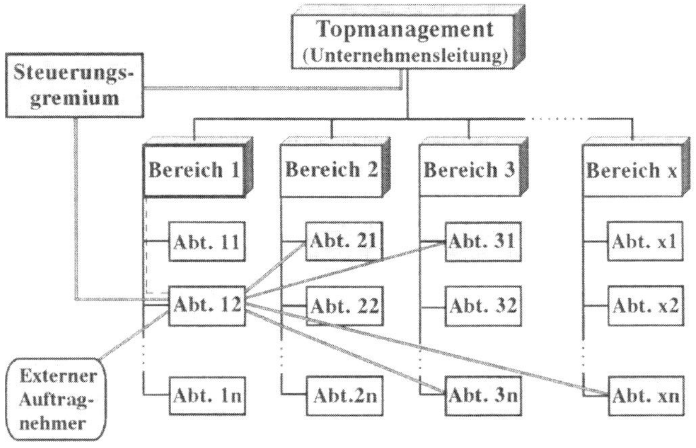

Abb. 4.5. Zur Regelung der Verantwortung in einer hierarchischen Unternehmensorganisation bei Anwendung des Matrix-Projektmanagements.

Projektorganisation einer hierarchischen Unternehmensorganisation überlagert. Die Projektleitung liegt bei *Abt. 12*, Teammitglieder stellen die *Abteilungen 21, 31, 3n* und *xn*. Man kann daraus schließen, daß *Abt. 12* im *Bereich 1* die Hauptlast des Projektes zu tragen hat. Im Falle eines Entwicklungsprojektes könnte das z.B. eine Entwicklungsabteilung im Entwicklungsbereich sein. Die Projektbeteiligung und damit notwendige Mitarbeit der *Bereiche 2, 3* und *x* (z.B. Marketing, Fertigung und Qualitätssicherung) hat die Abordnung von Teammitgliedern aus Abteilungen dieser Bereiche in das Projektteam zur Folge. Im Bedarfsfall kann auch ein externer Auftragnehmer herangezogen werden. Das Projektsteuerungsgremium ist die übergeordnete Ansprechstelle für die Projektleitung. In diesem Gremium wird neben einem Vertreter der Unternehmensleitung zumindest auch der Bereichsleiter vertreten sein, bei dem ein Schwerpunkt der Verantwortung liegt (lt. Abb. 4.5 ist es der Bereich 1).

Ein Projekt wird in der Regel nur auf Veranlassung oder mit Zustimmung der Unternehmensleitung und damit auch mit Einwilligung der beteiligten Bereiche oder Abteilungen in die Wege geleitet, wie es in Abschn. 3.3 dargelegt ist. Dementsprechend sind die einzelnen Bereiche oder Abteilungen jeweils für ihren Anteil am Projekt verantwortlich. Deshalb sind deren Leiter gut beraten, wenn sie als Teammitglied oder Projektleiter diejenigen Personen auswählen, die sich für die betreffende Aufgabe und deren Verantwortung am besten eignen. Auch die zur Bewältigung der Aufgaben erforderlichen Befugnisse sollten der Qualifikation des Mitarbeiters entsprechend delegiert werden. Je weniger Befugnisse der verantwortliche Linienvorgesetzte seinem *Delegierten* zugesteht, umso mehr ist er selbst bezüglich des Projektes gefordert. Bei der Beteiligung an mehreren Projekten zur selben Zeit kann das für den Linienvorgesetzten eine kaum noch zu bewältigende Belastung werden. Trotz weitgehender Delegation von Befugnissen sind die für Projektteilaufgaben verantwortlichen Linienvorgesetzten je nach Aufgabenspektrum ohnehin gefordert, weil sie die in ihrer Einheit durchzuführenden Arbeiten letztendlich verantworten müssen. Bei Konflikten zwischen Teammitgliedern verschiedener Abteilungen, die weder im Team noch vom Projektleiter bereinigt werden können, sind die zuständigen Abteilungsleiter ebenfalls heranzuziehen, um eine Schlichtung herbeizuführen. Sind auch sie dazu nicht in der Lage, so sind die betreffenden Bereichsleiter gefragt. Gibt es auch auf dieser Ebene keine Einigung, dann ist die Unternehmensleitung bzw. das Steuerungskomitee einzuschalten. Auf jeden Fall muß eine Konfliktregelung zustandekommen, da sonst das Projekt gefährdet sein kann.

Bei kleineren oder vereinzelten Projekten in einem Unternehmen, die mit Hilfe des Matrix-Projektmanagements bearbeitet werden, wird gelegentlich auf eine formelle Etablierung eines Steuerungsgremiums verzichtet, wenn die Verantwortlichkeiten für das Projekt auf den einzelnen Hierarchieebenen eindeutig geklärt und festgelegt sind. Trotzdem läßt es sich nicht vermeiden, daß im Bedarfsfall die betroffenen Verantwortlichen in einem *ad-hoc*-Gremium zusammenkommen. Ansonsten läge dann die Hauptverantwortung z.B. für die Entwicklung eines Neuproduktes zunächst bei der Entwicklungsleitung. In Abb. 4.5 wäre das *Bereich 1*, wo diese Verantwortung bzw. Zuständigkeit durch eine gestrichelte Verbindungslinie zwischen *Bereich 1* und *Abt. 12* als Projektleitungsstelle dargestellt ist. Darüber hinaus hat die Unternehmensleitung als letzte Verantwortungsinstanz ebenfalls eine direkte Eingriffsmöglichkeit in das Projektgeschehen über die Entwicklungsleitung. Wenn sich der Schwerpunkt der Projektarbeiten in einem fortgesetzten Stadium auf einen anderen Bereich verlagert, kann damit auch die Hauptverantwortung und sogar die Projektleitung diesem Bereich übertragen werden. In unserem Beispiel der Neuproduktentwicklung könnte das der Fertigungsbereich etwa mit der Abteilung Fertigungsvorbereitung sein. Abb. 4.5 würde sich dann dahingehend ändern, daß die direkte Projektverantwortung (gestrichelte Linie) anstelle von *Bereich 1* zu *Abt. 12* nun von *Bereich 3* zu *Abt. 31* ginge. Die strahlenförmigen Verbindungen zu den Abteilungen der Teammitglieder gingen dann von *Abt. 31* aus. Projektleiter könnte in diesem Fall das bisherige Teammitglied aus *Abt. 31* werden, während der bisherige Projektleiter aus *Abt. 12* nun Teammitglied würde. Diese Möglichkeit der Verlagerung von Hauptverantwortung und Projektleitung möchte ich mit dem Begriff *flexibles Projektmanagement* verbinden.

Unabhängig davon, ob *flexibles Projektmanagement* praktiziert wird oder nicht, variieren die Schwerpunkte der Projektverantwortlichkeiten beim Matrix-Projektmanagement je nach Bearbeitungsschwerpunkt. Abbildung 4.6 gibt am Beispiel der *Entwicklung und Einführung neuer Produkte* einen Überblick über die Verlagerung von Verantwortlichkeiten bei

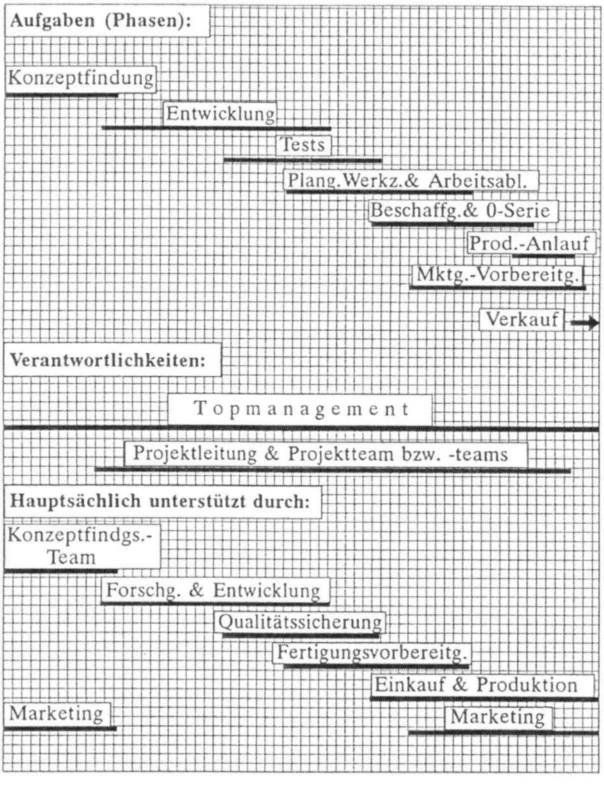

Abb. 4.6. Projektverantwortung bei überlappender Arbeitsweise am Beispiel *Entwicklung und Einführung neuer Produkte.* (Waagerecht = Zeitachse.)

der Projektbearbeitung. Im oberen Teil sind einige funktionale Aufgabenschritte (Phasen) in überlappender Arbeitsweise dargestellt, darunter die Verantwortlichkeiten der jeweils zuständigen Funktionseinheiten. Das *Topmanagement,* also die Unternehmensleitung, trägt die Verantwortung für das gesamte Geschehen im Unternehmen, und dazu gehört selbstverständlich auch die Entwicklung und Einführung neuer Produkte, was für die Zukunftssicherung des Unternehmens von fundamentaler Bedeutung ist. Deshalb muß sich das Topmanagement schon bei der Konzeptfindung für ein neues Produkt dieser Verantwortung stellen, unabhängig davon, wieweit diese Verantwortung delegiert wird. Ein *Konzeptfindungsteam* unter entscheidender Mitwirkung z.B. des *Marketing* kann hierbei sehr hilfreich sein. Falls möglich, sollten auch Vertreter des späteren Projektteams daran beteiligt werden. Auf jeden Fall ist das Projektteam noch vor endgültiger Verabschiedung des Konzeptes einzuschalten, um die Grundlage für das zu verantwortende Projekt wenigstens teilweise beeinflussen zu können. Das heißt, noch bevor die Entwicklung mit ihren Aktivitäten am Projekt startet, beginnt die Verantwortung von *Projektleitung* bzw. *Projektteam* für das Projekt ab diesem Zeitpunkt parallel zur Gesamtverantwortung des Topmanagements. Diese Verantwortung der Projektleitung bleibt bis zur üblichen Integration des Neuproduktes in das laufende Geschäftsgeschehen bestehen. Da beim Matrix-Projektmanagement die Unterstützung der Linieneinheiten des Unternehmens unerläßlich ist, die Projektleitung jedoch keine direkte Eingriffsmöglichkeit hat, liegt die Verantwortung für die funktionellen Aktivitäten zur Realisierung des Projektes jeweils bei den Funktionsverantwortlichen. Somit trägt die *Entwicklungsleitung* die Hauptverantwortung für die gesamten *Entwicklungsarbeiten, die Qualitätssicherung* für die *Tests,* die *Fertigungsvorbereitung* für die gesamte *Fertigungsplanung* bzw. Vorbereitung der Fertigung usw. Die Projektleitung hat alle diese Arbeiten zu koordinieren und auftretende Schnittstellenprobleme zwischen den verschiedenen Funktionseinheiten und dem Team zu lösen bzw. Lösungen mit Hilfe übergeordneter Verantwortungsstellen herbeizuführen. Echte Teamarbeit fördert die komplexe Zusammenarbeit mit den unterschiedlichen Verantwortlichkeiten.

Diese Betrachtungen zur Verantwortungsregelung bei der Anwendung des Matrix-Projektmanagements sind ein wesentlicher Bestandteil meiner Projektmanagement-Philosophie.

5 Projektteam

5.1 Definition des Begriffes Team und Bedeutung der Teamarbeit

Unter *Team* versteht man allgemein eine Arbeitsgruppe oder Sportmannschaft. Im Zusammenhang mit dem Begriff Projekt handelt es sich um eine Gruppe von Personen, die mit der Bewältigung einer gemeinsamen Aufgabe beschäftigt ist. Dabei muß ein gewisser Mannschafts- oder *Teamgeist* die Bereitschaft aller Teammitglieder zur Erreichung des gemeinsamen Zieles initiieren und fördern. In einem Lexikon[1] heißt es zum Begriff *Team:* „Arbeitsgruppe aus verschiedenen Fachkräften, die zur Erfüllung verschiedener Aufgaben im Gegensatz zu hierarchisch und autoritär strukturierter Arbeitsorganisationen mehr modernen Demokratievorstellungen entsprechend zusammenwirken; Kennzeichen der Teamarbeit sind partnerschaftliches Verhalten, gegenseitige Anerkennung und Achtung der fachlichen Qualifikation und persönlichen Integrität, gleichberechtigte Mitbestimmung aller Mitglieder des Teams bei der Diskussion von Methoden, Inhalten und Zielen der Arbeit und ihrer Durchführung." Auf das Projektmanagement übertragen, bedeutet *Team eine interdisziplinäre und hierarchieübergreifende Arbeitsgruppe*, die in der Lage ist, eine bestimmte Aufgabe in Projektform zu lösen. Wenn jedes Mitglied erkennt, daß die Aufgabe nur in einer produktiven Zusammenarbeit im Team erfolgreich gelöst werden kann, dann ist die Voraussetzung für den erforderlichen *Teamgeist* gegeben. Dazu bedarf es allerdings einer gewissen Kooperationsbereitschaft, Qualifikation und Sozialkompetenz jedes einzelnen Teammitglieds. Die wichtigsten Kriterien[2] für eine erfolgreiche Zusammenarbeit im Team sind:

- Kommunikationsfähigkeit
- Initiative, Engagement, Begeisterungsfähigkeit

---

1 Farbiges großes Volkslexikon (1981), Bd. 11, S. 360.

2 Diese Kriterien wurden im wesentlichen von einer Arbeitsgruppe innerhalb der GPM (s. Fußnote S. 10) ermittelt.

- Integrationsfähigkeit
- Kontaktfähigkeit
- Sensibilität, Selbstkontrolle, Verantwortungsbewußtsein, persönliche Integrität
- Konfliktbewältigungsfähigkeit, Streitkultur
- Lösungsfähigkeit, ganzheitliches Denken
- Loyalität, Solidarität, Hilfsbereitschaft

Die gegenseitige Anerkennung der verschiedenen Fachkräfte führt zur Partnerschaft zwischen allen Beteiligten, unabhängig von der hierarchischen Stellung der einzelnen Teammitglieder. Das setzt kooperative Führung voraus. Komplexe Aufgabenstellungen, wie sie bei Projekten üblich sind, können eben nur durch das Zusammenwirken verschiedener Fachdisziplinen auf partnerschaftlicher Ebene erfolgreich bewältigt werden (s. Abb. 5.1). Selbst für verwandte Fachgebiete sind oft unterschiedliche Experten erforderlich. Diese müssen in enger Kooperation, also in Teamarbeit, die Integration der verschiedenen Fachgebiete zur Realisierung des Projektes bewerkstelligen. Anhand verschiedener Experimente wurde gezeigt [43], daß kooperativ arbeitende Teams im Vergleich zu konkurrenzorientierten Gruppen in der Regel folgende Vorzüge aufweisen:

- größere Koordination der Aktivitäten
- größere Variabilität der Beiträge der einzelnen Mitglieder
- größere Differenziertheit der Aktivitäten

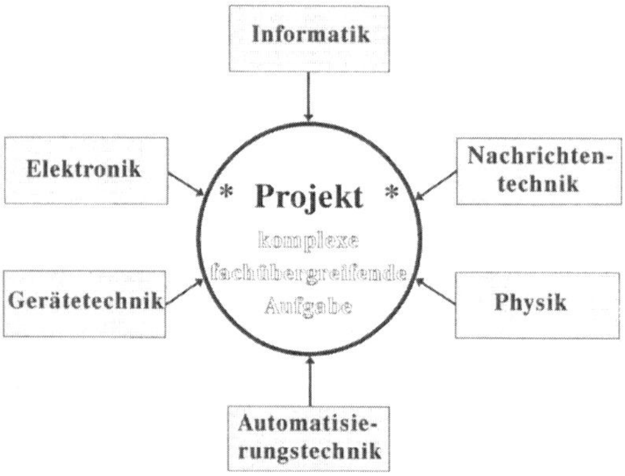

Abb. 5.1. Beispiel für die Einwirkung verschiedener (auch verwandter) Fachgebiete auf komplexe Aufgabenstellungen.

- größerer Leistungsdruck
- höhere wechselseitige Kommunikation
- größere Aufmerksamkeit der Mitarbeiter untereinander
- besseres Verständnis der wechselseitigen Kommunikation
- größere Anerkennung und Billigung der Kommunikation
- bessere Orientierung und Ordnung
- größere Produktivität pro Zeiteinheit
- bessere Diskussionsqualität
- mehr Freundlichkeit während der Diskussion
- günstigere Bewertung der Gruppe und ihrer Ergebnisse
- mehr Bemühungen, die Gruppenfunktionen zu sichern und zu verbessern
- ein stärkeres Gefühl bei den Mitgliedern, von den Kollegen akzeptiert zu werden
- ein größeres Bedürfnis der Verpflichtung gegenüber den anderen und ein größerer Wunsch, die Achtung der anderen zu gewinnen

5.2 Art der Projektteams und deren Zusammensetzung

Projektteams können im Hinblick auf die Zahl und die Person der Teammitglieder fix oder variabel sein. Man hat ein *geschlossenes Projektteam*, wenn geplant ist, daß die Teammitglieder hinsichtlich ihrer Anzahl als auch ihrer Personen vom Anfang bis zum Ende des Projektes gleich bleiben. Im Gegensatz dazu gibt es das *offene Projektteam*, bei dem sich die Zusammensetzung der Teammitglieder im Laufe der Projektabwicklung ändert. Es werden für die einzelnen Abschnitte bzw. Phasen in der Projektabwicklung jeweils unterschiedliche Mitarbeiter und diese in unterschiedlicher Zahl zur Projektarbeit eingesetzt. Damit ergibt sich eine flexible Anwendung des Projektmanagements. Das kann auch bei der Entwicklung und Einführung von Neuprodukten sinnvoll sein, wenn z.B. die Produktentwicklung als solche von zum Teil anderen Mitarbeitern bearbeitet wird als die sich daran anschließende Prozeßentwicklung für die Herstellung der neuentwickelten Produkte.

Außerdem spricht man von einem *externen*, *internen* und *gemischten Projektmanagement*. Beim *externen Projektmanagement* läßt der Auftraggeber das Projekt ausschließlich durch betriebsfremde Mitarbeiter planen und realisieren. Das heißt, das Projektteam besteht nur aus betriebsexternen Mitgliedern. Das trifft z.B. für Auftragsforschung und -entwicklung zu, wo Forschungs- und Entwicklungsinstitute oder auch externe Firmen entsprechende Aufträge von Unternehmen oder Behörden erteilt bekommen und diese als Projekt bearbeiten. Beim *internen Projektmanagement* sind ausschließlich eigene Mitarbeiter des Auftraggebers beteiligt. Das Team besteht nur aus betriebsinternen Mitgliedern. Auf diese Weise werden sehr viele kleine und mittelgroße Projekte in Industrieunternehmen bearbeitet, insbesondere bei der Entwicklung und Einführung neuer Produkte. Schließlich liegt beim *gemischten Projektmanagement* die Planung und Durchführung eines Projektes in den Händen eines Teams, das aus externen und internen Mitgliedern gebildet wird. Diese Art des Projektteams findet man häufig bei EDV-Projekten, z.B. bei der Einführung von EDV-Systemen in Unternehmen, in denen noch zu wenig Erfahrung damit vorhanden ist. Softwarehäuser können auf diese Weise vorhandene Erfahrungen an solche Unternehmen vermitteln, wobei gleichzeitig unternehmensinterne Mitarbeiter diese Erfahrungen für den späteren Einsatz nahtlos übernehmen, was die gemeinsame Teamarbeit ermöglicht. Die Beteiligung der betriebsinternen Mitarbeiter gewährleistet zudem die Berücksichtigung des notwendigen Betriebs-know-hows. Somit gewinnen die Mitarbeiter des Softwarehauses durch die Zusammenarbeit mit dem Unternehmen ebenfalls zusätzliche Erkenntnisse. Es erfolgt ein Erfahrungsaustausch. Manche Unternehmen möchten das Heraustragen des betriebsinternen Know-hows vermeiden und scheuen deshalb die Anwendung eines *gemischten Teams*. Das trifft vor allem bei Neuproduktentwicklungen zu. Doch zunehmend verstärkt sich die Erkenntnis, daß bei einer derartigen Kooperation mit externen Stellen die Vorteile überwiegen. In kritischen Fällen lassen sich evtl. Nachteile durch vertragliche Regelungen vermeiden. Im übrigen halten sich bei fairer Kooperation das Geben und Nehmen die Waage.

Die Frage nach der Anwendung des *internen* oder *externen Projektmanagements* hängt im wesentlichen von der Aufgabe und von der Personalsituation des Auftraggebers ab (s. Abb. 5.2). Wenn keine Betriebskenntnisse für die Projektbearbeitung erforderlich sind, ist *externes Projektmanagement* möglich, anderenfalls *internes* oder *gemischtes*. Benötigt man spezielle Erfahrungen und Kenntnisse, die im eigenen Unternehmen nicht oder noch nicht vorhanden sind, empfiehlt sich auf jeden Fall *exter-*

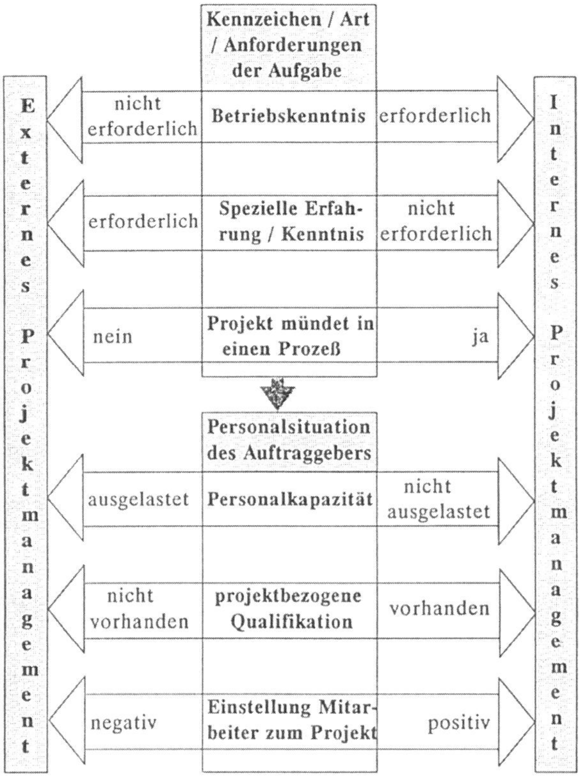

Abb. 5.2. Entscheidungskriterien für internes oder externes Projektmanagement (bezogen auf die Anforderungen der Aufgabe sowie auf die Personalsituation des Auftraggebers).

nes oder *gemischtes Projektmanagement.* Mündet das Projekt in einen Prozeß oder in eine laufende betriebsinterne Anwendung, dann ist *internes* oder bestenfalls noch *gemischtes Projektmanagement* angebracht. Unter Berücksichtigung der oben erläuterten Merkmale für die Anwendung der verschiedenen Projektteamarten spielt außerdem die Personalkapazität eine entscheidende Rolle. Je weniger die eigene Personalkapazität ausgelastet ist, umso mehr wird man zum *internen Team* neigen und umgekehrt. Wichtig ist dabei auch die Frage, inwieweit im Unternehmen des Auftraggebers Erfahrungen mit der Projektbearbeitung vorliegen. Fehlt die projektbezogene Qualifikation, ist zumindest *gemischtes* gegenüber *internem Projektmanagement* zu bevorzugen. Schließlich kommt es auch auf die Einstellung der Mitarbeiter zum Projekt an. Bei positiver Einstellung sollte man den Elan der Mitarbeiter nicht dadurch hemmen, indem man das Projekt nach außen vergibt. Bei negativer Einstellung allerdings kann *externes Projektmanagement* vorteilhaft sein.

Kleine Projekte kann ein Projektteam unter Umständen allein bearbeiten. In vielen Fällen – vor allem bei mittelgroßen Projekten – ist jedoch eine Unterstützung des Teams erforderlich. (Die generell zu erledigenden Aufgaben des Teams werden im nächsten Kap. 6, Abschn. 6.4 beschrieben.) Es können, vor allem beim Matrix-Projektmanagement, ständige Mitarbeiter oder zeitweilig Beteiligte in einer Unternehmenseinheit oder außerhalb mit Projektarbeiten beschäftigt sein, ohne daß sie Mitglied des Projektteams sind. In den meisten Fällen ist auch ein Steuerungsgremium oder eine *Projektbegleitung* als Ansprechpartner für die Projektleitung notwendig. Außerdem sind oft Dienstleistungen oder Hilfen externer Stellen gefragt. So können sich um das Projektteam eine ganze Reihe verschiedener Stellen gruppieren, die an der Realisierung des Projektes mitwirken (s. Abb. 5.3). Um dabei die erforderliche Kooperation und Koordination zu gewährleisten, werden Information und Kommunikation zu entscheidenden Faktoren.

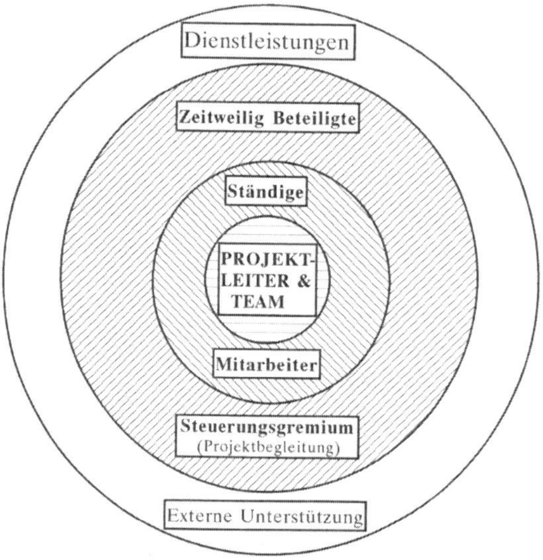

Abb. 5.3. Zusammensetzung der am Projekt Beteiligten.

5.3 Kommunikation und Information im Team

Ein entscheidender Vorteil der Teamarbeit ist die Möglichkeit der direkten Kommunikation aller Teammitglieder - einschließlich Projektleiter - untereinander, ungeachtet hierarchischer Organisationsbarrieren. Es ist das sogenannte *All-Kanal-System*, das bei der Kommunikation im Team praktiziert wird (s. Abb. 5.4).

Bei einem kleinen Projekt, bei dem die Teammitglieder das Projekt im wesentlichen selbst realisieren, bewirkt die Kommunikation gleichzeitig die erforderliche Information über das Projektgeschehen untereinander; es müssen lediglich Auftraggeber oder Vorgesetzte zusätzlich informiert werden, was durch Berichte oder Besprechungen erfolgt. Projektteams, die der Mitwirkung weiterer Mitarbeiter bedürfen, die nicht Teammitglieder sind, müssen die Kommunikation zwischen allen Beteiligten ermöglichen und deren gegenseitige Information sicherstellen. Die allgemeine Information läßt sich auch hier durch Berichte oder Meetings bewerkstelligen. Die notwendige Kommunikation dieser am Projekt beteiligten Nichtmitglieder des Teams, die verschiedenen Unternehmenseinheiten angehören, muß vorweg von den betroffenen Vorgesetzten und dem Team geregelt sein. Es ist zweckmäßig, projektbezogene Gespräche zwischen solchen Mitarbeitern unter gewissen Rahmenbedingungen weitgehend zuzulassen; zu berücksichtigen sind dabei vor allem Kostenlimits[3] und die

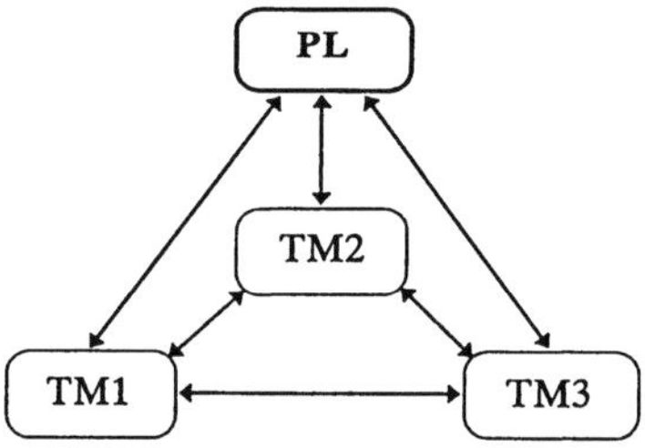

Erläuterungen:
PL = Projektleiter
TM = Teammitglied

Abb. 5.4. Kommunikation im Projektteam nach dem *All-Kanal-System*.

[3] Die von den Gesprächspartnern zu verursachenden und von diesen selbst zu verantwortenden direkten oder indirekten Kosten müssen limitiert sein. Diese Kostenlimits sind - genauso wie die Gesprächsregelung - vorweg von den betroffenen Führungskräften und dem Projektteam festzulegen.

Informationspflicht der Gesprächsergebnisse dem zuständigen Teammitglied gegenüber. Das Teammitglied leitet diese Informationen dem Team weiter. Im übrigen können Teammitglieder, die für die Koordination der Projektarbeiten innerhalb ihrer Abteilung verantwortlich sind, im Bedarfsfall die daran Beteiligten in einem *ad-hoc-Team* zusammenführen, um z.B. ein Projektdetailproblem zu behandeln. Außerdem kann das Projektteam erforderlichenfalls einen nicht zum Team gehörenden Experten zu einer Teamsitzung hinzuziehen. Generell sollten Besprechungen jeweils nur zwischen den Beteiligten geführt werden, die zur Lösung des anstehenden Detailproblems beitragen können. Das gilt auch für das Projektteam, denn lt. Abb. 5.4 kann innerhalb des Projektteams jedes Teammitglied mit jedem anderen je nach Bedarf direkt kommunizieren. In Teamsitzungen unter Beteiligung aller Teammitglieder werden in der Regel allgemeine bzw. Schwerpunkt-Projektprobleme behandelt, oder sie dienen der gegenseitigen Information.

Eine Aufnahme aller am Projekt Beteiligten ins Projektteam ist nicht sinnvoll, denn für eine effiziente Teamarbeit sollte die Anzahl der Teammitglieder nicht zu groß sein. Die direkte Kommunikation der Projektmitarbeiter verschiedener Unternehmenseinheiten bringt zwar beträchtliche Vorteile, erfordert jedoch auch Zeit. Diese Vorteile wirken sich vor allem dann aus, wenn man alle Kommunikationsmöglichkeiten weitgehend nutzt, sei es im Gespräch mit zwei, drei oder mehr Partnern. Sind es zuviele Partner, können diese Möglichkeiten in angemessener Zeit gar nicht genutzt werden, oder die Gespräche arten bei einer zu großen Gesprächsrunde in ein Palaver aus. Gemäß Abb. 5.5 hat man bei drei Kommunikationspartnern drei Kommunikationsmöglichkeiten, bei vier Partnern sind es sechs, bei fünf bereits zehn und bei zehn sogar 45.

Es ist also eine Begrenzung der Anzahl von Teammitgliedern für eine effiziente Teamarbeit vorzusehen. Reicht die Anzahl der Teammitglieder z.B. bei umfangreichen Koordinierungsaufgaben nicht aus, so ist eine Strukturierung in Teilprojektteams (s. Abb. 4.3) vorzunehmen. Ansonsten sollte das Team nach Litke [18, S. 176] nicht mehr als acht Mitglieder haben. Theoretische Überlegungen von Surböck [39] über die Auswirkung des Kommunikationsaufwandes im Team kommen zum Ergebnis von maximal vier Mitarbeitern (s. Abb. 5.6). Surböck betrachtet einmal die theoretische Projektdauer ohne Kommunikation, zum anderen den Kommunikationsaufwand in Abhängigkeit von der Anzahl der Mitarbei-

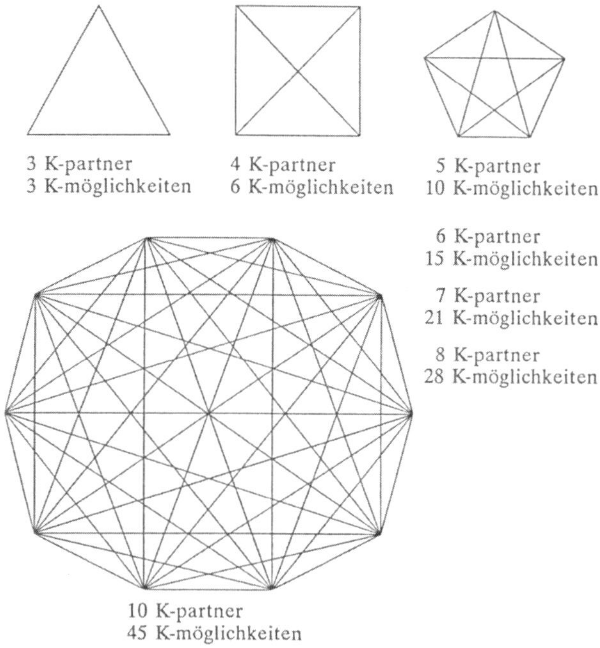

$$N = \frac{n \cdot (n-1)}{2}$$

wobei

N = Anzahl der Kommunikationsmöglichkeiten
n = Anzahl der Kommunikationspartner

Abb. 5.5. Kommunikationsmöglichkeiten in Abhängigkeit von der Anzahl der Kommunikationspartner. (*K-* = Abkürzung für *Kommunikations-*)

ter. Die Resultierende ergibt die Projektdauer mit Kommunikation, wobei sich die geringste Dauer bei vier Mitarbeitern ergibt. Aufgrund eigener Erfahrungen hat sich die Anzahl von fünf Teammitgliedern plus Projektleiter als obere Grenze für effiziente und effektive Teamarbeit bewährt. Bei hoher Projektkomplexität sind zeitlich begrenzte ad-hoc-Teams zur Lösung spezieller Detailprobleme angebracht.

5.4 Stellung des Teams im Unternehmen

Aus Abb. 4.5 ist zu ersehen, wie sich das Projektteam bei Anwendung des Matrix-Projektmanagements innerhalb eines Unternehmens aus Mitarbeitern der einzelnen am Projekt beteiligten Abteilungen zusammensetzt.

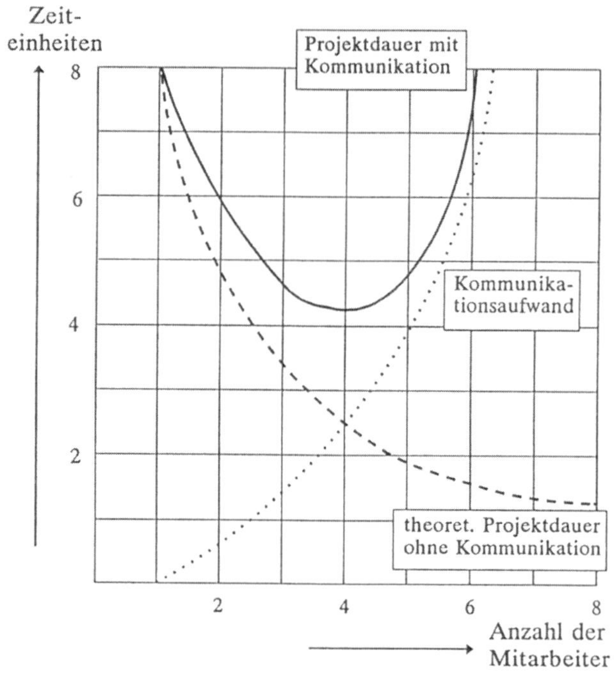

Abb. 5.6. Auswirkung des Kommunikationsaufwandes im Team. Die gestrichelte Kurve stellt die theoretische Projektdauer ohne Kommunikation dar, die punktierte Kurve den Zeitaufwand für die Kommunikation in Abhängigkeit von der Anzahl der Mitarbeiter. Die ausgezogene Kurve ist die Resultierende, aus der sich die Projektdauer mit Kommunikation in Abhängigkeit von der Anzahl der Mitarbeiter ergibt. Das Optimum, d.h. die geringste Zeitdauer, liegt bei 4 Mitarbeitern. (Quelle: Surböck [39].)

Jedes Teammitglied ist zusammen mit seinem Abteilungsleiter für die Koordination der Projektteilaufgaben innerhalb der Abteilung zuständig. Das Team koordiniert alle diese Teilaufgaben der einzelnen Abteilungen. Bei kleineren oder weniger strukturierten Unternehmen gelten dieselben Regelungen auch auf anderen hierarchischen Ebenen. Abbildung 5.7 zeigt einen solchen Fall auf Gruppen- anstatt auf Abteilungsebene. Die Projektleitung auf Gruppenebene kann über die zuständige Abteilung oder direkt der Bereichs- bzw. Unternehmensleitung unterstellt sein.

Nun gibt es auch Unternehmen oder Institutionen, bei denen eine Abteilung eine eigenständig operierende Einheit ist. Wenn ein Projekt innerhalb einer solchen Abteilung bearbeitet werden kann oder mindestens

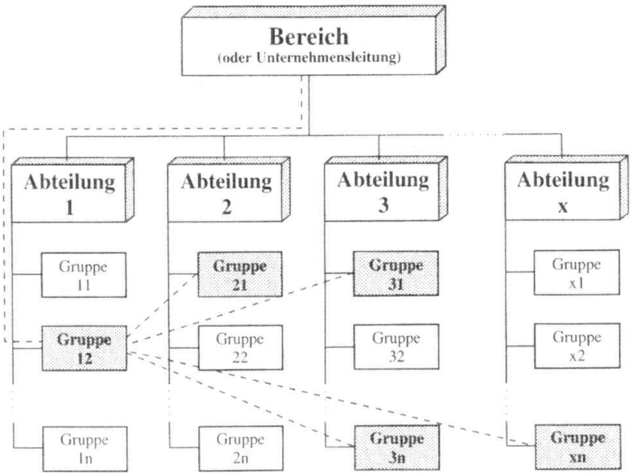

Abb. 5.7. Projektteamorganisation innerhalb eines Bereichs beim Matrix-Projektmanagement.

Schwerpunkt und Hauptverantwortung für dieses Projekt bei der Abteilung liegen, dann ist für die Dauer des Projektes ebenfalls ein Projektteam aus Mitarbeitern verschiedener Gruppen zusammenzustellen. Dieses Team bzw. die Projektleitung ist dann dem Abteilungsleiter unterstellt. Im Bedarfsfall können Mitarbeiter externer Stellen ebenfalls Teammitglieder sein. Abbildung 5.8 zeigt einen solchen Fall.

Wenn kleine Projekte innerhalb einer Abteilung oder Gruppe von verschiedenen Fachleuten derselben Organisationseinheit bearbeitet werden, stellt man auch hierfür Projektteams zusammen (s. Abb. 5.9). In der Regel führt ein solches Team sämtliche Projektarbeiten selbst durch, kann aber auch Teilaufgaben an *Zulieferer* vergeben. Beim Projektteam innerhalb einer Gruppe ist häufig der Gruppenführer neben dem Projektleiter der entscheidende Mitverantwortliche, wenn der Gruppenleiter nicht selbst Projektleiter ist. Auch bei derartigen kleinen Projekten sollte für jedes Projekt ein Projektleiter nominiert werden.

Bei den meisten Unternehmen werden im allgemeinen mehrere Projekte parallel bearbeitet. Die Steuerung erfolgt über *Multiprojektmanagement*, d.h. über eine koordinierende Projektsteuerungsstelle. Gerade bei parallel laufenden Projekten ist es zweckmäßig, wenn für jedes Pro-

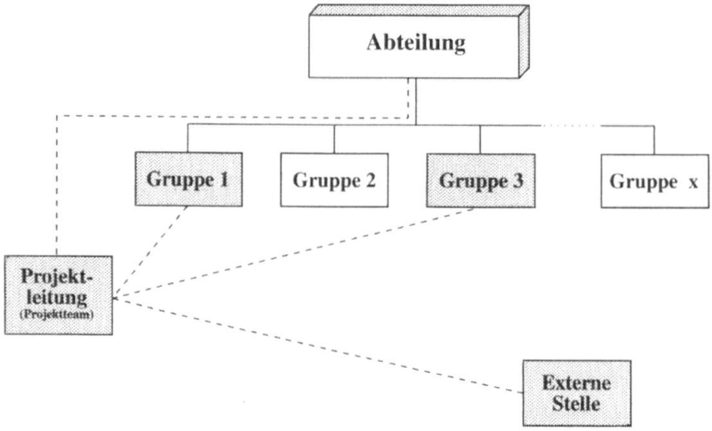

Abb. 5.8. Organisation eines Projektteams innerhalb einer Abteilung mit partieller Unterstützung eines externen Teammitglieds.

jekt unterschiedliche Projektleiter verantwortlich sind. Denn jedes Projekt für sich ist ja von besonderer Bedeutung für das Unternehmen. Deshalb sollte in der Regel ein Projektleiter jeweils nur für ein Projekt die volle Verantwortung tragen. Wenn er damit nicht voll ausgelastet ist, kann er gegebenenfalls zusätzlich Mitglied eines weiteren Projektteams sein.

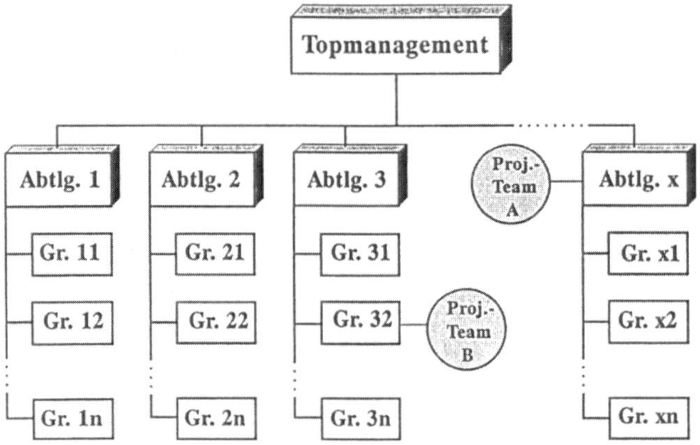

Abb. 5.9. Projektteam innerhalb einer Abteilung oder Gruppe.
(Abtlg. = Abteilung; Proj. = Projekt; Gr. = Gruppe.)

Bei Teammitgliedern von kleineren Projekten ist es in der Praxis ohnehin üblich, daß sie bei Nichtauslastung in mehr als einem Team vertreten sind. Da der Projekteiter innerhalb des Teams die letzte Verantwortung trägt und dafür zu sorgen hat, daß *sein* Projekt zielgerecht und plangemäß durchgeführt wird, darf er gar nicht erst in Versuchung gebracht werden, Präferenzen festzulegen.

5.5 Organisation für Zusammenarbeit und Koordination (Zwei Beispiele aus der Praxis)

5.5.1 Teammitglieder unterschiedlicher Hierarchiestufen

Ein Unternehmen, das elektromedizinische Geräte herstellt und vertreibt, benötigte für ein zugkräftiges Produktprogramm dringend ein neues Gerät einer speziellen Gerätegruppe. Mitarbeiter von Marketing und Entwicklung bemühten sich seit langem in Kooperation mit einigen Kunden um ein akzeptables Konzept. Obwohl einige Vorschläge einem Entscheidungsgremium namens „Neuproduktkomitee" (vgl. Abb. 3.9) unterbreitet wurden, fand keines dieser Konzepte die endgültige Zustimmung. Ein Vorschlag schien zwar erfolgversprechend, barg aber beträchtliche Risiken in sich, da neue, bisher noch nicht erprobte Technologien hätten angewandt werden müssen. Zwei Befürworter des risikoreichen Konzeptes suchten nach Möglichkeiten, die allgemeine Zustimmung zur Entwicklung dieses neuartigen Produktes zu bekommen. Es waren der Abteilungsleiter der für dieses Produkt zuständigen Verkaufsabteilung und der Leiter einer Versuchsgruppe innerhalb der Entwicklung. Der Abteilungsleiter war Mitglied des Fachausschusses, der Gruppenleiter Mitglied eines Arbeitskreises zur Erarbeitung von Neuproduktvorschlägen (s. Abb. 3.9). Anläßlich eines Fachgespräches mit ausländischen Kollegen erfuhr der Abteilungsleiter von der Existenz einer Forschungsgruppe, die sich mit neuen Technologien befaßte, wie sie u.a. auch für das neu zu entwickelnde Produkt benötigt wurden. Der Gruppenleiter nahm mit Zustimmung seines Entwicklungsleiters Kontakt zu der Forschungsgruppe auf. Leider mußte er feststellen, daß die dortigen Untersuchungen für ganz andere Anwendungszwecke vorgesehen waren und man die von ihm vorgetragene Problematik damit nicht für lösbar hielt. Die Gespräche mit den Experten brachten den Gruppenleiter jedoch auf eine Idee, die letztendlich zu einer realistisch erscheinenden Lösungsmöglichkeit führte. Es bedurfte allerdings eines beträchtlichen Engagements des Gruppenleiters, um den Widerstand seines Abteilungsleiters und des Entwicklungsleiters gegen seine Idee zu brechen und die Zustimmung des Neuproduktkomitees zu erhalten. Der Leiter der zuständigen Verkaufsabteilung unterstützte ihn dabei. Schließlich wurde beschlossen, dieses neuartige Gerät als Projekt zu realisieren. Es war in dem Unternehmen üblich, bei derartigen Projekten das Matrix-Projektmanagement anzuwenden, wobei sich die Bereichsleiter ihrer Verantwortung für die Teilaufgaben am Projekt bewußt waren. Die Hauptlast lag zunächst in Forschung und Entwicklung. Trotz mancher Vorklärung blieb es aus verschiedenen Gründen ein sehr risikoreiches Projekt. Deshalb war auch die Frage nach der Teamzusammensetzung problematisch. Anhand von Abb. 5.10 wird die Lösung erläutert.

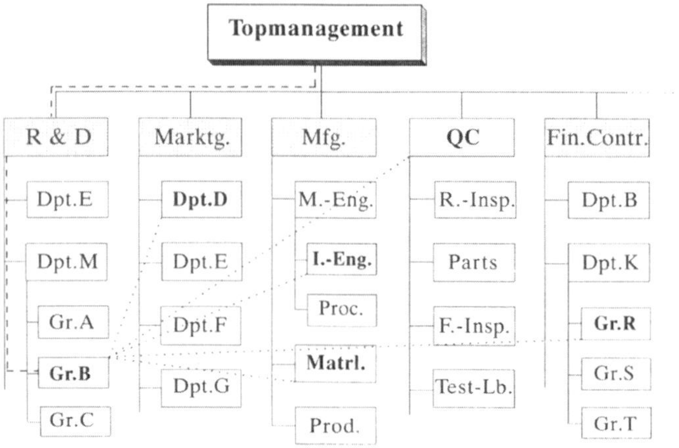

Abb. 5.10. Projektteamorganisation im Unternehmen (Matrix-Projektmanagement), ein Beispiel aus der Praxis. Es handelt sich um die Organisation eines amerikanischen Unternehmens mit den dort üblichen Bezeichnungen.
R&D: Research & Development (Forschung und Entwicklung).
Marktg.: Marketing mit Vertrieb.
Mfg.: Manufacturing (Fertigung).
QC: Quality Control (Qualitätssicherung).
Fin.Contr.: Finance/Controlling (Finanzwesen und Controlling).
Dpt.: Department (Abteilung). *Gr.:* Group (Gruppe).

Der Entwicklungsleiter war als Mitglied des Topmanagements verantwortlicher Vertreter der Unternehmensleitung im Projektsteuerungsgremium. Im übrigen gehörten zum Steuerungsgremium neben dem Projektleiter je nach Bedarf der Leiter des Marketing (*Marktg.*), der Fertigungsleiter *(Mfg.)*, der Leiter der Qualitätssicherung *(QC)* und der Controller *(Fin. Contr.)*. Projektleiter dieses Projektes war der Gruppenleiter aus der Entwicklung. Sein Einsatz für das Initiieren des Projektes, sein Durchsetzungsvermögen, seine kreative Begabung und auch ein gewisses Managementtalent qualifizierten ihn dazu. Der Leiter der zuständigen Verkaufsabteilung, von Anfang an ein Befürworter des Projektes, wollte weiterhin persönlich zum erfolgreichen Verlauf dieses besonders risikoreichen Projektes beitragen und wurde Teammitglied als Vertreter der Marketingleitung (*Marktg.*). Die Delegierten der Fertigungsleitung *(Mfg.)* waren ein Ingenieur der Fertigungsvorbereitung (*I.-Eng.*: Industrial Engineering) und der Einkaufsleiter aus der Materialwirtschaft *(Matrl.)*, weil eine enge Zusammenarbeit mit einzelnen Lieferanten erforderlich war, deren Koordination der Einkaufsleiter übernahm. Für die weitere Teambesetzung spielten zwei Probleme eine entscheidende Rolle. In der Vergangenheit hatte das Unternehmen einen Imageverlust aufgrund von Qualitätsmängeln eines Produktes erlitten. Der Leiter der Qualitätssicherung *(QC)* mußte besondere Aktivitäten entfalten, um sicherzustellen, daß zukünftige Produkte von solchen Pannen verschont blieben und von vornherein – bereits von der Entwicklungskonzeption her – höchstmögliche Qualität aufwiesen. Bei dem sehr risikoreichen neuartigen Produkt glaubte er dieser Forderung durch seinen persönlichen Einsatz am besten gerecht werden zu können. Deshalb wurde er selbst Teammitglied für seinen Bereich Qualitätssicherung *(QC)*. Das zweite Problem war ein Kostenproblem. Bei einem der letzten Neuproduktprojekte wurden die Projektkosten beträchtlich überschritten. Da das anstehende neue Projekt noch diffiziler war als jenes, bestand der Leiter des Finanzwesens und Controllings auf einem effizienten Projektcontrolling. Zu diesem Zweck hatte er einen versierten Mitarbeiter aus dem Rechnungswesen in das Projektteam delegiert. Somit setzte sich das Projektteam aus Projektleiter und fünf Teammitgliedern zusammen. Beachtlich ist hierbei, daß der Projektleiter auf einer niederen Hierarchiestufe (Gruppenleiter) angesiedelt war als einzelne Teammitglieder, die zum Teil aus Abteilungsleiter- und sogar aus Bereichsleiterebene kamen [44]. Dieser Fall ist nicht die Regel, zeigt aber, daß Teamarbeit im Bedarfsfall ungeachtet der Hierarchiestufen als ein kooperatives Element im Interesse der Aufgabe möglich ist, zumal – wenigstens in diesem Fall – Kooperation und Projektergebnis erfolgreich waren. In vielen praktischen Fällen kommt der Projektleiter aus einer höheren oder gleichen Hierarchiestufe als die Teammitglieder, die in ihrer Zusammensetzung aber aus verschiedenen Hierarchiestufen stammen.

5.5.2 Interne und externe Schnittstellenprobleme bei einem Entwicklungsprojekt und deren Lösung

Problemdarstellung: Ein Industrieunternehmen, das elektromedizinische Geräte sowie Einrichtungen für Arztpraxen und Krankenhäuser herstellt, hatte ein Konzept für die Entwicklung einer speziellen Operationsleuchte erarbeitet. Diese Leuchte sollte das Operationsfeld mit einem begrenzten Lichtfeld besonders hell ausleuchten, ohne es jedoch merklich zu erwärmen. Dazu war eine Lichtreflexion erforderlich, die nur das sichtbare Licht reflektiert, die Wärmestrahlen (Infrarot) jedoch durchläßt. Darüber hinaus sollte eine Teilverdeckung der Lichtstrahlen (von der Leuchte zum Operationsfeld) durch den Operateur keine störende Beeinflussung der Ausleuchtung des Operationsfeldes zur Folge haben. Das erforderte eine sehr diffizile Oberflächenform des Glasreflektors. Das heißt, die Entwicklung einer derartig anspruchsvollen Operationsleuchte erforderte technologische Spitzenleistungen nicht nur von den Konstrukteuren, Physikern, Ingenieuren und Technikern der Leuchtenentwicklung, sondern auch von Experten der Glasreflektoren- und der Reflexionsschichtenentwicklung, um diese grundsätzliche Konzeption erfolgreich zu gestalten und vor allem auch wirtschaftlich zu realisieren. Da der Hersteller der Operationsleuchte weder die technologischen Probleme der Glasreflektoren noch die der speziellen Reflexionsbeschichtung im eigenen Hause beherrschte, war die Zusammenarbeit mit zwei Spezialfirmen notwendig. Abbildung 5.11 stellt das Problem dieser Neuproduktentwicklung in groben Zügen dar. Daß eine derartige Zusammenarbeit besondere organisatorische Probleme aufwarf, wird leicht verständlich, wenn man berücksichtigt, daß sowohl die Berechnung und geometrische Darstellung des Reflektors als auch das grundsätzliche Gesamtkonzept für die Reflektorbeschichtung vom Leuchtenhersteller stammten, jedoch von den Spezialfirmen mit adäquaten neuen Technologien realisiert werden sollten. Das ergab Fragen

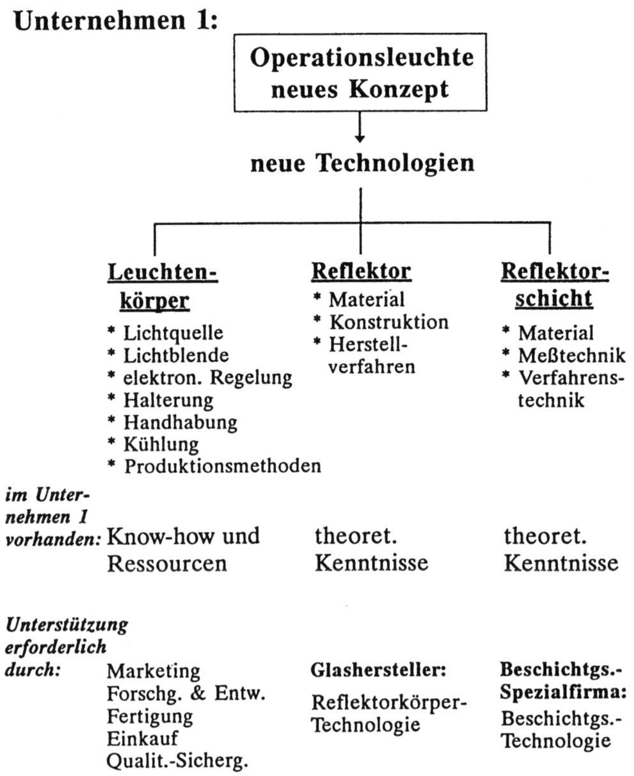

Abb. 5.11. Problemdarstellung bei der Neuproduktentwicklung einer Operationsleuchte.

des Patentrechtes, des technologischen Know-hows und dessen Verwertbarkeit. Trotz Ausschöpfung vertraglicher Regelungen blieb das Problem zu lösen, wie eine vertrauensvolle Kooperation und eine funktionelle Koordination bewerkstelligt werden konnten.

Lösungsansatz: Nach Ermittlung der möglichen Partner für die erforderliche Zusammenarbeit durch den Einkauf des Leuchtenherstellers wurde auf Expertenebene vorab geklärt, welche dieser Partner die fachlichen Voraussetzungen zur Realisierung der Leuchtenkonzeption erfüllten. Weitere Gespräche führte die Geschäftsleitung des Leuchtenherstellers mit den Unternehmensleitungen der in Frage kommenden Glashersteller und Beschichtungsunternehmen, um zu klären, ob aufgrund des zu erwartenden Geschäftsumfanges die geschäftlichen Interessen der möglichen Partner an diesem Objekt hinreichend groß genug waren und ob auch sonst eine partnerschaftliche Zusammenarbeit zu erwarten war. Das war notwendig, um die Voraussetzungen für eine zuverlässige aktive Unterstützung des Projektes zu schaffen. So kristallisierten sich schließlich die zwei notwendigen Partner heraus, mit denen das Problem der Zusammenarbeit eingehend erörtert wurde. Soweit möglich, resultierten allgemeine Vereinbarungen in vertragsrechtlichen Formulierungen. Regelmäßige Konsultationen sollten die Basis für eine gute Kooperation zwischen allen Beteiligten ermöglichen; denn die zwei Teilprojekte *Reflektor* und *Beschichtung* mußten nicht nur aufeinander, sondern auch mit den vielen anderen technischen Leuchtenelementen abgestimmt werden. Das heißt, die gesamte Operationsleuchte war konstruktiv und technologisch neu zu entwickeln, was eine sorgfältige Koordination aller Teilaufgaben erforderte. Marketinggründe zwangen zu einem Zeitlimit, und auch bezüglich der Kosten gab es zwingende Grenzwerte. Diesen Forderungen wollte man mit einer von allen Beteiligten akzeptierten organisatorischen Regelung und einem entsprechenden Controlling gerecht werden. Ziel dieser Regelung war eine gute, weitgehend enge und unbehinderte Kooperation, schnelle Entscheidungsmöglichkeiten sowie eine wirkungsvolle Koordination. Es bestand Einigkeit darüber, daß dieses Ziel nur durch ein vertrauensvolles Miteinander und durch tatkräftige Unterstützung der drei Unternehmensleitungen zu realisieren war. Regelmäßige Konsultationen sollten Informationslücken und Mißverständnisse vermeiden oder zumindest mindern. Abbildung 5.12 zeigt zusammenfassend die Vorgehensweise für diesen Lösungsansatz.

Organisatorische Regelung für Kooperation und Koordination: Für jedes der drei kooperierenden Unternehmen stand fest, daß die gemeinsam anstehende Neuproduktentwicklung als Projekt bzw. Teilprojekt zu behandeln war. Nicht nur der Leuchtenhersteller sah die zu entwickelnde Leuchte als ein komplettes Neuprodukt an, sondern auch Glas- und Beschichtungshersteller betrachteten ihre Teilprojekte jeweils als Neuprodukt in der eigenen Produktpalette. Deshalb hatte jedes Unternehmen sein eigenes Team für die Abwicklung seines Projektes bzw. Teilprojektes zusammengestellt. Man bediente sich dabei in allen drei Unternehmen des Matrix-Projektmanagements. Als Beispiel sei die Zusammensetzung des Projektteams beim Leuchtenhersteller (Unternehmen 1) anhand von

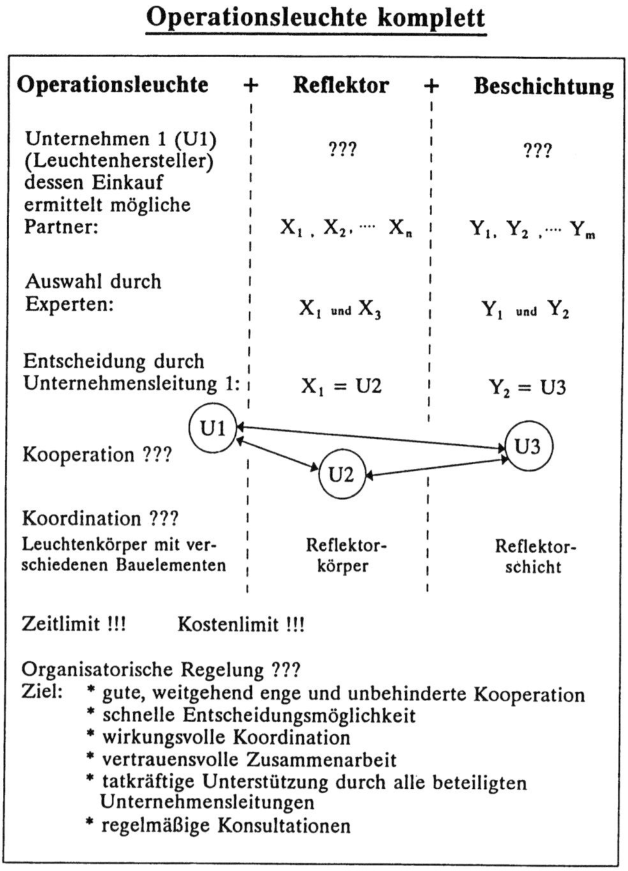

Abb. 5.12. Vorgehensweise für einen Lösungsansatz zur Zusammenarbeit verschiedener eigenständiger Unternehmen (U1, U2 und U3) bei der Entwicklung einer neuartigen Operationsleuchte. Der Leuchtenhersteller U1 benötigte sowohl die Unterstützung eines noch zu selektierenden Glasherstellers X für den Reflektorkörper als auch die Mitwirkung eines geeigneten Beschichtungsunternehmens Y für die Reflektorschicht. Nach Auswahl geeigneter Partner (X_1 und X_3 sowie Y_1 und Y_2) durch Experten des Leuchtenherstellers entschied sich die Unternehmensleitung von U1 für den Glashersteller U2 und für das Beschichtungsunternehmen U3. Zeit- und Kostenlimit zwangen zu einer organisatorischen Regelung für optimale Kooperation zwischen U1, U2 und U3.

Abb. 5.13 erläutert. Die Projektleitung lag in den Händen des Abteilungsleiters der Leuchtenentwicklung *(Entw. L).* Teammitglieder des Projektes kamen aus den Bereichen *Marketing/Abt. Leuchten, Fertigung/Abt. F.-Plang.* (Fertigungsplanung) und *Einkauf* sowie Qualitätssicherung *(Qu.-*

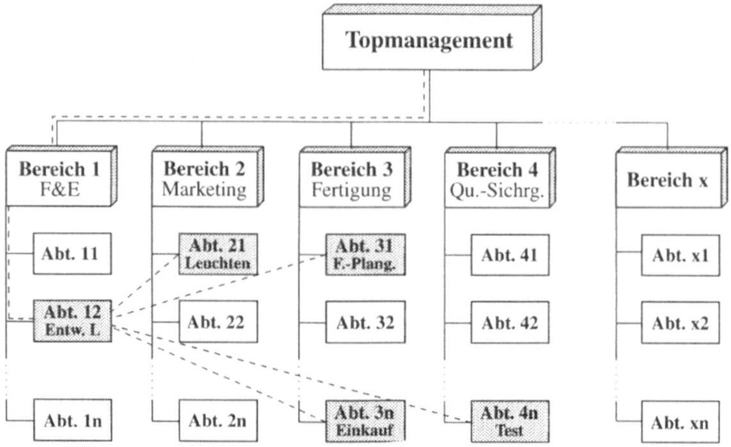

Abb. 5.13. Projektteamorganisation (Matrix-Projektmanagement) für eine Neuproduktentwicklung.

Sichrg.)/ Abt. Test; sie wurden von den jeweiligen Bereichs- bzw. Abteilungsleitern in Abstimmung mit den zuständigen Projektleitern ausgewählt. Der Projektleiter war mit seinem Team für die Entwicklung der neuen Operationsleuchte bis zur Markteinführung verantwortlich. Jedes Teammitglied hatte insbesondere die Belange des Projektes zu verantworten, die in seinen Bereich fielen (Marketing, Fertigung, Qualitätssicherung). Durch die Zusammenarbeit des jeweiligen Matrix-Projektmanagement-Teams und ein unternehmensinternes Projektsteuerungsgremium, wie in den Abb. 4.1 und 4.2 dargestellt, ließen sich die aufgrund der hierarchischen Linienorganisation vorhandenen innerbetrieblichen Schnittstellen[4] genauso beherrschen wie bei anderen rein internen Projekten.

Nun gab es aber beim Glashersteller (Unternehmen 2) und beim Beschichter (Unternehmen 3) ebenfalls entsprechende Projektteams für die jeweiligen Teilprojekte, so daß es für alle drei Unternehmen zusätzlich zu den internen auch noch externe Schnittstellen gab, die organisatorisch geregelt werden mußten. Dabei war es wichtig, die Arbeiten dieser drei

[4] Die Begriffe *Schnittstellen* und *Schnittstellenmanagement* haben sich in Fachkreisen weitgehend durchgesetzt, deshalb benutze ich sie auch hier. Mir gefallen diese Begriffe nicht besonders, denn *Schnittstelle* deutet dem Namen nach auf etwas Trennendes hin. In diesem Falle soll das Management aber dafür sorgen, daß die separaten bzw. getrennten Einheiten eng zusammenarbeiten. Aus diesem Grunde würde ich hierfür die Begriffe *Nahtstelle* und *Nahtstellenmanagement* bevorzugen.

getrennt arbeitenden Teams zu koordinieren, eine gute Kooperation sicherzustellen und dem Gesamtprojekt die bestmögliche Unterstützung des Topmanagements zukommen zu lassen. Dafür bot sich folgende organisatorische Regelung an, wie sie in Abb. 5.14 aufgezeigt ist.

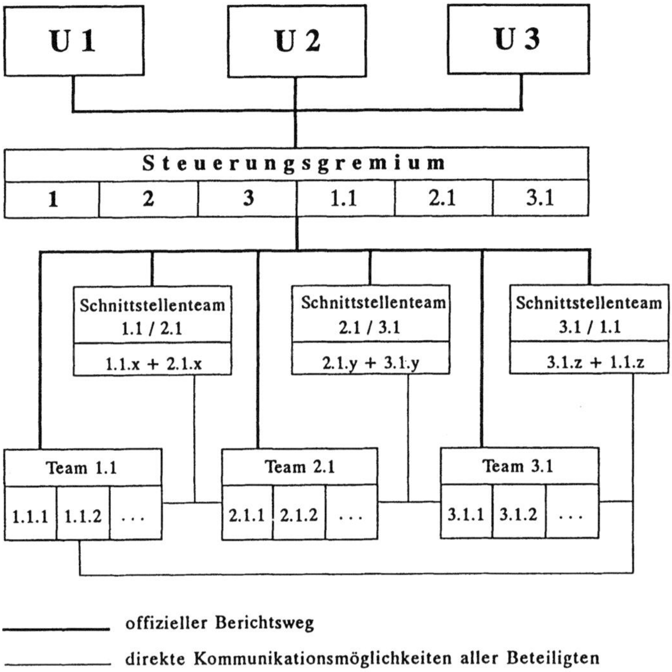

Abb. 5.14. Zum Schnittstellenmanagement bei der Neuproduktentwicklung einer Operationsleuchte, woran drei verschiedene Unternehmen beteiligt waren.
U1 = Unternehmen 1 (Leuchtenhersteller)
U2 = Unternehmen 2 (Glashersteller)
U3 = Unternehmen 3 (Beschichtungshersteller)
1 = Vertreter der Unternehmensleitung 1
2 = Vertreter der Unternehmensleitung 2
3 = Vertreter der Unternehmensleitung 3
1.1 = Projektleiter des Unternehmens 1 (Projekt 1 = Leuchte)
2.1 = Projektleiter des Unternehmens 2 (Teilprojekt 2 = Reflektor)
3.1 = Projektleiter des Unternehmens 3 (Teilprojekt 3 = Beschichtung)
1.1.1 = 1. Teammitglied Projekt 1
1.1.2 = 2. Teammitglied Projekt 1
2.1.1 = 1. Teammitglied Teilprojekt 2
2.1.2 = 2. Teammitglied Teilprojekt 2
3.1.1 = 1. Teammitglied Teilprojekt 3
3.1.2 = 2. Teammitglied Teilprojekt 3 usw.

Vertreter der drei Unternehmensleitungen *U1*, *U2* und *U3* sowie die drei Projektleiter *1.1*, *2.1* und *3.1* der einzelnen Unternehmen bildeten ein Steuerungsgremium als letztendliche Entscheidungsinstanz für das Projekt *Operationsleuchte*. Den Vorsitz in diesem Gremium übernahm jeweils ein Vertreter der beteiligten Unternehmensleitungen je nach Problemschwerpunkt. Das heißt, bei einem Beschichtungsproblem war *U3*, bei einem Reflektorproblem *U2* und bei allgemeinen Leuchtenproblemen *U1* federführend. Gegen Ende des Projektes verlagerte sich der Vorsitz mehr und mehr auf den Vertreter von *U1*.

Neben den drei Projektteams (1. Projekt *Leuchte*, 2.Teilprojekt *Reflektor*, 3. Teilprojekt *Beschichtung*) gab es formell drei weitere Schnittstellenteams, die sich jedoch aus den Mitgliedern der drei Projektteams zusammensetzten, wie in Abb. 5.14 dargestellt, und nur in Ausnahmefällen zusammenkamen. Da sich eine direkte Kommunikation der Teammitglieder aller drei Firmen einerseits als vorteilhaft erwiesen hatte (Schnelligkeit der Problemlösung, bessere Kooperation), andererseits dadurch aber auch Gefahren für die übergeordnete Koordination heraufbeschwor, traten im Falle von Unklarheiten oder Unstimmigkeiten die Schnittstellenteams zusammen, um aufgetretene Probleme schnellstens und unbürokratisch zu lösen. Neben den Projektleitern der betroffenen Teams wurden dazu auch die direkt betroffenen Teammitglieder hinzugezogen, z.B. Projektleiter *1.1* und *2.1* sowie Teammitglieder *1.1.x* und *2.1.x* oder andere (s. Abb. 5.14, wobei *x* für *1*, *2* oder *3* usw. steht). Die meisten Probleme konnten so auf Projektteamebene gelöst werden. Das Steuerungsgremium wurde nur für grundsätzliche Entscheidungen bemüht. Die Controlling-Abteilungen der drei Unternehmen haben nicht nur ihre eigenen Projektteams bei der Überwachung und Steuerung der jeweiligen Teilprojekte unterstützt, sondern pflegten auch untereinander Kontakte und hatten im Bedarfsfall Besprechungen mit allen Projektleitern oder waren gelegentlich bei einer Sitzung des Projektsteuerungsgremiums zugegen.

Nach erfolgreichem Abschluß des Projektes bestand weiterhin partnerschaftliches Verhältnis zwischen den drei Unternehmen, denn *U2* und *U3* waren Zulieferer für *U1*. Die Fortdauer der engen Kooperation nach Projektende war ohnehin deshalb erforderlich, weil die Qualitätsbeurteilung der laufenden Lieferungen von Glasreflektoren erst nach deren Beschichtung möglich war und die der beschichteten Reflektoren letztendlich erst nach komplettem, funktionsfähigem Zusammenbau der Leuchte.

Eine ähnliche Problematik mit fast derselben Lösung ergab sich bei einem Projekt im speziellen Anlagebau (elektronisch gesteuertes Transportsystem in einem Krankenhaus), wo der Hersteller der Anlagenkomponenten in der Schweiz stationiert war und mit deutschen Zulieferern eng zusammenarbeiten mußte, die Anlage aber in den Niederlanden installiert wurde und dort von einer dritten Stelle gewartet werden sollte.

Auf der Basis des Matrix-Projektmanagements läßt sich das Schnittstellenmanagement auch bei der Kooperation zwischen verschiedenen selbständigen Unternehmensbereichen bzw. Tochtergesellschaften eines Konzerns durchführen. So gab es in zwei selbständig operierenden Bereichen einer Unternehmensgruppe Werke mit großen Galvanikwerkstätten. Die zunehmende Verwendung von Kunststoffen für die Produkte beider Bereiche ließ den Bedarf an galvanisch behandelten Metallteilen beträchtlich zurückgehen, so daß in beiden Werken überschüssige Galvanikkapazitäten auch durch Fremdaufträge bei weitem nicht ausgelastet werden konnten. Außerdem stand eine Modernisierung und Rationalisierung beider Galvanikwerkstätten an. Zunächst einmal wollte jeder der beiden Bereiche seine Galvanik behalten und rationalisieren. Nach Untersuchungen durch neutrale Experten und in Gesprächen auf Unternehmens-Führungsebene mit den betroffenen Bereichsleitern und deren leitenden Fachleuten entschied man sich für die Schließung der Galvanik im Unternehmensbereich A und deren Modernisierung im anderen Unternehmensbereich B. Trotzdem gab es hinterher bei der Abwicklung und vor allem bei der Übernahme der Galvanikarbeiten von B für A gemeinsam zu lösende Probleme, die mit Hilfe von Projektteam, Schnittstellenmanagement und Steuerungsgremium in ähnlicher Weise gelöst wurden wie bei der Operationsleuchte.

6 Ziele und Aufgaben des Projektmanagements

Wesentliche Projektmanagement-Ziele sind die der Organisation, der Planung, des Controllings und der Führung:

Organisatorische Ziele:

- Entwicklung einer flexiblen projektorientierten Organisationsstruktur mit eindeutiger Regelung der Kompetenzen bzw. Zuständigkeiten sowie der Informations- und Entscheidungswege.
- Klarheit über den Projektablauf bei allen Beteiligten.
- Sicherheit der fachübergreifenden Kooperation.

Planungsziele:

- Beherrschung des Umfangs und der Komplexität durch inhaltliche Strukturierung.
- Erzielung einer angemessenen Lastverteilung im Team und bei den am Projekt Beteiligten.
- Einhaltung von Zeit-, Kosten- und Kapazitätsplanungen.

Controllingziele:

- Frühzeitige Erkennung von Planabweichungen und deren zukünftigen Auswirkungen.
- Aufzeigen von Handlungsalternativen bei Planabweichungen.
- Steigerung des Termin- und Kostenbewußtseins bei allen Projektbeteiligten.
- Dokumentationsverwertung des Projektverlaufs für zukünftige Projekte.

Führungsziele:

- Steigerung der Produktivität durch:
  - vorwiegend kooperative Führung,
  - Koordination und enge Kooperation aller am Projekt Beteiligten,
  - Konsensbildung,
  - Erkennen und Lösen von Konfliktsituationen,
  - hohe Akzeptanz durch Beteiligung des Teams am Planungsprozeß und durch Anwender-Partizipation.

Schon diese wenigen selektierten Zielkriterien lassen erkennen, daß es sich beim Projektmanagement um ein System von Führungselementen handelt, das im folgenden Abschnitt näher erläutert wird.

6.1 Das Projektmanagement-System

Das Projektmanagement ist ein Führungskonzept oder ein Führungssystem, das sich aus einigen Subsystemen zusammensetzt. In Abb. 6.1 sind die wesentlichen Subsysteme zusammengestellt. Kernpunkt des Projektmanagements ist das *Projektteam*. Unabhängig von organisatorischen Regelungen, Hilfsmitteln, Methoden oder Verfahren kommt es in erster Linie auf die Menschen an, die das Projekt gestalten und realisieren sollen. Deshalb muß den Menschen auch bei Betrachtung des Projektmanagement-Systems eine besondere Bedeutung beigemessen werden. Welcher Art die Subsysteme auch sein mögen, entscheidend ist die *Unternehmenskultur*, in der die Beteiligten diese Systeme anwenden. Dazu gehören neben den Arbeitsbedingungen vor allem der interne Umgang miteinander und die

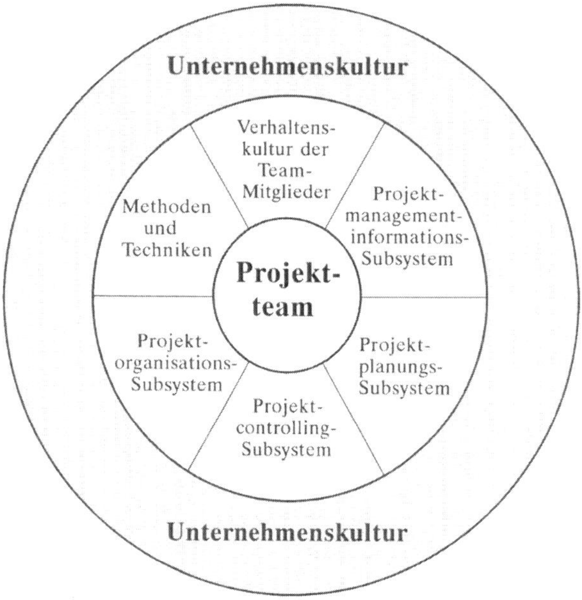

Abb. 6.1. Das Projektmanagement-System

Einstellung zu externen Partnern (Kunden, Lieferanten, Beratern usw.). In einem Zitat[1] heißt es: „Unternehmenskultur ist die Gesamtheit der tradierten, das heißt traditionellen, erfahrbaren und erlernbaren Wertvorstellungen, Denkhaltungen und Normen, die das Unternehmen in seinem Verhalten intern und extern prägen." Es kommt dabei auf die interne Betriebsatmosphäre und extern auf das Firmenimage an. Beides wird wesentlich durch die Unternehmenspolitik oder Unternehmensphilosophie gestaltet. Dafür ist primär die Unternehmensleitung verantwortlich. T. Watson jr., langähriger Chairman der IBM sagte einmal: „... die grundlegende Philosophie, der Geist und der innere Schwung eines Unternehmens haben mit seinem Abschneiden im Wettbewerb viel mehr zu tun, als technologische Ressourcen, Organisationsstruktur, Innovation und Timing." Auf jeden Fall müssen Kultur und Technik in Einklang gebracht werden, wie auch von anderen Stellen erkannt und befürwortet wird [40, S. 79/80].

Unternehmenskultur basiert auf einer gewissen *Unternehmensethik*, die u.a. Fairneß und Achtung des Menschen voraussetzt. Hewlett-Packard (HP), ein Unternehmen, das sich seit Jahrzehnten um eine angemessene *HP-Firmenkultur* erfogreich bemüht, faßt das Ergebnis in folgenden 13 Punkten zusammen:

- Respektieren der Persönlichkeit
- Möglichkeit der Selbstverwirklichung durch Freiräume
- Gegenseitiges Vertrauen und Helfen
- Fehler machen dürfen
- Leistungsbereitschaft durch Freude an der Arbeit
- Anerkennung der Leistung und teilhaben am Erfolg
- Mitverantwortung durch gemeinsame Rechte und Pflichten
- Übersichtliche Bereiche durch Dezentralisierung
- Führen durch Zielvereinbarung
- Informeller Umgang und offene Kommunikation
- Förderung und Weiterentwicklung
- Beschäftigungssicherheit
- Soziale Absicherung

In den HP-Unternehmenszielen werden diese Punkte zum Teil genauer erläutert. So heißt es z.B. zum Führungsstil (Führung durch Zielvereinbarung): „Wir wollen die Initiative und schöpferische Kraft unserer

[1] Krulis-Randa; Zitat in Diem/Rüffler, 1988, S. 29.

Mitarbeiter fördern, indem wir dem einzelnen einen weiten Entscheidungsspielraum beim Erreichen der klar definierten Unternehmensziele lassen." Die HP-Geschäftsgrundsätze weisen aber auch auf die für HP-Mitarbeiter verbindlichen rechtlichen und ethischen Regeln hin, in denen das Verhalten gegenüber HP, gegenüber Mitbewerbern, Kunden und Lieferanten beschrieben ist. Andere Unternehmen, die sich ebenfalls um eine menschengerechte Unternehmenskultur bemühen, vertreten durchaus unterschiedliche Philosophien mit dem gleichen Ziel [42]. Wichtig ist dabei die Beachtung ethischer Grundsätze und menschlicher Belange. Es kommt darauf an, den Mitarbeiter seiner Qualifikation entsprechend einzusetzen, ihm einen gewissen Freiraum zuzugestehen und ihm dadurch mehr Zufriedenheit sowie Freude an der Arbeit zukommen zu lassen. Das wiederum fördert Eigeninitiative und Leistungsbereitschaft. H.-J. Warnecke, Präsident der Fraunhofer-Gesellschaft, formuliert das so [40, S. 44]: „Hergebrachte Organisationsformen und hierarchisches Denken verhindern die uneingeschränkte Zufriedenheit der Menschen an ihrem Arbeitsplatz. Wir müssen ihnen also mehr Gestaltungsfreiräume geben und sie integrieren in Projektarbeit zum Verbessern vor- und nachgelagerter Aufgaben in ganzheitlichem Ansatz." Es ist generell eine unternehmerische Denkweise aller Beteiligten gefragt. Auf einen einfachen Nenner gebracht heißt es, dem Kunden eine bestmögliche Leistung (qualitativ und quantitativ) zu günstigsten Kosten termingerecht zu liefern, um Kundenzufriedenheit zu erreichen. Dazu muß generell die menschliche Komponente mehr ins Gewicht des Managements rücken. Letztendlich stecken die entscheidenden Intelligenz-, Kreativitäts- und Leistungsressourcen im Menschen. Insofern kann die Bedeutung des Projektteams innerhalb des Projektmanagement-Systems gar nicht hoch genug eingeschätzt werden.

Eine besondere Rolle für das Projektteam und die Zusammenarbeit mit allen Beteiligten spielt die *Verhaltenskultur der Teammitglieder.* Sie wird zwar von der Unternehmenskultur beeinflußt, hängt aber auch von den Partnern ab, mit denen der Mensch als Individuum zusammenarbeiten muß. Die individuellen Verhaltensweisen der Teammitglieder bestimmen somit auch deren Verhaltenskultur. Eine Auswahl geeigneter und zueinander passender Teammitglieder ist in der Praxis nur begrenzt möglich. Eine klare, einheitliche Projektmanagement-Philosophie (s. Kap. 12, Abschn. 12.1), die von den Beteiligten aller Hierarchiestufen gleichermaßen akzeptiert, verstanden und ihrem Inhalt entsprechend praktiziert wird, fördert eine positive Verhaltensweise der Teammitglieder. Andere Elemente des Projekmanagement-Systems, z.B. Informations- und Planungssystem, unterstützen diesen Trend und tragen letztendlich zu einer Teamverbundenheit oder einem sogenannten *Teamgeist* bei.

Das *Projektmanagementinformations-Subsystem* ist, wie auch die anderen in Abb. 6.1 aufgeführten Subsysteme, dem Projekt und den Gegebenheiten entsprechend anzulegen. Dabei ist einerseits die Information innerhalb des Teams zu regeln, andererseits die Information von und zu den am Projekt Beteiligten; das gilt für Auftraggeber und Führungskräfte genauso wie für die mit Teilaufgaben beauftragten Mitarbeiter und externen Stellen. In der Praxis hat sich dafür das Prinzip der *Bring- und Holschuld* bewährt. Das gilt für verbale und schriftliche Information, auch bei Computeranwendung. Weiterhin ist ein dem Projekt angemessenes *Projektplanungs-Subsystem festzulegen,* das mit dem *Projektcontrolling-Subsystem* übereinstimmen muß. Denn Planung und Controlling (Überwachung und Steuerung) gehören zusammen, sie sind voneinander abhängig (ausführlichere Behandlung darüber in den entsprechenden Kapiteln). Ein *Projektorganisations-Subsystem* regelt die organisatorischen Belange hinsichtlich der Zuständigkeiten als auch bezüglich des Projektablaufs. Schließlich beinhaltet das Projektmanagement-Subsystem *Methoden und Techniken,* also Hilfsmittel, Werkzeuge oder *Tools,* die zur Bearbeitung des jeweiligen speziellen Projektes benötigt werden. Dazu gehört u.a. auch die Netzplantechnik, wenn deren Anwendung für das anstehende Projekt geeignet ist. Abb. 6.1 weist darauf hin, daß alle diese Elemente oder Subsysteme des Projektmanagement-Systems in die Unternehmenskultur eingebettet sind und dem Projektteam zur Verfügung stehen.

Angestrebt wird eine *effiziente Projektbearbeitung.* Dazu sind jedoch einige wesentliche Komponenten zu beachten (s. Abb. 6.2). Eine *klare Zielsetzung,* die vom Auftraggeber und Projektteam gleichermaßen akzeptiert wird, ermöglicht allen Beteiligten, von Anfang an am gemeinsamen Strang zu ziehen. Das heißt, vor Inangriffnahme eines Projektes ist eine sorgfältige Definition von klaren, eindeutigen und realistischen Projektzielen und Zwischenzielen erforderlich. Das Wissen aller Beteiligten um das letztendlich zu erreichende Ziel und deren Zustimmung dazu schaffen günstige Voraussetzungen für eine gute Kooperation. Das *Topmanagement-Engagement* wirkt auf die am Projekt beteiligten Mitarbeiter motivierend, wenn

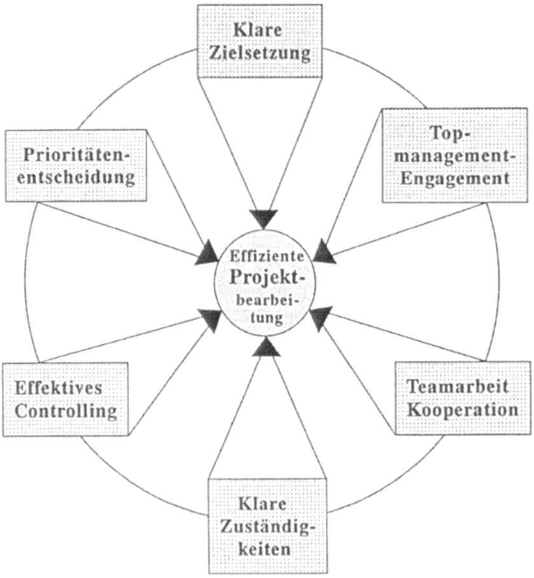

Abb. 6.2. Wesentliche Komponenten, die beim Projektmanagement für eine *effiziente Projektbearbeitung* zu beachten sind.

dadurch im Bedarfsfall eine Projektunterstützung gegeben ist. Dazu gehört die Bereitstellung der für das Projekt erforderlichen Mittel und Kapazitäten ebenso wie die jederzeitige Bereitschaft zu grundsätzlichen Entscheidungen im Bedarfsfalle durch Auftraggeber oder Unternehmensleitung (Steuerungsgremium). Auch die Unterstützung durch Führungskräfte der beteiligten Unternehmenseinheiten ist darin eingeschlossen. Echte *Teamarbeit* und *Kooperation* mit allen Beteiligten ist eigentlich selbstverständlich für *effiziente Projektbearbeitung.* Doch werden Teamgeist und Kooperationsbereitschaft erst durch eine entsprechende *Unternehmenskultur* gefördert und stabilisiert. Von vornherein sind für das Projekt *klare Zuständigkeiten* festzulegen über personifizierte Verantwortung und Kompetenz (einschl. erforderlicher Befugnisse) mit dazugehöriger organisatorischer Regelung und *kooperativer* Überwachung. Beim Matrix-Projektmanagement müssen dabei die Führungskräfte und Mitarbeiter der am Projekt beteiligten Unternehmenseinheiten mit berücksichtigt werden. Nur ein *effektives Controlling* (Überwachung und Steuerung) ermöglicht ein rechtzeitiges Agieren auf unerwartete Störfaktoren. Das heißt, eine laufende, den Gegebenheiten angepaßte Planung, Überwachung und

Steuerung von Leistungsumfang (Quantität und Qualität), Zeit, Kosten und Kapazitäten gewährleisten den Überblick über den jeweiligen Stand des Projektes und weisen auf gewisse Trends hin. So kann man frühzeitig Maßnahmen ergreifen, um unerwünschte Abweichungen unter Kontrolle zu behalten. Da in vielen Unternehmen zu gleicher Zeit mehrere Projekte parallel bearbeitet werden müssen, ergeben sich auch bei bester Planung häufig Kapazitätsengpässe, was einer *effizienten Projektbearbeitung* zuwiderläuft. Deshalb ist eine *Prioritätenentscheidung* notwendig. Das heißt, zur Bewältigung von Kapazitätsproblemen sind für alle aktuellen Projekte und sonstige Aufgaben Prioritäten festzulegen. Diese Prioritätenliste ist von allen Beteiligten zu akzeptieren und laufend der jeweiligen Situation anzupassen. Je nach Bedarf geschieht das in manchen Unternehmen alle 3 Monate, bei anderen jeden Monat oder gar jede Woche.

6.2 Aufgaben der Projektleitung

Die Hauptaufgaben des Projektmanagements sind in Abb. 6.3 zusammengefaßt. Ausgangsbasis aller Aktivitäten sind die *Projektziele,* die – wie schon bei den Komponenten für eine effiziente Projektbearbeitung beschrieben – klar, eindeutig, erreichbar und von den Beteiligten akzeptiert sein müssen. Die Ziele werden häufig vom Auftraggeber oder von dessen Beauftragten vorgegeben, auch wenn andere Stellen oder Personen Vorschläge dazu beisteuern. Vorteilhaft ist allerdings eine Beteiligung des Projektteams oder des Projektleiters am Zielbildungsprozeß (s. Abschn. 3.3 und Abb. 3.9). Falls die Projektziele nicht klar und eindeutig sind oder vom Team als nicht erreichbar angesehen und nicht akzeptiert werden, dann ist es Aufgabe der Projektleitung, für Klarstellung zu sorgen. Bei verschwommener Zielvorstellung des Auftraggebers haben Projektleiter und Team vor Inangriffnahme des Projektes eine verständliche Zieldefinition zu formulieren und diese mit dem Auftraggeber in Einklang zu bringen. Das ist sehr wichtig, denn Ziele und Zwischenziele sind nicht nur Grundlage für alle folgenden Aktivitäten, sondern auch Maßstab zur Beurteilung von Projektfortschritt und Projekterfolg.

Eine weitere Hauptaufgabe des Projektmanagements ist die *Aufbauorganisation.* Es geht um den Aufbau einer zeitlich befristeten, für das betreffende Projekt geeigneten Projektorganisation mit personifizierten Ver-

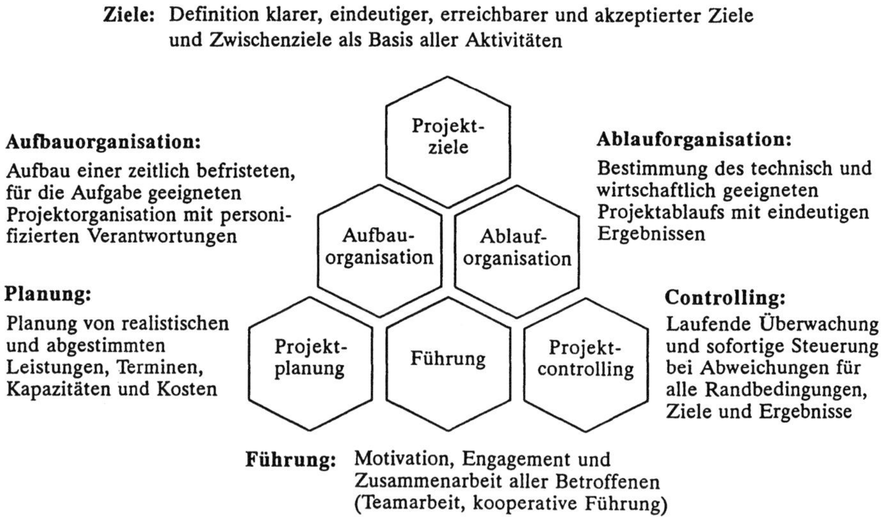

Abb. 6.3. Hauptaufgaben des Projektmanagements. (In Anlehnung an J. Platz [28].)

antwortungen. Bei kleinen und mittelgroßen Projekten wird sich in vielen Fällen das Matrix-Projektmanagement eignen. Gerade dann ist aber eine Festlegung der Zuständigkeiten mit Verantwortungsbereichen und Befugnissen unerläßlich. Das muß der Projektleiter mit den Leitern der am Projekt beteiligten Unternehmenseinheiten regeln. Erforderlichenfalls ist das Steuerungskomitee einzuschalten. Auch bei der *Ablauforganisation* ist eine Abstimmung mit den beteiligten Unternehmenseinheiten notwendig, zumal dort die eigentlichen Systemarbeiten durchgeführt werden. Es geht um die Bestimmung des technisch und wirtschaftlich geeigneten Projektablaufs mit den vorgesehenen Teilergebnissen in den einzelnen Unternehmenseinheiten. Eine vor allem für das Projektteam entscheidende Aufgabe ist die *Projektplanung* von realistischen und aufeinander abgestimmten Leistungen (Quantität und Qualität), Terminen, Kapazitäten und Kosten. Die Planung ist Leitfaden und Koordinationsinstrument für den Projektablauf und gleichfalls Grundlage für Überwachung und Steuerung des Projektes, also fürs *Projektcontrolling.* Dabei geht es um eine laufende Überwachung der geplanten Abläufe und um eine sofortige Steuerung – d.h. ein unmittelbares Ergreifen von Gegenmaßnahmen – bei Abweichungen vom Plan. Das gilt für alle im Plan festgelegten Zwischenergebnisse bzw. Zwischenziele und erst recht für die Projektziele. Eine kooperative

Führung, wozu Projektleitung aber auch Steuerungsgremium und weitere am Projekt beteiligte Führungskräfte gehören, hat alle diese Aktivitäten zu koordinieren und durch Engagement die Beteiligten zur zielorientierten Zusammenarbeit zu motivieren.

Um den hohen Anforderungen gerecht zu werden, müssen sich die für das Projekt verantwortliche Leitung, die Führungskräfte der betroffenen Einheiten sowie die Mitwirkenden mit den Projektzielen und den Methoden des Projektmanagements identifizieren. Der Erfolg des Projektmanagements hängt von der Kompetenz, der strategischen Führung und der Unterstützung auf Leitungsebene ab; denn Projektmanagement ist eine Art von strategischer Delegation, bei der die leitenden Führungskräfte den Projektmanagern die Kompetenz und die Verantwortung für Projektaufgaben übertragen. Der Projektleitung obliegen im wesentlichen folgende Aufgaben:

- Definition und Planung des Projektes mit Zeit- und Aufwandschätzung (Kosten, Ressourcen),
- Abgrenzung der Teilgebiete des Projektes und Aufgabenverteilung (Arbeitspakete),
- Beeinflussung von anzuwendenden Methoden und Verfahren,
- Zielverfolgung,
- Koordination von Projektteam Fachabteilungen und gegebenenfalls externer Beratung (Besprechungen, Gespräche),
- Förderung und Unterstützung der Teammitglieder,
- Überwachung und Steuerung von Projektfortschritt / Leistungsumfang (Quantität und Qualität), Zeit (Termine), Kosten, Kapazität und Änderungen,
- Impulsgebung bei zu veranlassenden Aktionen,
- Wahrnehmung fachlicher Aufgaben entsprechend vorhandener Kenntnisse und Fähigkeiten, soweit möglich,
- Information und Kommunikation innerhalb des Teams, mit Fachabteilungen und beteiligtem Management,
- Dokumentation und Berichtswesen,
- Kontakthaltung und Zusammenarbeit mit dem Auftraggeber und gegebenenfalls mit externen Partnern.

Darüber hinaus sind Entscheidungen zu fällen oder Entscheidungen vorzubereiten, die vom Projektsteuerungsgremium zu treffen sind. Bei Konflikten innerhalb des Teams ist es Aufgabe des Projektleiters, diese zu bereinigen. Auch bei Konflikten mit Fachabteilungen muß der Projektleiter zu vermitteln suchen. Er hat dafür zu sorgen, daß die für das Projekt erforderlichen Ressourcen zur Verfügung stehen. Teammitglieder, aber auch die am Projekt Beteiligten, müssen im Interesse des Projektes motiviert werden, um die festgesetzten Ziele zu erreichen. Vom Standpunkt des Projektes aus gesehen sind es weitgehend unternehmerische Aufgaben. Insofern sind an die Qualifikation eines Projektleiters relativ hohe Anforderungen zu stellen.

6.3 Anforderungen an den Projektleiter

Zunächst erwartet man vom Projektleiter die Beherrschung der sachlichen Aspekte für das Projektmanagement. Er muß die Organisation, die Methoden und die Hilfsmittel des Projektmanagements nicht nur kennen, sondern damit auch umzugehen verstehen. Eine zweite wesentliche Forderung ist die Beachtung menschlicher Aspekte beim Projektmanagement, insbesondere bei der Teamarbeit und bei der Kooperation mit den Mitwirkenden bzw. Betroffenen. Hieran knüpft sich die Frage nach einem Konzept oder einer Projektmanagement-Philosophie, die diesen Faktor schwerpunktmäßig berücksichtigt. Und dazu gehört neben den sachlichen Aspekten vor allem die Berücksichtigung der Führungsmethoden und der persönlichen Qualifikation der Schlüsselbeteiligten. Generell muß hier die von mir in der Einleitung erwähnte „Drei-Säulen-Hypothese" (s. Kap. 12, Abschn. 12.1) beachtet werden, wonach Topmanagement, beteiligte Führungskräfte und am Projekt Mitwirkende ungeachtet ihrer hierarchischen Stellung dieselben Grundsätze beachten und sich bei der zielorientierten Vorgehensweise gegenseitig unterstützen. Dabei hat der Projektleiter eine Schlüsselposition, weil er Mittler zwischen Auftraggeber bzw. Unternehmensleitung, beteiligten Führungskräften und den am Projekt Mitwirkenden ist. Damit er nicht als „Prellbock" verschlissen wird, sind das Bewußtsein der einzelnen Verantwortlichkeiten (s. Kap. 4) und die Realisierung einer angemessenen Unternehmenskultur unerläßlich. Beides ist zwar nur durch das Zusammenwirken dieser „drei Säulen" bzw. aller wesentlichen Unternehmensebenen möglich, der Projektleiter muß aber im Interesse seines Projektes darauf achten, daß die Kooperation im

Sinne des Konzeptes funktioniert. Deshalb werden an die Qualifikation eines Projektleiters sehr hohe Anforderungen gestellt, wie sie allgemein für Spitzenführungskräfte üblich sind, wenn es vorwiegend um eine kooperative Arbeitsatmosphäre mit hochqualifizierten Mitarbeitern geht und man deren geistigen Kapazitäten möglichst voll nutzen möchte. Wenngleich man in der Praxis oft Zugeständnisse an die Qualifikation eines Projektleiters machen muß – denn nicht immer stehen Personen zur Verfügung, die alle diese hohen Anforderungen erfüllen – so liefern diese Qualifikationsanforderungen doch gewisse Richtlinien bzw. Richtwerte zur Beurteilung und Auswahl der bestgeeigneten Persönlichkeit; deshalb werden sie im folgenden erläutert.

Abbildung 6.4 soll zeigen, daß die sachlichen Aspekte weitgehend durch entsprechende *Projekt- und Systemqualifikation* des Projektleiters beherrscht werden. Ihre Wirksamkeit kommt jedoch erst dann voll zur Geltung, wenn die menschlichen Aspekte beachtet werden, was von der *Persönlichkeit* und der *Führungsqualifikation* des Projektleiters abhängt.

Die *Projektqualifikation* beinhaltet Kenntnisse und Erfahrungen, die sich auf die Organisationsmethoden und Projektmanagementtechniken beziehen. Bei diesen Anforderungen müssen strenge Maßstäbe an einen Projektleiter angelegt werden; denn als Hauptverantwortlicher für die Anwendung des Projektmanagements muß er dieses Metier beherrschen. Das setzt auch eine gemäße Erfahrung in der Projektarbeit voraus. Deshalb sollte ein Projektleiter schon vorher an anderen Projekten

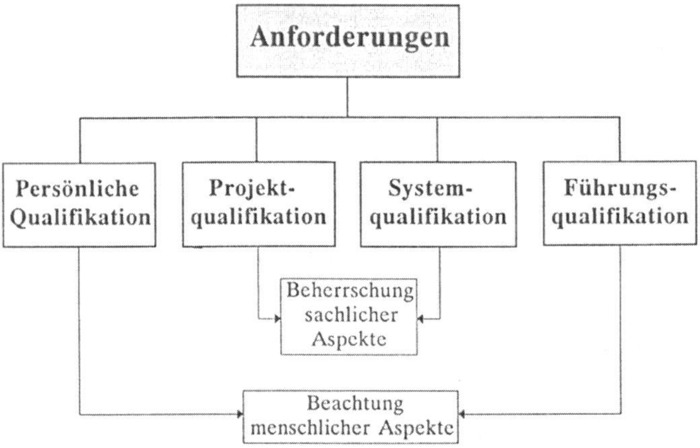

Abb. 6.4. Anforderungen an einen Projektleiter.

mitgearbeitet haben und auf seine spezifischen Aufgaben entsprechend vorbereitet sein.

Die *Systemqualifikation* umfaßt alle die Kenntnisse, Erfahrungen und Fähigkeiten, die sich auf die Projektaufgabe, also auf das zu gestaltende System, beziehen. Hierzu sind keine so hohen Maßstäbe an den Projektleiter anzulegen wie bei der vorgenannten Qualifikation. Denn jedes Teammitglied muß auf seinem spezifischen Fachgebiet qualifiziert sein, so daß das gesamte Team zusammen ein Optimum an Systemqualifikation mitbringt. Der Projektleiter kann nicht Fachmann aller spezifischen Fachgebiete sein, die zur Bearbeitung des Projektes notwendig sind. Das ist mit ein Grund dafür, warum für derartige fachübergreifende Aufgabenstellungen ein Projektteam zusammengestellt wird. Fundierte Systemkenntnisse für den Gesamtüberblick des Projektes müssen beim Projektleiter jedoch vorhanden sein; denn nur dann vermag er als Hauptverantwortlicher für das Projekt Koordinationsprobleme richtig zu beurteilen. Zur *persönlichen Qualifikation* gehören:

Teamgeist,	Initiative,
Kreativität,	Risikobereitschaft,
Kontaktfähigkeit,	Verhandlungsgeschick,
Integrität,	Überzeugungskraft,
Verantwortungsbewußtsein,	Zuverlässigkeit,
Entscheidungsfähigkeit,	Durchsetzungsvermögen.

Schließlich gehört auch eine gewisse Belastbarkeit dazu. Es sind Qualifikationsmerkmale, die auch von Topmanagern gefordert werden.

Bei der *Führungsqualifikation* sind primär kooperative Führungselemente gefragt. Der Führungsstil ergibt sich im wesentlichen aus der Persönlichkeit des Projektleiters, er muß aber überwiegend kooperativ sein. Hierbei spielen die menschlichen Aspekte eine entscheidende Rolle. Der Mensch steht im Mittelpunkt des Projektgeschehens. Der Projektleiter kann das Projekt nur mit Hilfe der Beteiligten zum zielgerechten Abschluß bringen. Es geht also darum, daß er die vorhandenen Kapazitäten der Mitarbeiter für diesen Zweck optimal nutzt. Das wiederum ist nur möglich, wenn diese entsprechend motiviert sind. Die Motivation ist dann gegeben, wenn das Arbeitsumfeld den Vorstellungen der Mitarbeiter entspricht, wenn sie weitgehend selbständig arbeiten dürfen und erkennen, daß Projektleiter, Führungskräfte und Topmanagement voll und ganz hinter dem

Projekt stehen und im Bedarfsfall Unterstützung gewähren und wenn besondere Leistungen auch anerkannt und entsprechend honoriert werden. Das heißt, die am Projekt mitwirkenden Personen müssen Freude an der Aufgabe haben und das Gefühl bekommen, daß ihre Arbeit geschätzt und richtig bewertet wird. Dazu brauchen sie auch einen Gesamtüberblick über das Projekt und dessen Bedeutung, was ihnen vermittelt werden muß. Das alles ist Führungsaufgabe des Projektleiters, worin er vom Topmanagement und auch von den am Projekt beteiligten Führungskräften unterstützt werden muß. Es geht hierbei einmal um eine aufgaben- bzw. leistungs- oder sachbezogene Komponente der Führung, zum anderen um eine personenbezogene Führungskomponente. Um beurteilen zu können, welcher Komponente der Projektleiter den Vorrang geben soll, kann man sich des Verhaltensgitters von Blake und Mouton bedienen, wie es in Abb. 6.5 wiedergegeben ist. Blake und Mouton haben für die Beurteilung 9 x 9 Leistungsstufen zugrundegelegt. Waagerecht ist die Aufgaben- oder Leistungsorientierung aufgetragen, senkrecht die Personenorientierung. *1,1* bedeutet, daß sich der Vorgesetzte weder um Leistungserbringung, noch um personenbezogene Belange kümmert. Es ist der *desinteressierte Typ* oder theoretisch eine sogenannte *Laissez-Faire-Führung,* die man in der Praxis gar nicht als „Führung" bezeichnen kann. *9,1* ist der *autokratische Typ.* Es geht hierbei um einen Vorgesetzten, der nur Leistung fordert, ohne sich um die Belange der Mitarbeiter zu kümmern. *1,9* (nach Madauss [19] der *Missionarstyp*) soll die Aktivität eines Vorgesetzten wiedergeben, der nur um die Belange der Mitarbeiter bemüht ist, ohne Leistung zu fordern. *5,5* ist der *kompromißbereite Typ,* der Durchschnittsmanager nach Blake und Mouton, der beiden Forderungen (Leistung und Personenbezug) gerecht werden möchte und dabei nur ein Mittelmaß erreicht. *9,9* ist der *Geschäftsführertyp,* also das Optimum in diesem Verhaltensgitter. Das heißt, die Führungskraft fordert maximale Leistung bei gleichzeitigem optimalen Einsatz für die Belange der Mitarbeiter. Generell ist der im Verhaltensgitter oben rechts punktierte Bereich zwischen *5,5* und *9,9* die wünschenswerte Region für den erfolgreichen Projektleiter. Die gestrichelten Pfeile in diesem Bereich sollen andeuten, daß sich das Führungsverhalten während der Projektbearbeitung durchaus unterscheiden kann. Bei den *Projektphasen A/B,* etwa zu Beginn des Projektes, kann ein mehr menschenbezogenes Führungsverhalten angebracht sein, während bei der *Phase C/D,* z.B. gegen Ende des Projektes, ein stärkerer Druck auf die Lei-

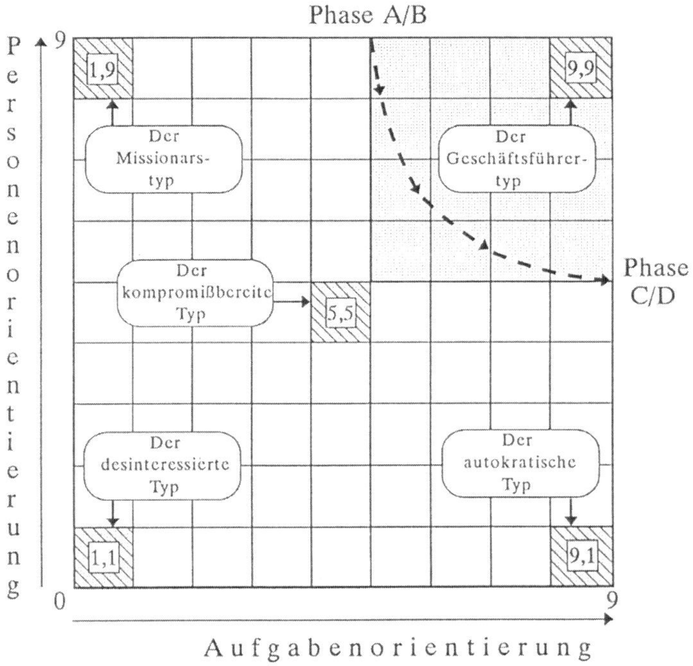

Abb. 6.5. Einordung des Projektmanagement-Führungsverhaltens in das von Blake und Mouton definierte Verhaltensgitter. Quelle: Madauss [19].

stung notwendig wird. Das Führungsverhalten muß ohnehin der Situation und gegebenenfalls auch den Personen angepaßt werden. Es ist abzuwägen, in welchen Situationen und bei welchen Personen gelegentlich einzuschreiten bzw. durchzugreifen ist. Generell stellt sich aber die Frage, wie der Projektleiter nun einerseits eine maximale Leistung fordern soll, wobei andererseits zugleich die personenbezogenen Belange optimal zu berücksichtigen sind.

Um dieser Aufgabe gerecht zu werden, ist ein Führungskonzept [5 u. 6] angebracht. Dafür eignet sich der Grundgedanke des Führungsmodells *Management by Objectives (MbO)* oder in deutscher Übersetzung: *Führung durch Zielvereinbarung.* Es ist ein Führungsmodell, das in den 50er Jahren in der anglo-amerikanischen Management-Praxis entwickelt und in verschiedenen Variationen in der Praxis angewandt wurde und auch heute noch angewandt wird [13, 14, 24 u. 36]. Es ist sehr variabel und kann auf das Unternehmen und auch auf das Projektmanagement abgestimmt werden. Drei wesentliche Grundelemente des *MbO*, die auch für das Projektmanagement von Bedeutung sind, kann man so formulieren:

1. Ziele werden mit den Mitarbeitern ausgehandelt.
2. Dominierendes Instrument zur Mitarbeiterführung ist die (ausgehandelte) Zielgröße.
3. Mitarbeiter haben bei der Durchführung Ermessensspielraum.

Damit dieses Modell in der Praxis wirksam wird, sind gewisse Forderungen zu erfüllen:

- Vorrang der Zielkomponente vor anderen Koordinationsinstrumenten.
- Vereinbarkeit der Einzelziele mit den übergeordneten Unternehmens- bzw. Projektzielen.
- Klarheit und Exaktheit der Projektzielvorgabe bzw. der Zielvereinbarung.
- Realistische, notfalls auch flexible Zielsetzung.
- Beteiligung der betroffenen bzw. beteiligten Mitarbeiter an der Formulierung der Ziele.
- Vorrang von Eigenüberwachung vor Fremdüberwachung.

Zum letzten Punkt kann erläuternd festgestellt werden, daß eine Eigenüberwachung für den Mitarbeiter insofern möglich ist, als er bei der Formulierung der Ziele mitgewirkt hat und somit weiß, zu welchem Ziel er sich verpflichtet hat und welches er glaubt erreichen zu können. Somit dient *MbO* der Formalisierung und Institutionalisierung von Überwachungen. Bei der Anwendung des *MbO* oder der *Führung durch Zielvereinbarung* in der Praxis haben die Vorkämpfer für diese Idee, darunter McGregor, festgestellt, daß dieses Führungsmodell eine Verwirklichung des Leitbildes vom „mündigen Mitarbeiter“ erlaubt, weil die Forderungen nach Autonomie, nach Partizipation und nach Eigenüberwachung des Mitarbeiters erfüllt sind, was insbesondere von McGregor für eine humane Arbeitswelt gefordert wurde. Voraussetzung ist eine konkrete Zielformulierung sowie Klarheit und Exaktheit einer realistischen Zielsetzung. Das gestattet neben der Eigenüberwachung eine bessere Fremdüberwachung, ohne Mißtrauen aufkommen zu lassen. Da der Zielerreichungsgrad die entscheidende Meßgröße ist, bietet *MbO* zugleich die Grundlage für ein faires Mitarbeiter-Beurteilungssystem, was gerade beim

Projektmanagement von besonderer Bedeutung ist, vor allem dann, wenn beim Matrix-Projektmanagement die Teammitglieder zwei Vorgesetzte haben (Projektleiter und Linienvorgesetzter).

Zusammenfassend kann man sagen, daß sich *Management by Objectives* als Management-Konzept-Basis für das Projektmanagement sehr gut eignet. Es ist durch fünf wesentliche Merkmale gekennzeichnet:

1. Ziele sind das wesentliche Instrument der Steuerung und Koordination der arbeitsteiligen betrieblichen Aufgabenerfüllungsprozesse.
2. Ziele dürfen nicht autoritär vorgegeben werden, sondern müssen mit denjenigen, die sie erreichen sollen, in einem kooperativen Prozeß vereinbart werden.
3. Überwachungen sind im wesentlichen Ergebnisüberwachungen, d.h. sie beziehen sich nicht auf die Einhaltung von Verfahren, Regeln und Vorschriften, sondern auf die Zielerreichungsgrade.
4. Grundlage für die Leistungsbeurteilung der Mitarbeiter ist der Grad der Zielerreichung.
5. Personelle Entwicklungs- und Fortbildungsziele werden explizit mit in die Zielvereinbarungen einbezogen.

Damit kommt man den hohen Anforderungen an einen Projektleiter entgegen, wenn diese Grundsätze auch von der Unternehmensleitung getragen und unterstützt werden. Das heißt, die von der Projektleitung zu erfüllenden Aufgaben sind unter den aufgezeigten Voraussetzungen erfüllbar.

6.4 Aufgaben der Teammitglieder

Je nach Umfang des Projektes können die Aufgaben der Teammitglieder sehr unterschiedlich sein. Kleine Projekte werden vom Team allein durchgeführt. Nach gemeinsamer Planung bearbeitet jedes Teammitglied seine fachspezifische Teilaufgabe des Projektes mit oder ohne gelegentliche Hilfe des zuständigen Linienvorgesetzten oder anderer Abteilungsangehöriger. Das trifft z.B. für manche Studien zu aber auch für kleinere fachübergreifende Problemstellungen verschiedener Art, die als Projekt deklariert sind. Projekte mit umfangreicheren Aufgaben, die von einer angemessenen Teammitgliederanzahl (s. Kap. 5, Abschn. 5.3) allein nicht zu bewerkstelligen und deshalb auf ständige Mitwirkung von Mitarbeitern der zuständigen Abteilungen angewiesen sind, bedürfen zusätzlicher Koordination. Diese Koordinationsaufgaben müssen die Teammitglieder in ihrer jeweiligen Unternehmenseinheit übernehmen. Je umfangreicher die Aufgaben in einer Abteilung sind und je mehr Mitarbeiter damit beschäftigt werden, umso umfangreicher ist der Koordinationsaufwand. Demzufolge bleibt für das zuständige Teammitglied entsprechend weniger Zeit für eine Beteiligung an der direkten Bearbeitung von Projektdetailaufgaben.

Beim Matrix-Projektmanagement hat jedes Teammitglied seinen Linienvorgesetzten über den Stand der Projektarbeiten zu informieren, um vor allem seine unverzügliche Unterstützung zu erlangen, wenn z.B. abteilungsinterne Probleme die Projektarbeit gefährden. Das Teammitglied handelt bezüglich des Projektes im Auftrag seines Linienvorgesetzten. Innerhalb des Teams erfolgt nicht nur eine Information des Projektleiters, sondern vor allem eine gegenseitige Information der Teammitglieder über den Stand der in ihren jeweiligen Unternehmenseinheiten ablaufenden Projektarbeiten. Unabhängig davon kann jedes Teammitglied im Bedarfsfall mit einem anderen Teammitglied separat zusammenkommen, um ein spezielles, die beiden Gesprächspartner betreffendes Problem zu klären. Falls erforderlich, können die für das Problem zuständigen Experten der betroffenen Abteilungen hinzugezogen werden. Ob und wieweit die Teammitglieder Sonderaktionen, wie z.B. Zusammenkünfte oder gar die Zusammenarbeit von Experten verschiedener Unternehmenseinheiten, selbst veranlassen können, hängt davon ab, welche Befugnisse ihnen ihr Linienvorgesetzter einräumt. Das wiederum hängt von der Qualifikation des betreffenden Teammitglieds ab und vom Vertrauen, das der Vorgesetzte diesem Mitarbeiter gegenüber hat. Je weniger Befugnisse ein Vorgesetzter seinem von ihm delegierten Teammitglied zugesteht, umso mehr ist er selbst gefordert. Bei Beteiligung an mehreren Projekten kann das sehr nachteilig für den Vorgesetzten werden, wenn er sich neben der ohnehin schwierigen Koordinierung der vielfältigen Teilprojektaufgaben und sonstiger Arbeiten zusätzlich auch noch um viele Details der einzelnen Teammitglieder seiner Abteilung kümmern muß, die für unterschiedliche Projekte zuständig sind. Deshalb gilt die Devise: die für das anliegende Projekt bestgeeignete Person der betreffenden Unternehmenseinheit als Teammitglied nominieren und ihr die für die Aufgabe notwendigen Befugnisse erteilen. Eine rege Kommunikation zwischen Vorgesetzten und

Teammitgliedern fördert die Zusammenarbeit, verringert die Gefahr der Fehlentscheidung und erleichtert Prioritätensetzung.

Es ist weiterhin Aufgabe der Teammitglieder, den Fortschritt der Projektarbeiten gemäß einer vorausgegangenen gemeinsamen Planung zu überwachen und dafür zu sorgen, daß bei Störungen (grundsätzliche Probleme beim Projektsystem, Kapazitätsengpaß, Termin- oder Kostenüberschreitung) schnellstens Abhilfe geschaffen wird. Das kann grundsätzliche Entscheidungen erfordern, die ebenfalls vom Team vorzubereiten sind. Da die Teammitglieder innerhalb des Teams einen Gesamtüberblick über den jeweiligen Stand des Projektes bekommen und sich auch intensiv mit der Koordination der Teilaufgaben befassen, sind sie in der Lage, Mitwirkende - einschließlich Führungskräfte - bezüglich des Projektes zu beraten. Grundsätzlich besteht die Aufgabe der Teammitglieder aber in der Unterstützung des Projektleiters; d.h. zumindest bei Projekten mittlerer Größe sind die Teammitglieder an Projektleitungsaufgaben beteiligt.

Zusammenfassend kann man sechs wesentliche Aufgabenbereiche der Teammitglieder formulieren:

1. *Planung:* Hierbei geht es im Team um eine gemeinsame Planung des gesamten Projektablaufs zur Erreichung des im Projektziel festgelegten Leistungsumfangs mit Beschreibung der Projektteilaufgaben bzw. der sogenannten Arbeitspakete und Ermittlung der dafür verantwortlichen Stellen. Mit deren Hilfe werden dann Termine, Kosten und Kapazitätsbedarf ermittelt.
2. *Koordinierung:* Die Teammitglieder haben einerseits umfangreiche Teilaufgaben des Projektes innerhalb ihrer Unternehmenseinheit zu koordinieren, andererseits innerhalb des Teams alle die Teilaufgaben, die in den verschiedenen Unternehmenseinheiten bearbeitet werden, wozu auch externe Stellen gehören, wie z.B. Lieferanten oder Institutionen, einschließlich Dienstleistungsstellen. Dabei ist die Kooperation innerhalb des Teams, mit den Fachabteilungen und gegebenenfalls mit Außenstellen zu fördern.
3. *Information und Kommunikation:* Kommunikation zwischen den Teammitgliedern untereinander sowie zwischen Teammitgliedern, deren Vorgesetzten und den am Projekt Beteiligten fördert die Zusammenarbeit. Ein Informationsaustausch zwischen allen Beteiligten ist

sicherzustellen. Das fördert die Motivation. Bei der Information genügt in der Praxis die Holschuld allein nicht, man muß sich auch der Bringschuld bewußt sein. Auftraggeber bzw. Unternehmensleitung sind ebenfalls laufend über den Stand des Projektes zu informieren, insbesondere bei Schwierigkeiten.

4. *Dokumentation:* Eine Dokumentation der Projektergebnisse und wichtiger Teil- oder Zwischenergebnisse dient als Grundlage für die erforderlichen Informationen, gestattet eine bessere Überwachung des Projektablaufs und liefert eine Gedächtnisstütze für Erfahrungswerte.
5. *Überwachung und Beratung:* Aufgrund der Überwachung des Projektfortschritts und der Zusammenarbeit mit allen Beteiligten sind die Teammitglieder in der Lage, den einzelnen Mitwirkenden beratend zur Seite zu stehen. Die Planung dient als Basis für die Überwachung.
6. *Entscheidungsvorbereitung:* Der Gesamtüberblick über das Projekt und die Kenntnisse der einzelnen Teammitglieder über ihre spezifischen Detailprobleme ermöglichen es, Entscheidungen im Team zu fällen oder grundlegende Entscheidungen vorzubereiten, die von einer anderen entscheidungsbefugten Stelle getroffen werden müssen.

7 Projektabwicklung und Projektphasen

7.1 Projektablauf

Anlaß für das Zustandekommen eines Projektes ist oft ein Problem, das eine Gefahr für das Unternehmen bedeutet und deshalb eine Untersuchung auslöst, die zur Lösung des Problems führen soll. Das heißt, das Problem muß definiert, beschrieben und analysiert werden, um Klarheit über den Grad der möglichen Nachteile zu bekommen, die dieses Problem verursachen kann. Aus der Problemanalyse heraus ergeben sich oft Lösungsansätze. Jedenfalls ist zu überlegen, was getan werden muß, um das Problem zu beseitigen und welche Konsequenzen die dazu einzuleitenden Aktionen haben können. Letztendlich geht es darum, welches Ziel angesteuert werden muß, um dem Problem zu begegnen. Ein erstrebenswertes Ziel zum Vorteil des Unternehmens bzw. eines sonstigen Auftraggebers kann aber auch aus einer Idee heraus geboren werden. Unabhängig vom Anlaß zur Zielfindung setzt sich ein Projektziel häufig aus verschiedenen Teilzielen zusammen, die über Zwischenziele zu erreichen sind. Wichtig ist deren klare, eindeutige Formulierung. Es kann nicht oft genug darauf hingewiesen und betont werden, wie bedeutend die Zieldefinition als Voraussetzung für den Start eines Projektes ist. Im allgemeinen beginnt niemand eine Reise, ohne vorher ein Reiseziel festgelegt zu haben. Bei Projekten gibt es in der Praxis leider Fälle, wo man imaginäre Ziele ansteuert in der Hoffnung, daß sich daraus ein akzeptables Ziel entpuppt. Man ist enttäuscht, wenn sich die Hoffnung nicht erfüllt und sucht nach Schuldigen. Es ist primär Aufgabe des Auftraggebers bzw. der Unternehmensleitung, dafür zu sorgen, daß vor dem eigentlichen Projektstart das Projektziel als Grundlage für alle folgenden Aktivitäten geklärt ist. Wenn das nicht geschehen ist, hat die *Projektleitung* vorweg eine klare Zielsetzung zu formulieren und diese vom Auftraggeber bestätigen zu lassen. Das ist nicht nur für den Projektablauf wichtig, sondern vor allem auch für die Beurteilung des Projektergebnisses nach Projektabschluß. (Ziel erreicht oder nicht?)

Ist das zu erreichende Ziel bekannt, stellt sich ohnehin noch die Frage nach den Einzelheiten dieses Zieles. Bei Neuprodukten heißt es, den Leistungsumfang festzulegen. Das kann durch eine Aufstellung erfolgen, die Auskunft darüber zu geben hat, was das Produkt alles beinhalten und leisten soll. In der Praxis bezeichnet man das verschiedentlich als *Lastenheft*. Basierend auf diesen Vorstellungen des zu erreichenden Zieles mit seinen Details wird von Experten überprüft, ob das alles machbar ist. Manche „Wunschträume" sind nur mit einem überhöhten, nicht akzeptablen Aufwand oder überhaupt nicht realisierbar. Es ist ein akzeptabler Kompromiß auszuhandeln zwischen Wunschvorstellungen und Realisierbarkeit. Das Ergebnis bezeichnet man als *Pflichtenheft*. Leider werden diese beiden Begriffe sowohl in der Literatur als auch in der Praxis nicht einheitlich angewandt. Verschiedentlich heißt die erste Stufe *Pflichtenheft* und die zweite *Lastenheft*. Wofür diese Bezeichnungen auch herhalten müssen, entscheidend ist der Aktivitätenablauf. Bei Neuproduktentwicklungen in einem Unternehmen wird das *Lastenheft*, also die erste Stufe der Projektbeschreibung („Wunschliste") in der Regel vom dafür verantwortlichen Marketing aufgestellt, das *Pflichtenheft*, also die zweite Stufe mit den realisierbaren Merkmalen, erarbeiten Experten aus Forschung und Entwicklung in Zusammenarbeit mit den zuständigen Marketingfachleuten. Daraus ist ein Konzept zu kreieren, das als Grundmodell für die Projektgestaltung gilt. Danach folgen Planung und Entscheidung für den eigentlichen Ablauf der Projektrealisierung. Das heißt, es ist die Strategie festzulegen, wie das Projektziel erreicht werden soll, welche Prämissen dabei zu berücksichtigen sind, welche Maßnahmen getroffen werden müssen und welche Hilfsmittel dazu benötigt werden. Abbildung 7.1 zeigt die Methodik einer solchen Vorstufe der Projektabwicklung, die sich vor der Realisierung abspielt und Weichenstellung für den Projektablauf bedeutet.

Zur Veranschaulichung von Abb. 7.1 sei das in Kap. 5, Abschn. 5.5.2 behandelte Beispiel der Neuproduktentwicklung einer Operationsleuchte in gestraffter Form dargelegt:

Das *Problem* ist ein Absatzrückgang von Operationsleuchten aufgrund nicht hinreichender Funktionsfähigkeit des gegenwärtigen Produktes. Es besteht die Gefahr einer beträchtlichen Umsatzreduzierung und eines Vertrauensverlustes auf dem Markt.

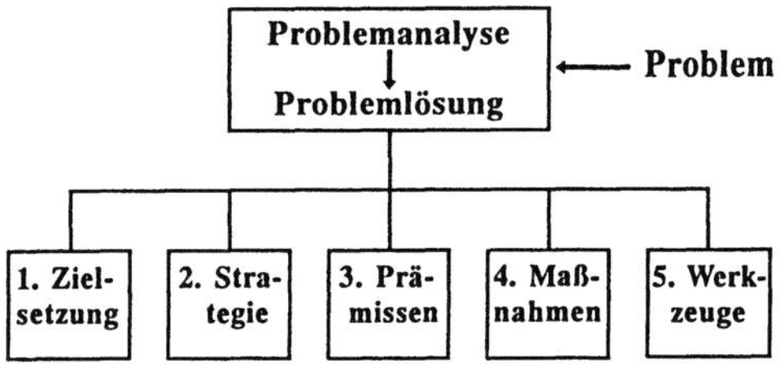

1. Was will ich ?

2. Wie soll das erreicht werden ?

3. Unter welchen Voraussetzungen, Bedingungen etc. ?

4. Welche Maßnahmen müssen getroffen werden?

5. Welche Hilfsmittel werden benötigt ?

Abb. 7.1. Methodik der Projektabwicklungsvorstufe.

Problemanalyse:
- Die gegenwärtige Operationsleuchte erwärmt das Operationsfeld und/oder teilweise auch den Operateur zu stark, wenn hell genug ausgeleuchtet werden soll.
- Ein beträchtlicher Teil des Operationsfeldes wird durch den Operateur bzw. die Operateure verdeckt.
- Um Produktführer auf diesem Gebiet zu bleiben, müssen beide Mängel abgeschafft werden.

Zielsetzung:
- Operationsleuchte, die das Operationsfeld optimal ausleuchtet, es aber nicht merklich erwärmt.
- Die Leuchte soll auch den Operateur einerseits weder erwärmen noch sonst behindern, andererseits darf das Operationsleuchtfeld durch den Operateur während der Operation nicht merklich behindert werden können.

Strategie:
- Entwicklung eines neuartigen Leuchtenkonzeptes.
- Nutzung neuer Erkenntnisse bezüglich des Leuchtenaufbaus, der Reflektorform und der reflektierenden Schicht.

- Nutzung neuer Technologien.
- Inanspruchnahme von technologischem Spezial-know-how durch Kooperation mit Spezialunternehmen und/oder Instituten.

Prämissen:
- Leichte Handhabbarkeit.
- Ansprechendes Design.
- Hoher Qualitätsstandard.
- Servicefreundlichkeit.
- Fertigungsgerechte, kostengünstige Ausführung.

Maßnahmen:
- Bereitstellung der erforderlichen sachlichen und personellen Ressourcen sowie Kontaktaufnahme und Kooperation mit ausgewählten kompetenten Instituten und Spezialunternehmen.
- Organisatorische Regelungen für Koordination und Kooperation.
- Prozedur der Entscheidungsfindung festlegen. (U.a. Präsentation und Beratung vor einem zu etablierenden Steuerungsgremium mit Vertretern der Unternehmensleitungen.)
- Festlegung von Terminen für Anlauf, ... , Muster, ... , Einführung sowie Kapazitätsplanung und Kostenschätzung.

Werkzeuge:
- Modellbauverfahren zur Konzeptfindung.
- Netzplantechnik, Meilensteintechnik.
- Neue Technologien.

Dieses Beispiel erhebt keinen Anspruch auf Vollständigkeit, soll aber einen Einblick über eine mögliche praktische Vorgehensweise geben.

Planung und Entscheidung des Projektablaufs führen zur Organisationsgestaltung, zur Durchführung des Projektes sowie zur Überwachung und Steuerung gemäß vorliegender Planung, die bei Störungen im Laufe der Projektabwicklung durchaus den Gegebenheiten angepaßt werden muß. Bei der Realisierung geht es um die Entwicklung, Erstellung oder Erarbeitung der Komponenten für das Gesamtsystem, also für das vollständige Projekt, weiter um das Zusammenfügen der Systemkomponenten zum Gesamtsystem und zur Prüfung (nicht nur der Komponenten, sondern vor allem auch des Gesamtsystems). Bei Akzeptanz des fertigen Systems wird dieses dem Ziel entsprechend eingeführt und schließlich angewendet. Stichwortartig kann der Projektablauf etwa folgendermaßen dargestellt werden:

- Beschreibung und Analyse des Problems sowie Problemlösungsvorschlag (z.B. in Form eines Projektvorschlags).
- Beschreibung und Festlegung der zu erreichenden Ziele (Zielsetzungsverfahren).
- Beschreibung der fachlichen bzw. wünschenswerten Lösung *(Lastenheft)*.
- Beschreibung der technischen bzw. realisierbaren Lösung *(Pflichtenheft)*.
- Umfassende Planung und Entscheidung des Projektablaufs.
- Organisation, Realisierung, Überwachung und Steuerung (Controlling) des Projektes.
- Einführung des Systems (abgeschlossenes Projekt) - dem Ziel entsprechend.
- Anwendung des Systems.

Für den Projektablauf ist es wichtig, folgende Hinweise zu beachten:

- Rechtzeitige Weitergabe von Informationen an Projektbeteiligte.
- Nachweisführung (Projektdokumentation, soweit erforderlich).
- Festlegung und Überwachung von Verantwortlichkeiten für Arbeitspakete.
- Eindeutige Kennzeichnung von Aufgaben und Teilleistungen bzw. Aufträgen sowie deren sachgerechte Vergabe.
- Überwachung der zu erbringenden Leistungen.
- Prüfung von Entscheidungskompetenzen und ggf. Änderungen erwirken (Flexibilität beachten).
- Festlegung sowie Durchführung interner und ggf. externer Projektüberwachung/Reviews.
- Projektänderungen und deren Überwachung.
- Beachtung von Schnittstellen und Förderung der Kooperation.
- Festlegung von Ansprechpartnern und Maßnahmen zur Inbetriebnahme des Projektes.

7.2 Projektzielsetzung und deren Bedeutung

Die Projektzielsetzung ermöglicht eine klare Aufgabenstellung und eine faire Bewertung der erbrachten Leistungen bei der Projektrealisierung. Ferner gestattet sie eine kooperative oder zielgerichtete Projektführung, die schon bei der Zielsuche beginnt. Wie bereits im Kap. 3, Abschn. 3.3 erläutert, ist es sinnvoll, die später für die Projektdurchführung Verantwortlichen schon an der Zielideenfindung zu beteiligen. Differenzierte Zielvorstellungen zwingen zum gründlichen Durchdenken der Zielkonsequenzen. Eine rechtzeitige Zielabstimmung verschiedener Interessen wirkt sich meistens zum Vorteil des Projektes und dessen Ablaufs aus. Bei einem Neuprodukt sind es oft die unterschiedlichen Interessen von Marketing (einschl. Kunden), Entwicklung, Qualitätssicherung, Produktion und Einkauf bzw. Lieferanten. Um ein Beispiel für entgegengesetzte Zielvorstellungen aufzuzeigen, soll die im vorigen Abschnitt behandelte Operationsleuchte herangezogen werden: Marketing verlangte eine vollautomatische Schaltung der Leuchte durch verbale Befehle *(ein, aus, heller, dunkler),* weil einige wenige Kunden (< 5 %) das gewünscht hatten. Die Erfüllung dieser Forderung hätte den technischen Aufwand, das Risiko und die Herstellkosten beträchtlich erhöht und die Qualitätssicherung gefährdet, auch wenn man diese Schaltung nur als Zusatz vorgesehen und angeboten hätte. Forschung und Entwicklung unterstützten diesen Gedanken, da er eine interessante technologische Aufgabe darstellte und Versuche dieser Art schon vor mehreren Monaten zusammen mit einem Forschungsinstitut durchgeführt wurden. Produktion und Qualitätssicherung lehnten die Forderung aus den oben genannten Gründen ab, zumal ein schwer zu erfüllendes Herstellkostenlimit einzuhalten war. Die Entscheidung der Unternehmensleitung führte zu einem Aufschub dieser Lösung für eine spätere Leuchtengeneration.

Die Zielabstimmung führt letztendlich zur Zielformulierung und Zielvereinbarung. Spätestens dann müssen ohnehin die verantwortlichen Projektmitwirkenden hinzugezogen werden. Die Zielvereinbarung gestattet eine kooperative Zielüberwachung, also Eigenüberwachung und faire Fremdüberwachung, wie sie z.B. beim Managment by Objectives üblich ist. Abbildung 7.2 gibt einen Überblick über die Komponenten des zielgerichteten Projektmanagements. Bei der Zielabstimmung werden die verschiedenen Meinungen oft sehr hart vertreten. Es ist wichtig, daß man sich trotz

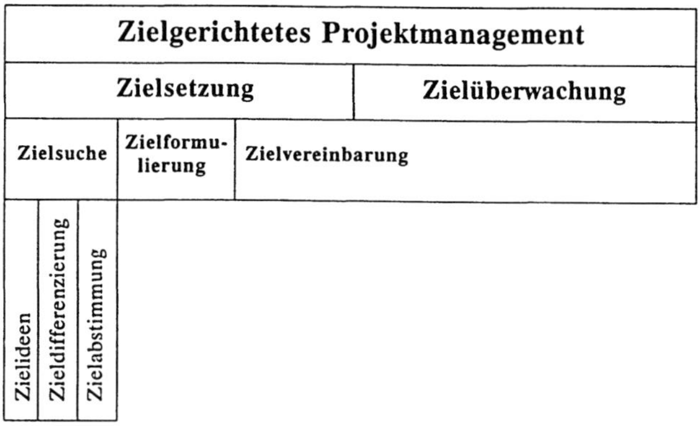

Abb. 7.2. Komponenten des zielgerichteten Projektmanagements.

Meinungsverschiedenheiten schließlich zu einer einheitlichen Zielformulierung durchringt, die klar und eindeutig ist. Deshalb ist es ratsam, wenn der Auftraggeber oder sein entscheidungsbefugter Vertreter den Vorsitz des für Zielsuche und Zielformulierung verantwortlichen Gremiums übernimmt.

Wenn klare Vorstellungen über das zu erreichende Projektziel bestehen, kann dieses Ziel strukturiert werden. So entsteht ein Zielsystem z.B. in Form einer Zielhierarchie. Dabei gibt es einerseits *Haupt-* und *Nebenziele,* wodurch Bedeutung, Gewichtung oder Priorität gekennzeichnet werden, andererseits untergliedert man das Gesamtziel derart, daß von einem übergeordneten Oberziel Teilziele abgeleitet werden, die man Zwischenziele oder Unterziele nennt. Anhand von Abb. 7.3 sollen diese Begriffe erläutert werden. Als *Projektziel* sind hier die *Rückgewinnung verlorener Marktanteile und die Stabilisierung des Rufes als Produktführer* festgelegt. Damit sind eigentlich zwei Ziele formuliert, obwohl beide komplementär sind. Wenn man in diesem Beispiel die *Rückgewinnung verlorener Marktanteile* als Hauptziel und die *Produktführerschaft* als Nebenziel deklarieren würde, dann wären damit Prioritäten gesetzt, so daß im Falle von Schwierigkeiten bei Erfüllung *beider* Forderungen dem Hauptziel der Vorrang einzuräumen wäre.

Die Gliederung in *Oberziel, Zwischen-* und *Unterziel,* wie in Abb. 7.3 fragmentarisch dargestellt, ergibt ein Zielsystem in Form eines pyramidalen bzw. hierarchischen Aufbaus. Das heißt, die *Zwischenziele* leiten sich aus dem übergeordneten *Oberziel* ab; jedes von ihnen muß also einen Bei-

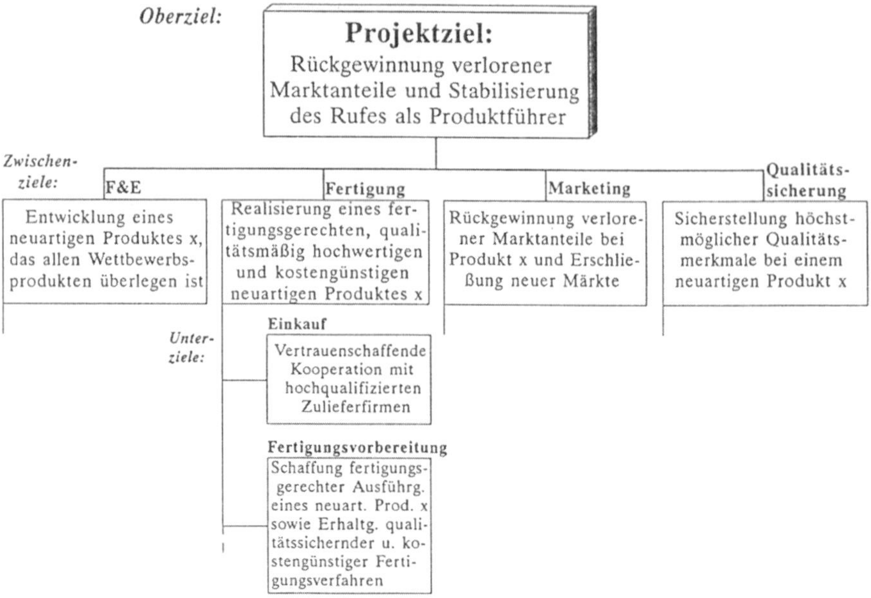

Abb. 7.3. Fragment einer Zielhierarchie.

trag zur Erfüllung des *Oberzieles* leisten. Die *Unterziele* wiederum sind aus den zugehörigen *Zwischenzielen* hergeleitet. Sie tragen zur Realisierung der *Zwischenziele* bei. Wenn alle *Unterziele* erreicht werden, dann ergibt sich durch deren Koordination das zugehörige *Zwischenziel.* Alle *Zwischenziele* zusammen führen zum übergeordneten *Projektziel.* Eine solche *Zielhierarchie* gestattet eine systematische Zuordnung der Teilziele an die zuständigen Stellen bzw. Personen. In Abb. 7.3 sind es Forschung und Entwicklung *(F&E), Fertigung* usw. Bei der Zielvereinbarung werden die Ziele aufeinander abgestimmt, so daß ein übersichtliches Zielsystem mit klarer Zuordnung von Verantwortlichkeiten entsteht und sich als Instrument zur kooperativen Führung anbietet. Die einzelnen *Teilziele* wandeln sich durch entsprechende Formulierung und Angabe von Kriterien in bewertbare Größen. Als Kriterien kann man neben Gewinn, Umsatz, Kosten, Terminen, Prozentsatz und Leistungsumfang auch qualitative Werte definieren. Die Bewertung erfolgt über den Grad der Zielerreichung gemäß der vereinbarten „Zielgrößen".

Es darf nicht verschwiegen werden, daß in der Praxis Meinungsverschiedenheiten nicht nur bei der Zielsuche auftreten und man sich deshalb gleich am Anfang zu einer einheitlichen Zielformulierung durchringen muß, sondern daß außerdem während der Projektdurchführung Zielkonkurrenz aufkommen kann. Das geschieht vor allem dann, wenn besondere Schwierigkeiten wegen nicht plangemäßem Projektablauf auftreten. Es kommt zu Konflikten, die von Fall zu Fall umgehend zu bereinigen sind. Wenn eine solche Bereinigung unter den Beteiligten selbst nicht möglich ist, müssen sofort die zuständigen Vorgesetzten eingeschaltet werden. Kommt auch da keine Einigung zustande, dann muß das Steuerungsgremium als letzte Instanz eine Entscheidung herbeiführen. Wichtig ist die unverzügliche Aktion, da Zeitverzug in der Regel dem Projektablauf, insbesondere aber der Zielerreichung schadet.

Ein Beispiel für eine solche Zielkonkurrenz zeigt Abb. 7.4. Hierbei geht es um die Interessenvertretung verschiedener Projektpartner. Demnach kann *Zielkonkurrenz* zwischen *Technik* und *Marketing* auftreten, aber auch zwischen *Marketing* und *Qualitätssicherung* sowie zwischen *Qualitätssicherung* und *Technik*. Um das *Projektziel: Marktsicherung durch optimale Neugestaltung von Produkt y* zu erreichen, strebt die Technik *Funktionssicherheit* und *kostengünstige Fertigung* als Unterziel an. Marketing hat sich *termingerechte Auslieferung zu wettbewerbsfähigen Preisen*

Abb. 7.4. Beispiel für eine Zielkonkurrenz bei einheitlichem Projektoberziel.

zum Ziel gesetzt. Auftretende Schwierigkeiten während der Projektbearbeitung, die nicht vorhersehbar waren, können die Technik zwingen, den Grad der *„kostengünstigen" Fertigung* zu erhöhen, um die Funktionssicherheit zu gewährleisten. Das hätte erhöhte Kosten und damit höhere Preise zur Folge, die Marketing aus Wettbewerbsgründen nicht akzeptieren kann. Versuche der Technik, deshalb größere Risiken bei der *Produktqualität* in Kauf zu nehmen, um Kosten zu sparen, stößt auf Widerspruch der Qualitätssicherung. So ergibt sich eben die aufgezeigte *Zielkonkurrenz*, die zu Konflikten führen kann, welche beim Auftreten zu bewältigen sind.

Es ist nicht außergewöhnlich, daß sich während der Projektabwicklung Zielprobleme ergeben, die immer wieder überprüft und bereinigt werden müssen, auch wenn das Hauptziel erhalten bleibt. Es gibt einen gewissen *Kreislauf der Projektzielsetzung*, der in Abb. 7.5 grob dargestellt ist. Es beginnt bei 1 mit dem *Vorschlag für Projektziele und für einen Leistungsmaßstab*. Das heißt, Grundgedanken für erstrebenswerte Projektziele und dazugehöriger Leistungsmaßstäbe werden vom Auftraggeber oder seinen

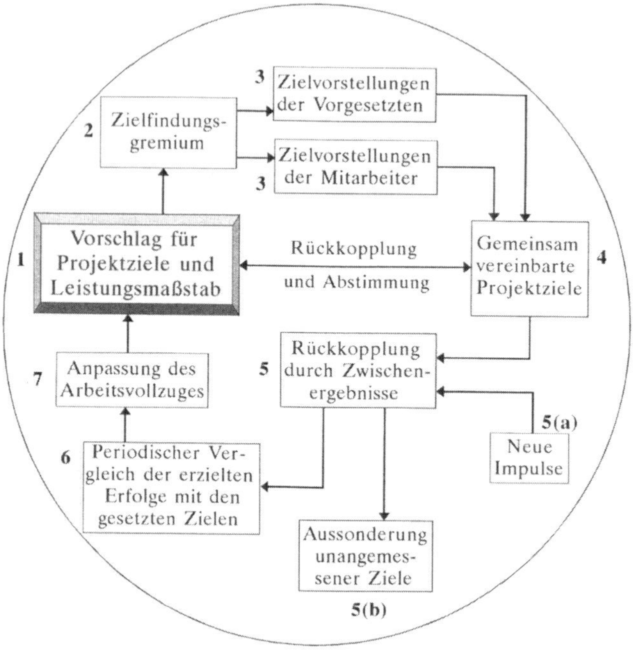

Abb. 7.5. Management by Objectives als Kreislaufschema bei der Projektzielsetzung.

Beauftragten in ein *Zielfindungsgremium (2)* eingebracht. Eine Diskussion von *Zielvorstellungen der Vorgesetzten und der Mitarbeiter* führt zu *gemeinsam vereinbarten Projektzielen (4)*. Es erfolgt eine *Rückkopplung und Abstimmung* mit den ursprünglichen Grundgedanken. Eine weitere *Rückkopplung durch Zwischenergebnisse (5)* bei der Projektdurchführung gibt die Möglichkeit zur laufenden Überprüfung des Projektzielsystems. Dabei können einerseits *neue Impulse (5a)* und Erkenntnisse während der Projektbearbeitung zu Kurskorrekturen führen, andererseits ergeben sich auch Gründe zur *Aussonderung unangemessener Ziele (5b)*. Ein *periodischer Vergleich der erzielten Erfolge mit den gesetzten Zielen (6)* führt zur *Anpassung des Arbeitsvollzuges (7)*. Somit schließt sich der *Kreislauf bei der Projektzielsetzung.*

Obwohl ein gut durchdachtes Ziel bis zum erfolgreichen Abschluß des Projektes beibehalten werden sollte, können gelegentlich Zielkorrekturen notwendig sein, wenn während der Projektbearbeitung neue Erkenntnisse über eine Gefährdung des Projektzieles gewonnen werden. Häufig kann auch in einem solchen Falle das Ziel als solches immer noch erreichbar sein, wenn gewisse Elemente der Zielumgebung geändert werden. Das hat jedoch eine Korrektur des Zielsystems zur Folge. Wenn sich aber in einem gewissen Stadium der Projektbearbeitung eindeutig herausstellt, daß das Ziel absolut nicht erreichbar ist, dann sollte das Projektsteuerungsgremium den Mut zum Abbruch aufbringen. *Ein rechtzeitiger Projektabbruch bei derartigen Erkenntnissen kann im Gegensatz zu einem verzweifelten, hoffnungslosen Weitermachen durchaus ein Erfolg sein. Als Ergebnis bleibt immer noch die Erfahrung, daß es so nicht geht.* Die Verantwortlichen müssen sich dessen bewußt sein, daß ein Projekt ein risikobehaftetes Vorhaben ist. Falls bei der Zielsuche unklare Vorstellungen über das Projektziel bestehen und man über die ungefähre Zielrichtung nicht hinauskommt, dann ist es angebracht, stufenweise vorzugehen und sich an eine klare Zielvorstellung heranzuarbeiten. Das geschieht meistens über Studien, die eine schrittweise Annäherung an die fragliche Zielvorstellung ermöglichen. Auch solche Studien lassen sich als Projekte bearbeiten, da auch sie im allgemeinen interdisziplinäre Aufgabenstellungen sind. Schließlich läßt sich auf diese Weise auch Grundlagenforschung stufenweise zielgerecht angehen.

7.3 Strukturierung des Projektes

Die Strukturierung eines Projektes ist eine gewisse Projektanalyse. Sie ermöglicht einen Überblick über die Komplexität des Projektes sowie über die Vielfalt der Aufgabenstellungen und ist Grundlage für weitere Planungsaktivitäten, insbesondere für die Ablaufplanung. Umfangreiche Projekte oder Projekte, an denen unterschiedliche Partner beteiligt sind, wie etwa beim Beispiel der Operationsleuchte (Kap. 5, Abschn. 5.5.2, Abb. 5.14), gliedert man in Teilprojekte. Eine weitere Untergliederung in Projektphasen zeigt sinnvolle Projektabschnitte auf (s. Abschn. 7.4). Projekte, die keiner Teilprojektgliederung bedürfen, unterteilt man direkt in Projektphasen. Die konkrete Bearbeitung des Projektes verlangt allerdings eine weitergehende Strukturierung. Als Beispiel dafür zeigt Abb. 7.6 einige funktionelle Aufgabenschritte, von der *Projektplanung* angefangen, über *Projektorganisation, Entwicklung/Test* und *Realisierung* bis zur *Implementierung/Nutzung.* Man bezeichnet diese Art der Strukturierung als *funkti-*

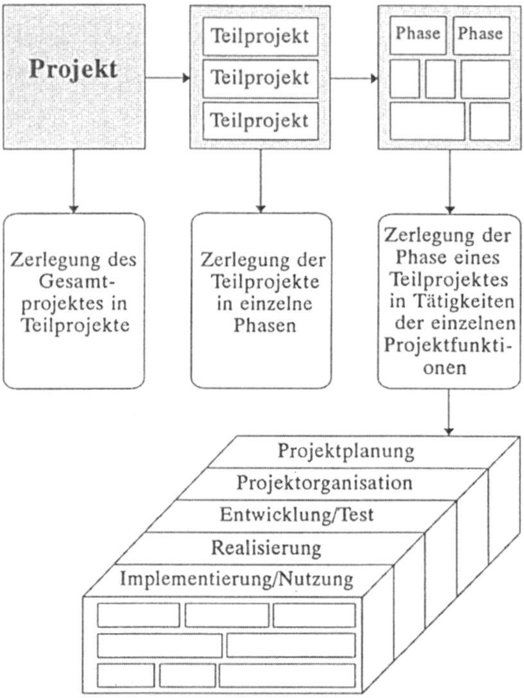

Abb. 7.6. Strukturierung eines Projektes.

onsorientierte Gliederung. Dabei können verschiedenartige Funktionen zum Einsatz kommen, wie z.B. Spezifikation, Design, Konstruktion, Wertanalyse, Einkauf usw. Abgrenzungen und Bezeichnungen sollten nicht zu eng ausgelegt werden. Wichtig ist die zweckmäßige Bezeichnung bei Behandlung des gerade vorliegenden Projektes und der dazu notwendigen Funktionen.

Außerdem gibt es die produkt- oder objektorientierte Strukturierung. Hierbei zerlegt man das zu entwickelnde Produkt in Produktgruppen und weiter in Produktteile, also bis zu Elementen, die von jeweils einem Experten oder einer Gruppe von Experten selbständig bearbeitet werden können. Als Beispiel für eine Produktstrukturierung zeigt Abb. 7.7 eine weitgehend bekannte Erzeugnisgliederung eines Personenkraftwagens. Das Produkt *Personenkraftwagen* wird zunächst in die Produktgruppen *Karosserie, Fahrwerk, Motor, Getriebe* usw. zerlegt, diese in weitere Zwischen- und/oder Untergruppen bis zu den einzelnen Teilen oder Elementen.

In der Praxis werden funktions- und objektorientierte Strukturierung oft gemischt angewandt. Das Mischsystem ergibt sich meistens zwangsläufig aufgrund des jeweils zu behandelnden Projektes und der vorliegenden Organisation. Das heißt, die Strukturierung ist den jeweiligen Gegebenheiten entsprechend anzupassen. Die unterste Ebene der Projekt-

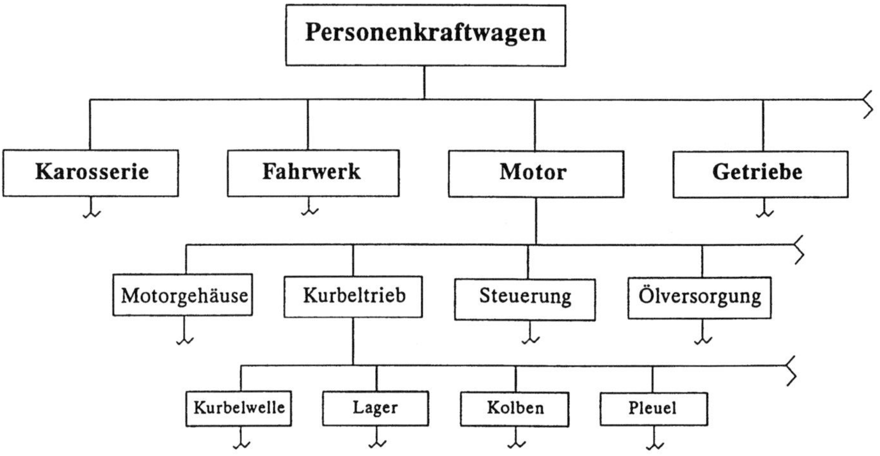

Abb. 7.7. Fragment der Erzeugnisgliederung eines Personenkraftwagens als Beispiel für eine Produktstrukturierung. Die Erzeugnisgliederung dient der Zerlegung eines Produktes und damit auch des Projektes in Teilaufgaben.

strukturierung ergibt die sogenannten *Arbeitspakete.* Das sind die bereits erwähnten Aufgaben, die von einem Experten oder einer Gruppe von Experten in Eigenverantwortung selbständig bearbeitet werden. Um dabei ein „Sich-Verselbständigen" und somit ein „Auseinanderdriften" der vielen Einzelaufgaben eines Projektes zu vermeiden, ist neben den organisatorischen Methoden der Koordination (s. Kap. 3, Abschn. 3.3) die Gesamtstrukturierung ein entscheidendes Instrument zur Koordinierung der Teilaufgaben und damit auch zur Planung, Überwachung und Steuerung des Projektes.

7.4 Phaseneinteilung und Meilensteine

Weitere Instrumente zur Planung, Überwachung und Steuerung des Projektes sind Projektphasen und Meilensteine. Projektphasen zeigen Abwicklungsabschnitte der Projektbearbeitung auf. Je nach Projekt und Bearbeitungsmodus werden dafür geeignete Phasen festgelegt. Bei technischen Entwicklungsprojekten, vor allem bei der Neuproduktentwicklung, beginnt man häufig mit einer Vorphase und endet mit einer Auslaufphase. Dazwischen liegen die verschiedenen Aktivitäten zur Realisierung des Projektes. In Abb. 7.8 ist für diesen Fall eine generelle Phaseneinteilung dargestellt. Es geht hierbei um eine Neuproduktentwicklung, bei der die klassischen Forschungs- und Entwicklungsaktivitäten bis zur Produktion des neuen Erzeugnisses aufgezeichnet sind.

Die *Projektvorphase* beinhaltet die *Problembeschreibung* sowie die *Auswahl des Vorhabens.* Das Ergebnis ist das sogenannte *Lastenheft* (s. Abschn. 7.1). Danach beginnen die eigentlichen Projektarbeiten mit der *Analysephase.* Die *Problemanalyse* führt zu einer klaren *Zielsetzung,* die in einem *Pflichtenheft* festgelegt wird. In der darauf folgenden *Konzeptphase* geht es um die *Erarbeitung des fachlichen Konzeptes,* um *Machbarkeitsuntersuchungen* und um die *Auswahl von Alternativen.* Das heißt, es muß eine anschauliche Darstellung des zu realisierenden Projektes erarbeitet werden. Um dabei keinen Utopien nachzujagen, sind im Bedarfsfall Untersuchungen durchzuführen, damit festgestellt wird, ob das beabsichtigte Konzept auch machbar ist. Bei einem solchen Konzeptfindungsverfahren ergeben sich oft verschiedene Lösungsmöglichkeiten; deshalb ist eine *Auswahl von Alternativen* vorzunehmen. Das so erarbeitete Ergebnis ist in ei-

Phase		Ergebnis	Phaseninhalt
Projekt-vorphase	Vor-phase	Lastenheft	* Problembeschreibung * Auswahl des F&E-Vorhabens
Klassisches F&E-Projekt	Analyse-phase	Pflichtenheft	* Problemanalyse * Projektzielsetzung
	Konzept-phase	Leistungs-beschreibung	* Erarbeiten des fachlichen Konzeptes * Machbarkeits-untersuchungen * Auswahl von Alternativen
	Spezifi-kations-phase	Spezifikation/ Design	* Erarbeiten des techn. Gesamtkonzeptes * Spezifik. d. Komponenten
	Entwick-lungs-phase	Prototyp/ 0-Serie	* Konstruktion * Erstellen d. Komponenten * Zusammenfügen der Komponenten * Test des Gesamtsystems
Nutzung	Herstell-phase	Produkt	* Serienreifmachung * Nullserie
	Nutzungs-phase	Produkt	* Produktion * Verbesserung d. Produktes * Verbesserung d.Produktion
	Auslauf-phase	Produkt-auslauf	* Beendigung der Herstellung * Wartung, Einsatz

Abb. 7.8. Generelle Phaseneinteilung für technische Entwicklungsprojekte, insbesondere für die Neuproduktentwicklung, bei Anwendung klassischer Forschungs- und Entwicklungsaktivitäten. (F&E = Forschung und Entwicklung.)

ner *Leistungsbeschreibung* festzuhalten, die als Grundlage für die *Spezifikationsphase* anzusehen ist. In dieser Phase werden die *Spezifikationen der Komponenten* und das *technische Gesamtkonzept* erarbeitet. Damit ist auch das *Design* des neuen Produktes weitgehend festgelegt. *Spezifikation und Design* sind nun Basis für die *Entwicklungsphase,* die umfangreiche und oft auch langwierige Arbeiten zur Folge haben kann. Konstruktion und Versuch sowie *Erstellen der Komponenten* und deren *Zusammenfügen* führen letztendlich zu einem Prototyp. Die Prüfung der Komponenten und vor allem der *Test des Gesamtsystems* erlauben ein Urteil darüber, ob die aufwendigen Vorbereitungen für eine Fertigung des

Produktes gestartet werden können. Das geschieht häufig zunächst über eine *Nullserie,* bei der eine begrenzte Anzahl des neuen Erzeugnisses hergestellt wird, um die Produktion mit dessen Problemen vertraut zu machen und rechtzeitig Schwachstellen zu erkennen. Die limitierte Menge begrenzt auch das Risiko des Fertigungsneuanlaufs. Wenn also der Test des Prototyps oder mehrerer Prototypen erfolgreich verlaufen ist, beginnt die *Herstellphase.* Die *Serienreifmachung* des Produktes, die schon während der *Entwicklungsphase* von den zuständigen Fertigungsfachleuten – z.B. durch Ratschläge zur fertigungsgerechten Konstruktion – vorbereitet wird, steht jetzt im Vordergrund der Aktivitäten. Die Produkte aus der *Nullserie* ermöglichen praktische Hinweise zur *Verbesserung des Produktes* und auch der *Produktion.* In der *Nutzungsphase,* in der das *Produkt* laufend gefertigt und der *Nutzung* zugeführt wird, sind weitere *Verbesserungen des Produktes und der Produktion* üblich, wenn wirtschaftliche oder qualitätsbedingte Gründe vorliegen. Schließlich kann man auch von einer *Auslaufphase* sprechen, wenn die *Herstellung beendet* wird und Verpflichtungen bezüglich *Wartung* und Bereitstellung von Ersatzteilen einen weiteren – wenn auch begrenzten – *Einsatz* seitens des Herstellers erfordern.

Projektphasen sind so festzulegen, daß deren Abschluß jeweils ein Zwischenergebnis liefert. Dadurch hat man die Möglichkeit, nach jeder Phase eine umfassende Bestandsaufnahme durchzuführen, die Projektergebnisse kritisch zu beleuchten und den Trend für den weiteren Projektverlauf abzuschätzen. Darüber ist der Auftraggeber bzw. die Unternehmensleitung ausführlich zu informieren, um gegebenenfalls eine grundsätzliche Entscheidung über die weiteren Projektaktivitäten herbeizuführen. Das geschieht in einer Sitzung mit dem Projektsteuerungsgremium (s. Kap. 4, Abschn. 4.2). Selbst bei einem weitgehend störungsfreien Ablauf eines Projektes sollte dieses Gremium jeweils nach Abschluß einer Projektphase zusammenkommen. Alle aufgelaufenen Probleme, die noch nicht gelöst werden konnten und zu deren Lösung die Meinung des Auftraggebers wichtig ist, können dann vorgetragen und – falls notwendig – zur Entscheidung gebracht werden. Diese markanten Ereignisse am Ende einer jeden Projektphase nennt man *Meilensteine.* Aus Abb. 7.9 ist der Zusammenhang zwischen Projektphase und Meilenstein anhand eines technischen Entwicklungsprojektes für Neuprodukte zu ersehen.

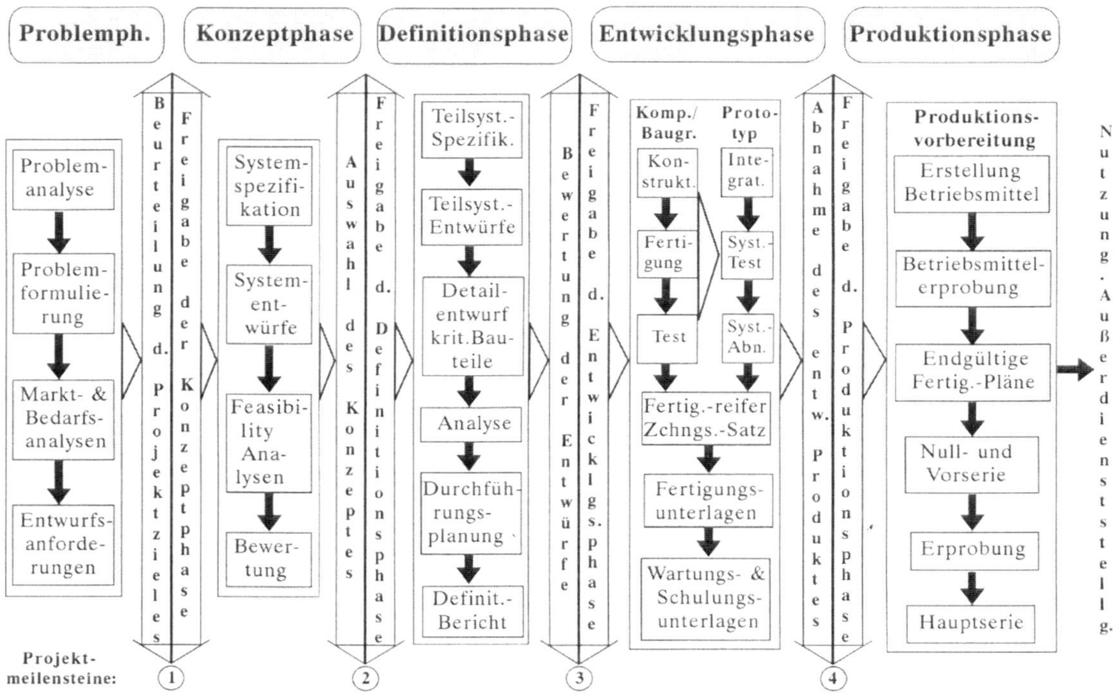

Abb. 7.9. Phasenweiser Projektablauf mit Projektmeilensteinen am Beispiel von technischen Entwicklungsvorhaben für Neuprodukte.

Die *Problemphase* beginnt mit der *Problemanalyse* und führt über die *Problemformulierung* sowie über *Markt- und Bedarfsanalysen* zu den *Entwurfsanforderungen,* die das Projektziel darstellen. Die Ergebnisse dieser Phase werden nun beurteilt. Das heißt, beim *Meilenstein 1* erfolgt eine *Beurteilung des Projektzieles* im Projektsteuerungsgremium. Wenn das Urteil negativ ausfällt, muß eine Überarbeitung vorgenommen werden. Bei Akzeptanz des erarbeiteten Projektzieles gibt das Steuerungsgremium den Start für die nächste Phase frei, d.h. es erfolgt die *Freigabe der Konzeptphase.* Auf der Basis des akzeptierten Projektzieles folgen *Systemspezifikation, Systementwürfe* und *Feasibility-Analysen* (Machbarkeitsanalysen). Die verschiedenen Entwürfe werden bewertet. Beim *Meilenstein 2* trifft das Projektsteuerungsgremium eine *Auswahl des Konzeptes* und veranlaßt die *Freigabe der Definitionsphase.* In dieser Phase befaßt man sich mit *Teilsystem-Spezifikationen,* mit *Teilsystem-Entwürfen,* mit dem *Detailentwurf kritischer Bauteile,* man analysiert die Ergebnisse, stellt eine *Durchführungsplanung auf* und verfaßt einen Bericht über die Ergebnisse. Es folgt *Meilenstein 3,* wo man die Entwürfe der Definitionsphase bewertet und bei Akzeptanz die *Entwicklungsphase* freigibt. *Konstruktion, Fertigung* und *Test* von *Komponenten und Baugruppen* sowie die *Integration* dieser Teile und Gruppen führen zum *Prototyp,* der nun insgesamt getestet und abgenommen wird, d.h. es folgen *Systemtest* und *Systemabnahme.* Das führt zu einem *Satz fertigungsreifer Zeichnungen* und zu entsprechenden *Fertigungsunterlagen.* Außerdem sind *Wartungs- und Schulungsunterlagen* zu erstellen. *Meilenstein 4* entscheidet über Ablehnung oder *Abnahme des entwickelten Produktes.* Der Auftraggeber bzw. die Unternehmensleitung ist hier besonders gefragt, denn damit ist die *Freigabe der Produktionsphase* verbunden, die in der Regel beträchtliche Kosten für Betriebsmittel verursacht. Die *Produktionsvorbereitung* hat *Betriebsmittel* zu erstellen und zu erproben sowie *endgültige Fertigungspläne* aufzustellen. Eine *Erprobung* von *Null- und Vorserie* führt letztendlich zur Fertigung der *Hauptserie.* Das neu entwickelte Produkt steht nun der zweckgemäßen *Nutzung* zur Verfügung. Nach Auslauf der Produktion ist allerdings rechtzeitig an die *Außerdienststellung* zu denken, um entsprechenden Service bereitzustellen, aber auch dafür zu sorgen, daß das zu entsorgende Produkt keine bleibenden Umweltschäden hinterläßt. Um diesem Aspekt gerecht zu werden, müssen die Maßnahmen dazu bereits in der Entwicklungsphase berücksichtigt werden.

Nun gibt es bei kleinen und mittelgroßen Projekten nicht nur technische Entwicklungsprojekte, sondern auch andere Projektarten, wie z.B. Softwareentwicklungsprojekte, die ihrem Wesen entsprechend durchaus unterschiedliche Projektphasen aufweisen. Ein Beispiel dafür ist in Abb. 7.10 wiedergegeben, wo neben den Phasen auch die dazugehörigen wichtigsten Tätigkeiten aufgeführt sind.

Phaseneinteilung und Projektmeilensteine sind bei allen Projektarten üblich und werden in unterschiedlichen Formen dargestellt. Für ein EDV-Projekt weist Abb. 7.11 andere Phasenbezeichnungen auf als Abb. 7.10; außerdem gibt es in dieser Darstellung neben den Hauptaktivitäten auch Meilensteinangaben. Die hier aufgeführten Projektphasen sind: *Systemvorschlag, Systementwurf, Systemfestlegung, Systemsynthese, Systemimplementierung* und *Systembetreuung.* Die darunter angegebenen *Hauptaktivitäten Projektplanung/Projektüberwachung* weisen darauf hin, daß diese beiden Funktionen über alle Phasen hinweg aktuell sind. Die Planung, als Basis für die Überwachung, ist nach laufender Überprüfung den Gegebenheiten anzupassen, wenn sich herausstellt, daß die ursprünglichen Voraussetzungen bei Erstellung der Planung in Einzelheiten oder

Phasen	wichtigste Tätigkeiten
Projektvorschlag	Idee/Anlaß Voruntersuchung
Planungsphase I	Istaufnahme Istanalyse Fachliches Grobkonzept
Planungsphase II	Fachliches Feinkonzept DV-Grobkonzept
Realisierungsphase I	DV-Feinkonzept Programmierung Test
Realisierungsphase II	Organisatorische Anpassungen Probebetrieb Übergabe
Einsatzphase	Verfahrensabwicklung Verfahrenspflege

Abb. 7.10. Projektphasen bei Softwareentwicklung. (Quelle: [4])

gar in größerem Umfang nicht mehr zutreffen (s. Kap. 8). Die übrigen *Hauptaktivitäten*, angefangen von der *Grobspezifikation* bis zur *Anwendung*, sind so dargestellt, daß sie die Phasengrenzen teilweise überschreiten. So beginnen die Aktivitäten bezüglich der *Komponenten und Programmvorgabe*, die der *Projektphase Systemfestlegung* zugeordnet sind, schon gegen Ende der Phase *Systementwurf*. Das wiederholt sich bei weiteren Aktivitäten. Diese Überlagerung der Tätigkeiten ist in der Praxis seit langem üblich [44]. Einerseits ist sie notwendig, um einen kontinuierlichen Übergang der Arbeiten von einer Phase zur anderen zu gewährleisten, andererseits ermöglicht die Vorarbeit vor endgültiger Freigabe der nächsten Phase eine Zeitersparnis des gesamten Projektablaufs. Dabei ist allerdings das Risiko zu beachten, das sich dann ergibt, wenn die Freigabe der nächsten Phase nicht erfolgt oder mit Auflagen verbunden ist, die dazu führen, daß sich die Vorarbeiten als nutzlos herausstellen (s. Kap. 9, Abschn. 9.2). Sie sind dann nur belastende Kostenverursacher.

Weiterhin ist nach Abb. 7.11 auch die *Hauptaktivität Dokumentation* über alle Projektphasen hinweg durchzuführen. Eine kontinuierliche Dokumentation bringt Vorteile, denn die Erfassung der wesentlichen Ereig-

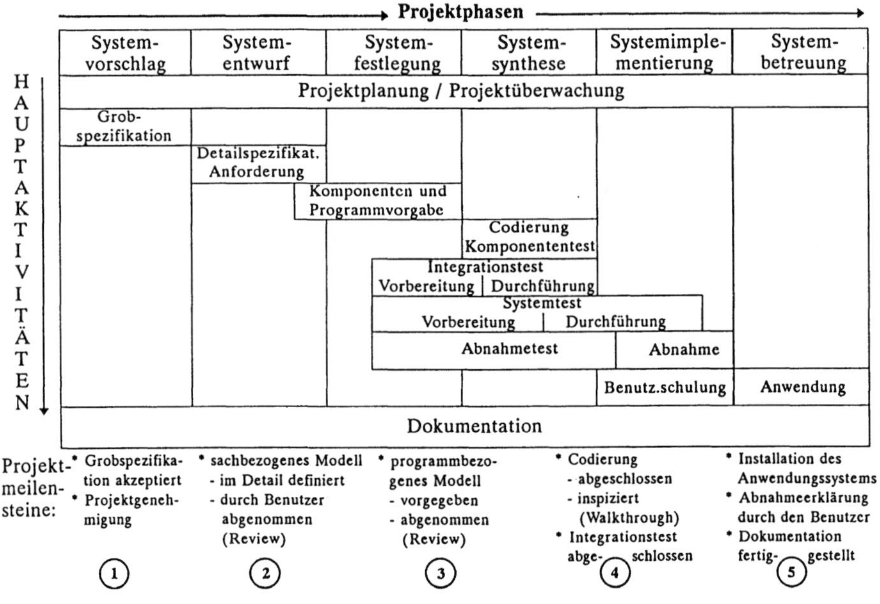

Abb. 7.11. Ablauf eines EDV-Projektes nach Projektphasen und Hauptaktivitäten mit Angabe von Projektmeilensteinen.

nisse im Zeitpunkt ihres Entstehens ist leichter und schneller möglich als nach Ablauf gewisser Perioden. Schließlich weist diese Abb. die Kriterien für die einzelnen Meilensteine aus. So muß z.B. nach der ersten Phase die *Grobspezifikation akzeptiert* und die *Projektgenehmigung* erteilt sein. Nach der Phase *Systemimplementierung* sind *Installation des Anwendungssystems, Abnahmeerklärung durch den Benutzer* und *Dokumentation fertiggestellt.* Es beginnt dann die *Systembetreuung* während der *Anwendung.*

Wie bereits erwähnt, gibt es für die Anwendung von Projektphasen in der Praxis keine genormte Darstellungsform, sie ist den jeweiligen Erfordernissen anzupassen. Eine Möglichkeit, den anfallenden Aufwand für das Projekt in Abhängigkeit von der Zeit bzw. vom Ablauf des Projektes darzustellen, zeigt Abb. 7.12. Hierbei geht es wiederum um ein EDV-Projekt mit den Phasen *Studienanalyse, Grobdesign, Feindesign, Systemrealisierung, Systemnutzung.* Die Hauptaktivitäten sind unterhalb der jeweiligen Phasenbezeichnungen aufgeführt. Senkrecht gestrichelte Linien deuten die Phasengrenzen an. Bei der *Systemrealisierung* ist eine weitere Unterteilung in *Programmieren und Testen* sowie in *Test-Gesamtablauf* vorgenommen. Die Phasenüberlagerung der Aktivitäten wird durch die von links unten nach rechts oben verlaufenden Kurven dargestellt. Die obere Be-

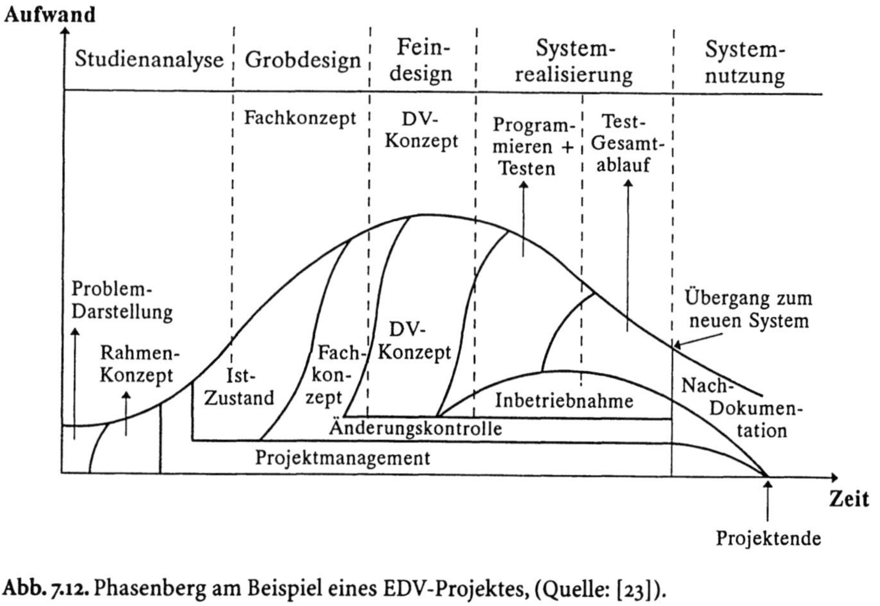

Abb. 7.12. Phasenberg am Beispiel eines EDV-Projektes, (Quelle: [23]).

grenzung dieser Kurven ist der Verlauf des Projektaufwands in Abhängigkeit von der Zeit. Das Integral ergibt den Gesamtaufwand. Der Aufwand für die einzelnen Phasen ist ebenfalls ersichtlich. Generell ist der Aufwand zu Beginn eines Projektes relativ gering. Er erreicht im mittleren Phasenbereich einen Höhepunkt und fällt dann wieder ab. Dieser Verlauf des Aufwands in Abhängigkeit von den Phasen hat dieser Darstellung den Namen *Phasenberg* eingebracht.

Die Phasenbezeichnungen sind nicht einheitlich. Sie können den jeweiligen Bedürfnissen entsprechend gewählt werden. Generell beginnt man jedoch – wie bei vielen Vorhaben verschiedener Art – mit einer *Problemanalyse.* Am Ende steht die Nutzung des Projektergebnisses. Darüber hinaus ist es von Vorteil, wenn man sich nach der *Nutzungsphase* eine Phase der *Außerdienststellung* vorstellt. Sie zwingt bereits bei der Projektgestaltung zum Nachdenken darüber, was mit dem Projektergebnis zu geschehen hat, wenn es nicht mehr benötigt wird. Dementsprechend ist das Projekt zu gestalten, um Entsorgungsprobleme zu vermeiden oder zu mindern. Zwischen der Anfangs- und der Endphase gibt es bei vielen kleinen und mittelgroßen Projekten prinzipiell ähnliche Schritte, die man bei Verallgemeinerung als *Konzeptfindung, Definition, Entwicklung und Realisierung* bezeichnen kann (s. Abb. 7.13).

Weiss und Wysocki [41] nutzen die Projektphasen als Basis für ein spezielles „5-Phasen-Projektmanagement"-Konzept (s. Abb. 7.14). Die 5 Phasen sind *Definition, Plan (Entwurf), Organisation, Überwachung* und *Ab-*

Lfd. Nr.	Projektphasen
1	Problemanalyse
2	Konzeptfindung
3	Definition
4	Entwicklung
5	Realisierung
6	Nutzung
7	Außerdienststellung

Abb. 7.13. Verallgemeinerung von Projektphasen vor allem bei kleinen und mittelgroßen technischen Entwicklungsprojekten.

Planung		Durchführung		
Definition	**Plan (Entwurf)**	**Organisation**	**Überwachung**	**Abschluß**
Problemdarlegung	Festleg. von Proj.-Aktivitäten	Ermittlg. des Personalbedarfs	Festleg.d. Management-Stils	Abnahme durch den Auftraggeber
Festlegung von Proj.-Zielen	Zeit-u. Kostenschätzg.	Einsetzen des Proj.-Leiters	Festleg.d. Kontroll-Werkzeuge	Festleg.v. Übergaberegelungen
Auflistung von Einzelzielen	Reihenfolge d. Proj.-Aktivitäten	Rekrutierg. d.Projekt-Teams	Vorbereitg. von Status-Berichten	Dokument. d.Projektes
Ermittlg. vorläufiger Ressourcen	Feststellg. krit. Aktivitäten	Organisat. d.Projekt-Teams	Überprüfg. d.Projekt-Plans	Herausgabe des Schlußberichts
Feststellg. von Annahmen u. Risiken	Niederschrift des Proj.-Vorschlags bzw. Auftrags	Zuweisg.v. Arbeitspaketen	Ausgabe v. Ändergs.-Aufträgen	Einführg. einer Nach-Durchfhrgs.-Revision
Übermittlungsregelungen				
* Projektübersicht	* Projektstrukturierg. * Projekt-Netzplan * Krit. Weg * Projekt-Vorschlag	* Kriter.zur Personal-Auswahl * Beschreibg. d. Arbeitspakete * Zuweisg. d. Arb.-Pakete	* Berichte üb. Abweichgn. * Status-Berichte * Personal-Anweisgs.-Berichte	* Schlußbericht * Revisionsbericht

Abb. 7.14. 5-Phasen-Projektmanagement. Projektmanagement-Lebenszyklus mit 5 Phasen und 25 Vorgangsschritten nach Weiss und Wysocki [41].

schluß. Jede dieser Phasen enthält 5 Vorgangsschritte, die in Abb. 7.14 im einzelnen aufgeführt sind. *Definition* und *Plan (Entwurf)* gehören im weiteren Sinne zur *Projektplanung*. Danach gibt es die *Projektdurchführung* mit den Phasen *Organisation, Überwachung* und *Abschluß*. Die Ergebnisse der Projektmanagementaktivitäten in den einzelnen Phasen sind als *Übermittlungsregelungen* für weitere Schritte aufgeführt.

Versuche dieser Art, gewisse Standards beim Projektmanagement einzuführen und zu praktizieren, finden in der Regel nur begrenzte Anwendungsmöglichkeiten. Gerade bei kleinen und mittelgroßen Projekten liegen oft unterschiedliche Problemstellungen und verschiedenartige Voraussetzungen zugrunde, so daß die Vorgehensweise auf die Gegebenheiten abzustimmen ist.

7.5 Probleme und Gefahren bei der Projektabwicklung

Trotz bester Projektvorbereitung bezüglich Zielsetzung, Strukturierung, Phaseneinteilung und Meilensteinen tauchen in der Praxis immer wieder Probleme bei der Projektabwicklung auf. Häufig liegt der Grund dafür in Kompetenzkonflikten, vor allem dann, wenn Matrix-Projektmanagement praktiziert wird und keine klare Kompetenzregelung vorliegt (s. Kap. 4). Ein weiterer Grund ist der Personalmangel in den Fachabteilungen bzw. eine ungenügende Planung der vorhandenen Personalkapazität. Mangelnde Schulung und Ausbildung in der Anwendung des Projektmanagements führen zu Mißverständnissen, zu Reibereien oder gar zur Frustration, wenn die am Projekt Beteiligten unterschiedliche Vorstellungen von der Abwicklung des Projektes haben. Hier kommt wieder die „Drei-Säulen-Hypothese" zur Geltung, wonach die Projektbeteiligten (Auftraggeber bzw. Unternehmensleitung, mittleres Management und Mitarbeiter) ungeachtet der Hierarchiestufen ein einheitliches Verständnis für das angewandte Projektmanagementkonzept benötigen, was am besten durch Schulung, spezielle Ausbildung und „Training-on-the-job" vermittelt werden kann. Ein anderes Problem sind Verständigungsschwierigkeiten zwischen Fachabteilungen verschiedener Fachrichtungen und Dienstleistungsabteilungen, weil spezielle Fachausdrücke mancher Fachdisziplinen gelegentlich mißverstanden werden und unterschiedliche Vorstellungen von manchen Projektschwerpunkten bestehen. Hier geht es um gegenseitige Rücksichtnahme und Achtung der Partnerdisziplinen. Da Projekte Neuerungen zur Folge haben und somit eine gewisse Unsicherheit darüber besteht, was damit auf einen zukommt, gibt es oft emotionale Widerstände. Deshalb sind generell Motivation und gegenseitige Information gefordert, um solche Probleme unter Kontrolle zu bekommen.

Ein besonderes Problem bei der Projektabwicklung ergibt sich stets dann, wenn keine klare Zielsetzung vorhanden ist (s. Abschn. 7.2) oder der Auftraggeber bzw. die Unternehmensleitung während der Bearbeitung des Projektes neue Forderungen einbringt, welche die ursprünglichen Projektziele gefährden. So kommt z.B. bei einer Neuproduktentwicklung, die recht gut vorangekommen ist, der erste Prototyp zur Vorstellung. Der Auftraggeber ist von der erbrachten Leistung beeindruckt. Er wird in seiner Meinung bestärkt, daß es nun möglich ist, eine zusätzliche, bisher nicht vorgesehene Funktion in dieses neue Produkt einzubringen. Allerdings haben derartige zusätzliche Elemente, die von Anfang an nicht vorgesehen waren, in der Regel unerwartete Probleme zur Folge und gefährden das gesamte Projekt. Hierbei ist besondere Vorsicht geboten.

Probleme bei der Einhaltung geplanter Termine und Kosten sind in der Praxis weit verbreitet. Das liegt daran, daß der Terminplan im wesentlichen vom Wunschdenken diktiert wird oder die Termine nicht sorgfältig genug geplant werden. Dasselbe gilt für die Projektkosten. Deshalb ist die Projektplanung ein wesentlicher Faktor oder auch Leitfaden für den Projektablauf (s. Kap. 8).

Wenn Informations- und Entscheidungswege von vornherein nicht eindeutig festgelegt werden, gibt es sowohl Informationslücken als auch Verzögerungen bei entscheidungsbedürftigen Zwischenfällen. Das führt zu Koordinationsproblemen und Terminüberschreitungen.

Gefahren bei der Projektabwicklung ergeben sich dann, wenn wesentliche Kriterien im Rahmen der Projektbehandlung zu wenig beachtet oder überzogen werden. Einige solcher Merkmale sind in Abb. 7.15 gegenübergestellt.

Schon beim *Projektauftrag* fängt die Weichenstellung für die Abwicklung des Projektes an. Wenn die Formulierung des *Projektauftrages zu detailliert* ist, dann bleibt dem Projektteam und den am Projekt Beteiligten wenig Kreativitätsspielraum. Außerdem besteht die Gefahr, daß sich im Laufe der Bearbeitung die Unrealisierbarkeit des zu detaillierten Auftrags herausstellt oder daß der Auftraggeber den Projektauftrag aufgrund von auftretenden Schwierigkeiten wiederholt ändern muß. Ist der *Projektauftrag zu vage*, dann gibt es Unklarheiten und demzufolge viele Rückfragen oder ein vom Auftraggeber nicht erwünschtes Ergebnis. Der „goldene Mittelweg" zwischen diesen beiden Extremen ist die richtige Lösung.

Wenn der *Auftraggeber sich nach der Auftragserteilung nicht mehr um das Projekt kümmert*, läuft er Gefahr, daß auftretende Schwierigkeiten bei der Projektabwicklung zu einem Resultat führen, das seinen Vorstellungen widerspricht. Die Situation ist vergleichbar mit einem Bauherrn, der seinen Hausbau bis zur Fertigstellung ausschließlich der Bauleitung überläßt

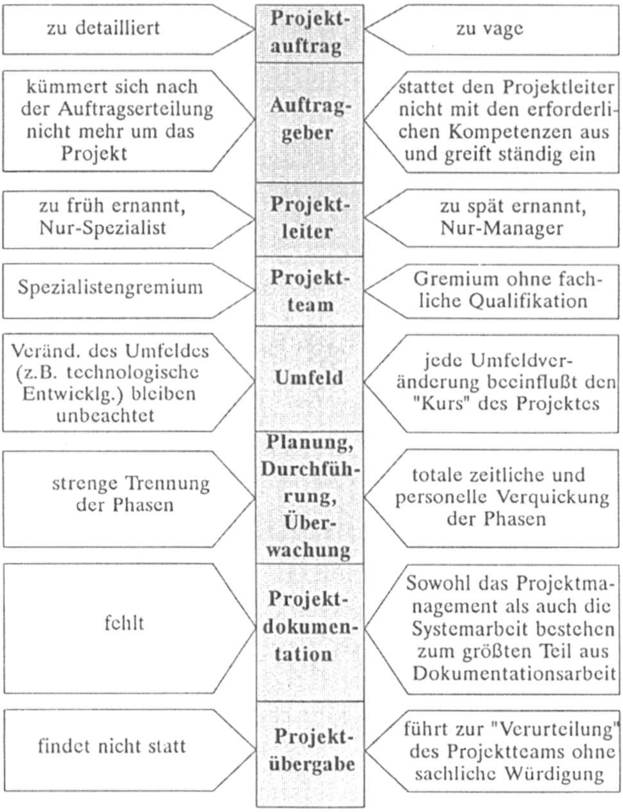

Abb. 7.15. Projektmanagementkriterien als „goldener Mittelweg" zwischen entgegengesetzten Extremen[1].

und sich dann wundert, wenn verschiedene Dinge anders ausgefallen sind, als er sich das planmäßig vorgestellt hat, oder wenn die geplanten Kosten weit überschritten sind. Der Auftraggeber verliert so den Kontakt zur Projektleitung und entzieht sich notwendiger, unvorhergesehener Entscheidungen, die dem Projektteam und dem Ablauf des Projektes nützen können. Wenn der *Auftraggeber* jedoch *den Projektleiter nicht mit den erforderlichen Kompetenzen ausstattet und* in den Projektablauf *ständig eingreift,* dann gefährdet er die Projektarbeit. Projektleitung und Projektteam können nicht selbständig arbeiten und sind somit vollständig von der Ver-

[1] Diese Darstellung findet man in der Literatur gelegentlich unter dem Titel: „Projektmanagement zwischen Szylla und Charybdis?"

fügbarkeit des Auftraggebers abhängig, zumal sich dieser die für den Projektablauf erforderlichen Kompetenzen vorbehalten hat. Es fehlt die Motivation, so daß letztendlich eine mangelhafte Effizienz bei der Projektbearbeitung zu erwarten ist. Qualifizierte Mitarbeiter werden auf diese Weise frustriert.

Wird der *Projektleiter zu früh ernannt* oder ist er *Nur-Spezialist,* gibt es Probleme. Wenn es noch keine Vorstellungen über das Ziel oder gar über die Zielrichtung gibt, ist es wenig sinnvoll, dann schon einen Projektleiter zu ernennen. Denn einerseits sollte der Auftraggeber eine für das Projekt geeignete Person als Projektleiter auswählen, andererseits sollte auch der Projektleiter beurteilen, ob er sich mit dem vorgesehenen Projekt identifizieren kann. Dazu gehört zwar eine gewisse Sachkenntnis, doch kann der Projektleiter gar nicht Spezialist für alle die Fachgebiete sein, die für die Bearbeitung eines Projektes erforderlich sind. Denn ein Projekt ist nun mal eine fachübergreifende Aufgabenstellung, für die verschiedene Experten benötigt werden. Das unterschiedliche Expertenwissen steckt im Projektteam, weil die Teammitglieder aus den für das Projekt notwendigen Fachgebieten kommen. Der Projektleiter muß jedoch in der Lage sein, das Fachwissen der verschiedenen Experten zu koordinieren und überhaupt das Projekt zu managen. Wird der *Projektleiter* allerdings *zu spät ernannt* oder ist er *Nur-Manager,* dann ist auch das nicht richtig. Der Projektleiter sollte einen gewissen Einfluß auf den Projektstart und auch auf die Auswahl der Teammitglieder haben. Wenn das schon vor seiner Ernennung geschehen ist, wird er sich mit vorbestimmten Gegebenheiten schwer identifizieren können, was sich auf den gesamten Projektablauf nachteilig auswirkt. Zweifelsohne erfordert die Position eines Projektleiters Managementqualifikation; sie allein genügt für eine erfolgreiche Projektdurchführung aber nicht. Wie schon erwähnt, ist eine gewisse Sachkenntnis zur sachkundigen Koordination notwendig.

Das *Projektteam* als reines *Spezialistengremium* ist für die Projektabwicklung genauso problematisch wie ein *Gremium ohne fachliche Qualfikation.* Vor allem dann, wenn bei einem umfangreicheren Projekt die Teammitglieder beträchtliche Koordinationsaufgaben zu bewerkstelligen haben, die mit Fachwissen allein nicht zu bewältigen sind. Aber auch dann, wenn das Projektteam bei kleineren Projekten alle dafür anfallenden Arbeiten selbst durchführen muß, wird bei fachübergreifenden Aufgabenstellungen mehr als reines Spezialistentum gefordert. Die Denkweise für die Koordination verschiedenartiger Fachgebiete geht über das reine Spezialistendenken hinaus. Daß ein *Gremium ohne fachliche Qualifikation* als *Projektteam* ungeeignet ist, versteht sich von selbst.

Die *Umwelt* – oder besser das „Umfeld“ – in dem das Projekt entsteht, ist dauernden Veränderungen ausgesetzt. Die technologische Entwicklung, die zur Gestaltung des Projektes angewandt wird, schreitet fort. Auch die Anforderungen an das Projekt ändern sich im Laufe der Zeit. Wenn nun die *Veränderungen des Umfeldes (z.B. technologische Entwicklungen) unbeachtet bleiben*, kann das Projekt veraltet sein, bevor es fertiggestellt ist. Oder man entwickelt am Markt vorbei. Es ist also wichtig, daß man die Veränderungen des Umfeldes beachtet, in welchem sich das Projekt und dessen Entwicklung bewegen. Das heißt aber nicht, daß man auf jede Änderung reagieren muß. Wenn *jede Umfeldveränderung den „Kurs“ des Projektes beeinflussen* würde, käme man kaum zu einem Projektendergebnis. Es gilt hier sorgfältig abzuwägen, was an Umfeldveränderungen beim laufenden Projekt zu berücksichtigen ist oder nicht. Als Beispiel ein Fall aus der Praxis, der hinterher trivial erscheint, aber bei den vielen kleinen und mittelgroßen Projekten in varianter Form immer wieder vorkommt:

Bei der Entwicklung eines serienmäßigen Laborgerätes ging es um die abwechselnde automatische Zureichung und Abnahme elektrofeinmechanischer Instrumente als Ersatz für eine Zureichehilfskraft. Der Laborfachkraft sollte an ihrem Arbeitsplatz das jeweils gewünschte Instrument aus einem Spezialbehälter heraus automatisch zugeführt und nach Gebrauch wieder zurückbefördert werden, ohne dabei die Aufmerksamkeit der Fachkraft von ihrem Arbeitsobjekt zu beeinträchtigen. Das heißt, wenn die Laborkraft bei konzentrierter Beobachtung ihres Arbeitsobjektes einen Instrumentenwechsel vornehmen mußte, bestand einmal die Forderung, daß das gerade benutzte Instrument beim Loslassen automatisch in den Behälter zurückgleitet. Zum anderen mußte das anschließend gewünschte Instrument – durch Berührung einer speziellen Taste direkt neben dem Arbeitsobjekt – wiederum automatisch der Hand des Bearbeitenden zugeführt werden. Die mechanischen Probleme dieses Projektes waren überschaubar. Die Berührungsautomatik hatte sich schon anderweitig bei ähnlichem Einsatz bewährt, so daß man auch von dieser Seite keine unübersehbaren Risiken erwartete. Während der Projektbearbeitung kam der Gedanke auf, anstelle der Berührungstasten neue Annäherungselemente einzusetzen, um dadurch eine weitere Funktionsverbesserung des Gerätes zu erzielen. Die Laborkraft brauchte damit nicht mehr die Taste zu berühren, sondern es genügte schon die Annäherung eines Fingers an das entsprechende Element, um das gewünschte Instrument abzurufen. Nach einigen positiven Laborversuchen teilten Entwickler und Anwender gleichermaßen die Begeisterung für die neue, „zukunftsweisende" Lösung. Diese erforderte jedoch zusätzliche Kosten und Zeit. Das Produkt kam später auf den Markt als vorgesehen. Nach Auslieferung und breit gestreutem Einsatz mehrerer Geräte traten an verschiedenen Stellen Fehlfunktionen auf. In kritischen Situationen gab es unerwünschte Reaktionen der Annäherungselemente, die zu beträchtlichen Beanstandungen führten. Garantie-, Wartungs- und Änderungsaufwand verursachten unerwartete und bedrückende Belastungen bei den Projektverantwortlichen. Letztendlich brachten die bewährten Berührungstasten nach kostenaufwendigen Aktionen entscheidende Abhilfe.

Doch gibt es auch gegenteilige Beispiele, wo Nichtbeachtung technologischer, organisatorischer oder neuer Marktentwicklungen Nachteile verursachen. Sei es, daß die Konkurrenz durch den Einsatz neuer Technologien Produktvorteile, durch neue organisatorische Maßnahmen (z.B. in der Logistik) Produktionskostensenkung oder durch rechtzeitiges Einsteigen in neue Verkaufswege Marktvorteile erzielt. Den Schaden hat das zögernde Unternehmen. Entsprechender Sachverstand und das Abwägen des unternehmerischen Risikos sind für die Entscheidung zum „goldenen Mittelweg" bei Umfeldveränderungen gefragt.

Weiter ist gemäß Abb. 7.15 bei *Planung, Durchführung* und *Überwachung* des Projektes eine *strenge Trennung der Phasen* ebenso verwerflich wie die *totale zeitliche und personelle Verquickung der Phasen.* In Abschn. 7.4 ist darauf hingewiesen, daß die Projektphasen zur Bestandsaufnahme und Beurteilung wichtiger Phasenabschnitte zwingen und dem Auftraggeber die Gelegenheit zu einer evtl. notwendig gewordenen Kursänderung des Projektes geben. Es ist aber auch erwähnt, daß eine Überlagerung der Phasen eine Zeitersparnis des gesamten Projektablaufs ermöglicht. In der Praxis ist eine strenge Trennung der Projektarbeiten nach Phasen kaum möglich, denn verschiedene Vorgänge überschneiden sich zwangsläufig. Wie weit eine *zeitliche und personelle Verquickung der Phasen* sinnvoll ist, hängt von den jeweiligen Projektgegebenheiten ab. Eine *totale Verquikkung* sämtlicher Phasen ist ganz sicher abzulehnen, weil dann die Koordination nicht gewährleistet und eine Überwachung nicht mehr praktikabel ist. Das Risiko ist unabschätzbar. Da eine geschickte Überlagerung die gesamte Projektdauer aber beträchtlich reduzieren kann, ist sie auch anzuwenden. Die Grenzen dafür ergeben sich zum Teil aus den Arbeitsabläufen. Es gibt Arbeiten, die man erst dann beginnen kann, wenn gewisse voraufgegangene Tätigkeiten abgeschlossen sind. Andere Arbeiten wiederum, die erst in einer späteren Projektphase akut sind, jedoch unabhängig von Anfangsvorgängen, aber sehr zeitaufwendig sind, können schon in einer früheren Phase in Angriff genommen werden, um die Zeit zu nutzen. In manchen Fällen ist eine Vorbereitung der Aufgaben für die folgende Phase angebracht oder sie ergibt sich aus den Aktivitäten der akuten Phase. Im übrigen gehört Erfahrung zur bestmöglichen Nutzung der Phasenüberlappung. In der Praxis können damit Zeiteinsparungen bis etwa 50 % (gelegentlich auch mehr) erzielt werden, wenn vorher keine besonderen Anstrengungen bezüglich Phasen- und Tätigkeitenüberlagerungen unternommen wurden. Die Gefahr, die dabei allerdings besteht, soll anhand eines praktischen Beispieles erläutert werden:

Im Apparate- und Gerätebau ist der Betriebsmittel- bzw. Werkzeugbau bei der Entwicklung und Einführung von Neuprodukten ein zeitraubender Faktor. Mit der Konstruktion und vor allem mit der Anfertigung der für das Neuprodukt erforderlichen Werkzeuge sollte eigentlich erst dann begonnen werden, wenn die Entwicklung so weit abgeschlossen ist, daß keine wesentlichen Änderungen zu erwarten sind. Änderungen am Produkt können eine Neuanfertigung der Werkzeuge zur Folge haben. Aber allein Werkzeug*änderungen* sind in der Regel sehr teuer. Aus diesem Grunde sollte die Produktionsphase erst nach Abnahme des entwickelten Produktes beginnen (s. Abb. 7.9). Das bedeutet, daß nach Abschluß der Produktentwicklung etwa noch einmal dieselbe Zeit bis zum Produktionsbeginn erforderlich ist. Um das zu vermeiden und Zeit zu gewinnen, versucht man, mit der Konstruktion und Anfertigung der zeitbestimmenden Werkzeuge so früh wie möglich zu beginnen. Das heißt, lange bevor die Entwicklung abgeschlossen ist, beginnt die Produktionsphase mit der Betriebsmittelerstellung. Das Risiko für evtl. Änderungskosten der Werkzeuge muß abgeschätzt werden. Es sollte geringer sein als die Chancen eines höheren Gewinns bei rechtzeitiger Einführung des neuen Produktes. Steht man unter Zeitdruck und startet den Werkzeugbau zu früh, weil ein wichtiger Einführungstermin nicht verpaßt werden darf, besteht die Gefahr, daß die erwarteten Chancen nicht genutzt werden können. Falls sich nämlich vor Abschluß der Entwicklung herausstellt, daß das Produkt doch noch wesentlich geändert werden muß, kann das zu früh gefertigte Werkzeug unbrauchbar sein. Der erwartete Zeitgewinn wandelt sich in Zeitverlust. Außerdem entstehen zusätzliche Kosten, und die Chancen, die sich aus einer rechtzeitigen Einführung des neuen Produktes ergeben hätten, sind dahin. Es ist also größte Sorgfalt bei Phasenüberlappung geboten. Trotzdem sollte sie aus Gründen der Zeitersparnis praktiziert werden.

Nun zur *Projektdokumentation:* Eine Dokumentation des Projektablaufs ist erforderlich. Sie dient der Information aber auch der Überwachung und Steuerung des Projektes. Außerdem ist sie aus empirischen Gründen wichtig. Sie ermöglicht es, daß wesentliche Abläufe auch später nachvollziehbar sind. Eine *Projektdokumentation* darf also nicht fehlen; es ist aber darauf zu achten, daß sie nicht zum Selbstzweck wird. Dokumentationsarbeiten sollten weder das Projektmanagement noch die eigentliche Systemarbeit wesentlich belasten. Je nach Projektart ist der Dokumentationsaufwand zwar verschieden groß, generell darf er aber nur einen geringen Prozentsatz des Projektgesamtaufwandes beanspruchen. Um die Dokumentation einerseits nicht zu vergessen, sie andererseits aber auch nicht zum Selbstzweck werden zu lassen, bedienen sich viele Unternehmen eigener projektbezogener Dokumentationsformulare. Die wesentlichen Projektereignisse werden der Formulargestaltung entsprechend meist stichwortartig eingetragen.

Schließlich ist auch der Projektabschluß bzw. die *Projektübergabe* zu beachten. *Findet die Projektübergabe nicht statt,* ignoriert man damit die Projektbedeutung. Das wirkt auf spätere Projektbeteiligte demotivierend. Wenn allerdings eine offizielle *Projektübergabe zur „Verurteilung" des Projektteams ohne sachliche Würdigung führt,* dann erreicht man denselben negativen Effekt. Deshalb ist eine offizielle *Projektübergabe* zu begrüßen, bei der sowohl vom Auftraggeber als auch von der Projektleitung die Höhepunkte herausgestellt und kritisch kommentiert werden. Auf jeden Fall ist in diesem Zusammenhang die Leistung des Projektteams und der am Projekt Beteiligten dem Ergebnis entsprechend in der Weise zu würdigen, daß ein Ansporn für zukünftige Projekte gegeben wird.

8 Projektplanung

8.1 Ziele und Aufgaben der Projektplanung

Der sogenannte *Managementkreis* (s. Abb. 8.1) stellt nicht nur wichtige Funktionen der Unternehmensführung dar, sondern auch die des Projektmanagements, nämlich: *Zielsetzung, Planung, Entscheidung, Realisierung, Controlling* und als verbindende Elemente die *Kommunikation* sowie *Information.* Dabei spielt der *Planungsprozeß* eine wesentliche Rolle. Dieser beginnt bereits mit der *Zielsetzung* und endet mit den *Entscheidungen* bis zum Projektende. Denn einerseits ist die Ermittlung der Projektziele, der Teilziele und deren Festlegung planerische Tätigkeit, andererseits werden auch die *Entscheidungen* deshalb dazugerechnet, weil die eigentliche *Planung* eine Serie von Vorentscheidungen beinhaltet. Das rührt daher, daß man für gewisse Probleme während des Planens oft verschiedene Lösungsmöglichkeiten erkennt, manche davon aber aus unterschiedlichen

Abb. 8.1. Managementkreis für wichtige Funktionen des Projektmanagements.

Gründen aussondert, was schon eine Vorentscheidung bedeutet. Die eigentliche *Planung* kann man definieren als *geistige Konzipierung und Durchdringung der zur Erreichung der Ziele notwendigen Arbeiten samt deren Koordinierung.* Ziele der Projektplanung sind:

- Bestmögliche Vorausschau des Projektgeschehens aufgrund einer systematischen Analyse aller vorhersehbaren Einflußfaktoren.
- Sichtbarmachung ökonomischer Folgen alternativer Handlungsmöglichkeiten bereits im Stadium der Entscheidungsvorbereitung.
- Rationelle Gestaltung des Projektablaufs zur Sicherstellung der Wirtschaftlichkeit.
- Erzieherische Wirkung durch Vorgabe bestimmter Planziele bis hinunter zu den ausführenden Mitarbeitern.
- Möglichkeit der Überwachung vorgegebener Planansätze durch Feststellung und Analyse der Soll-Ist-Abweichung.

Die Planung des Projektes ist nun mal Grundlage für die Projektüberwachung; denn ohne Planung ist eine Überwachung gar nicht möglich. Nach dem *Planungsprozeß* - also nach der *Entscheidung,* daß der Ablauf des Projektes gemäß Plan durchgeführt werden soll - folgt die *Realisierung,* die sich der *Organisation und aktueller Einwirkungen* bedient. Beim *Controlling* (Überwachung und Steuerung) ermittelt man die jeweilig erzielten Ergebnisse und vergleicht sie mit den Sollwerten der *Planung.* Bei Übereinstimmung werden wesentliche Ergebnisse dokumentiert, bei Abweichungen erfolgt vorweg eine Abweichungsanalyse, um den Grund für die Abweichung zu ermitteln und evtl. auf daraus folgende Konsequenzen für die *Planung* oder gar für die *Zielsetzung* hinzuweisen. So schließt sich der Kreis vom *Controlling* zum *Planungsprozeß. Kommunikation* und *Information* im Mittelpunkt des *Managementkreises* dienen der Verbindung und Koordination der Funktionen und überhaupt des aktuellen Geschehens.

Die Projektplanung ist unabdingbare Voraussetzung für den Projekterfolg. Ohne Planung gibt es ein Projektchaos. Weil die Komplexität von Projekten das Fachwissen verschiedener Experten erfordert, ergibt sich die zwingende Notwendigkeit, daß alle Teammitglieder die Planung gemeinsam durchführen. Das wiederum führt zur Stärkung des „Wir-Gefühls" und damit zur Initiierung des notwendigen *Teamgeistes,* obwohl es bei einer gemeinsamen Planung verschiedener Experten durchaus zu Meinungsverschiedenheiten und damit zu Konflikten kommt. Gerade dadurch wird das Team aber zusammengeschweißt. Diese Phase muß durchgestanden werden.

Ausgangspunkt für die Projektplanung ist die Entscheidung, daß mit der Bearbeitung des Projektes begonnen werden soll. Voraussetzung dafür ist das Vorliegen einer klaren Zielsetzung, damit die Projektplanung zielgerecht durchgeführt werden kann. Auch sollte ein grobes Konzept für das zu erarbeitende System vorliegen. Ist das nicht der Fall, so ist es Aufgabe der Projektplaner, vorweg ein Konzept zu erarbeiten, da sonst eine Projektplanung nicht möglich ist. Schließlich müssen die Bedingungen bekannt sein, unter denen die Projektdurchführung stattfinden soll; denn Projektplanung ist die vorausschauende Festlegung der Projektdurchführung.

Bei der Projektplanung sind die zukünftigen Aktivitäten zur Erreichung des Projektzieles zu erarbeiten. Dazu gehören neben der Festlegung der Vorgehensweise auch die Aufteilung des Projektes in Teilprojekte, in Teilprodukte, in Arbeitspakete und in Projektphasen. Es handelt sich dabei im wesentlichen um die operative Planung des Projektablaufs mit dem Ziel, realistische Sollvorgaben für Aufwand, Ressourcen bzw. Kapazitäten und Termine zu ermitteln. Daraus ergeben sich die entscheidenden Projektparameter:

Leistung, die man in *Quantität* und *Qualität* aufteilen kann, *Einsatzmittel* bzw. *Ressourcen (Kapazitäten)*, *Termine* und *Kosten*. Ohne eine angemessene Projektplanung ist nach Platz [29] ein Projektmißerfolg mit Terminverzögerungen, Qualitätsmängeln, Kostenüberschreitung und unkontrollierter Hektik zu erwarten. Dagegen ermöglicht eine sinnvoll durchgeführte Projektplanung:

- eine höhere Erfolgswahrscheinlichkeit der Zielerreichung,
- die Verminderung des Projektrisikos,
- die Ermittlung der kritischen Arbeitspakete im Projekt,
- den zielgerichteten Einsatz aller Projektressourcen,
- sichere Aussagen zum Projektablauf,
- die reibungslose Koordination aller am Projekt Beteiligten,
- die rechtzeitige Beschaffung notwendiger Ressourcen,
- die laufende Standortbestimmung des Projektes,
- die effiziente Steuerung des Projektes.

Inwieweit die Projektplanung den Projekterfolg und einen qualifizierten Projektablauf fördert, hängt nicht zuletzt von der *Qualität der Planungsergebnisse* ab. Dabei spielt die *Analyse- und Diagnosephase* beim *Planungsprozeß* eine wichtige Rolle. Abbildung 8.2 zeigt, welche Faktoren entscheidend darauf einwirken, daß letztendlich eine hochwertige *Qualität der Planungsergebnisse* erzielt wird. Zunächst kommt es auf die *Qualifikation der Planenden* an. Es ist von Vorteil, wenn die Planenden Erfahrung auf dem Gebiet des zu planenden Projektes einbringen. Es darf jedoch nicht zu detailliert geplant werden. Die Planung soll zwar den Weg zum Projektziel aufzeigen, doch weil sich nicht in allen Einzelheiten voraussagen läßt, was auf diesem Weg alles passieren wird, verursacht eine zu detaillierte Planung umfangreiche Änderungen beim Projektablauf. Denn die Projektplanung ist ein dynamischer Prozeß vom Beginn bis zum Ende der Projektdurchführung. Nicht vorhersehbare Ereignisse, die das Projekt oder dessen Ablauf beeinflussen, sind laufend zu berücksichtigen. Die Planung muß „up-to-date" gehalten werden, um richtungweisend zu bleiben – nach dem Motto: zuerst denken, dann handeln. Im übrigen engt eine Detailplanung den Kreativitätsraum der Ausführenden ein. Schließlich ist

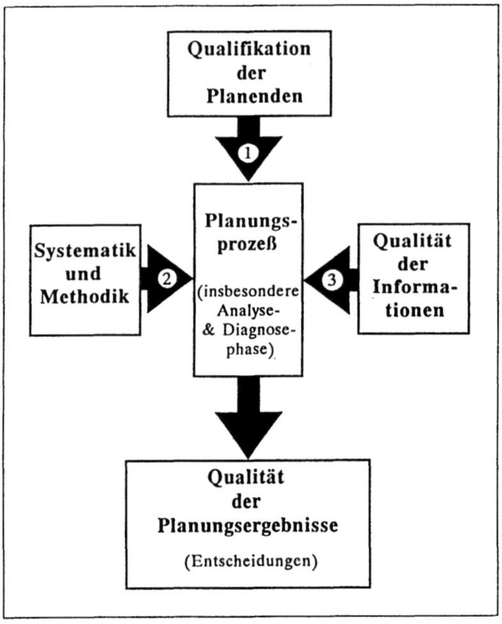

Abb. 8.2. Faktoren, von denen die Qualität der Planungsergebnisse abhängt.

bei der Projektplanung – abhängig von der Projektgröße – darüber zu befinden, inwieweit die Planenden auch Ausführende sind, in welchem Umfang die Ausführenden in die Planung einbezogen werden oder in welchem Maße der Projektplan zu untergliedern ist. Hierbei hilft entsprechende Planungserfahrung. Da beim Projektleiter gewisse Projekterfahrung vorausgesetzt wird, ist es primär seine Aufgabe, die Projektplanung zu koordinieren und sie dem Projekt gemäß anzupassen.

Systematik und Methodik (s. Abschn. 8.3) beeinflussen den Projektplanungsprozeß ebenfalls beträchtlich. Auch hierbei sind Art und Größe des Projektes zu berücksichtigen. Eine systematische und methodische Vorgehensweise ist besonders dann hilfreich, wenn es bei den Planenden an Erfahrung fehlt.

Schließlich hängt die *Qualität der Planungsergebnisse* sehr stark von der *Qualität der Informationen* ab, die für den *Planungsprozeß, insbesondere für die Analyse- und Diagnosephase,* notwendig sind. Es geht dabei um alle Informationen, die das Projekt betreffen, angefangen von den Daten und Prognosen, die zur Zielsetzung führen, über die organisatorischen Belange bis hin zu den zur Verfügung stehenden Ressourcen und deren Einsatzmöglichkeiten. Außerdem müssen den Planenden alle sonstigen projektrelevanten Informationen zugänglich sein. Denn die Projektplanung, die mit einer systematischen Informationsgewinnung über den zukünftigen Ablauf des Projektes beginnt, ist eine gedankliche Vorwegnahme aller dazu notwendigen Handlungsschritte, und das erfordert den Zugang zu allen Informationen, die dafür hilfreich sein können.

8.2 Projektplankomponenten und Planungsarten

Zielsetzung, Festlegung von Teilzielen, Spezifizierung der Projektziele sowie die Strukturierung des Projektes sind fundamentale Projektplankomponenten (s. Kap. 7, Abschn. 7.2 u. 7.3). Darauf aufbauend folgen *Ablauf-, Kapazitäts-, Termin- und Kostenplan,* woraus sich die verschiedenen Planungsarten ergeben (s. Abb. 8.3).

Die *Projektablauf- und Arbeitsablaufplanung* basieren auf der *Strukturplanung* und beginnen bereits mit der Zerlegung der Projekte oder Teilprojekte in Teilaufgaben, Tätigkeiten bzw. Vorgänge oder Arbeitspakete (s.

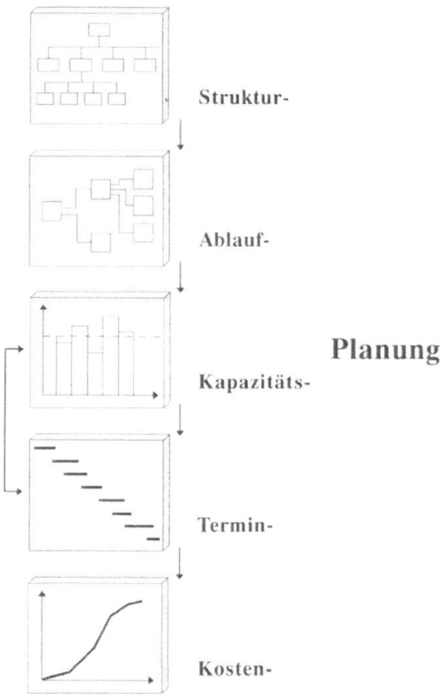

Abb. 8.3. Planungsarten der Projektplanung.

Kap. 7, Abschn. 7.3). Es ist zu ermitteln, was alles zu tun ist, in welcher Reihenfolge die einzelnen Projektaktivitäten bzw. Arbeitsvorgänge ablaufen sollen, welche Aufgaben parallel und unabhängig voneinander bearbeitet werden können und welche anderen Aktivitäten in welcher Weise voneinander abhängen. Bei sehr komplexen Vorhaben läßt sich das am besten mit Hilfe der Netzplantechnik bewerkstelligen (s. Kap. 9, Abschn. 9.4). Außerdem ist festzulegen, welche Stellen für welche Aufgaben bzw. Teilaufgaben zuständig sind. Im Anschluß an die *Ablaufplanung* folgt in der Praxis bei kleinen und mittelgroßen Projekten meistens die *Terminplanung*, während die ebenfalls notwendige *Kapazitätsplanung* oft vernachlässigt wird. Das führt dann zwangsläufig zu Kapazitätsproblemen während der Projektdurchführung. Deshalb soll hier die *Kapazitätsplanung* zuerst kommentiert werden. *Kapazitäts- und Terminplanung* hängen ohnehin sehr stark voneinander ab und sind aufeinander abzustimmen.

Wenn die Planung von Projekt- und Arbeitsablauf vorliegt, sollten die Ressourcen in Betracht gezogen werden. Es ist zu klären, was alles notwendig ist, um das Projekt zu realisieren. Das heißt, es sind die erforderlichen

Kapazitäten bzw. Ressourcen an Personal, Maschinen, Einrichtungen, Anlagen, Material, externen Zulieferern sowie sonstigen Mitwirkenden usw. festzustellen. Bei dieser Kapazitätsbetrachtung ist auch die für andere Projekte und sonstige Aufgaben beanspruchte Kapazität zu berücksichtigen. Insofern erhebt sich sofort die Frage nach der Zeitdauer für die Inanspruchnahme der einzelnen Ressourcen durch die verschiedenen Projekte und durch sonstige Aufgaben. Es werden in verschiedenen Zeitabschnitten unterschiedliche Ressourcen in unterschiedlicher Menge benötigt. Ein kritischer Faktor sind dabei häufig die Personalkapazitäten. Die Aufteilung der insgesamt verfügbaren Ressourcen ist beim Matrix-Projektmanagement zwar nicht direkte Aufgabe der Leitung eines speziellen Projektes, dafür ist die Unternehmensleitung verantwortlich; diese kann sich dazu des sogenannten „Multiprojektmanagements" bedienen, womit eine Koordinierung der vorhandenen Kapazitäten auf die einzelnen Projekte ermöglicht wird. Dabei spielen die Prioritäten der einzelnen Projekte eine wichtige Rolle. Es ist jedoch Aufgabe der Projektplanung, nur die für das betreffende Projekt real zur Verfügung stehenden Kapazitäten einzuplanen. Zu geringe Projektkapazitäten haben in der Regel eine längere Projektdauer zur Folge.

Bei der *Terminplanung* ist also eine Betrachtung der verfügbaren Kapazitäten unumgänglich. Wunschtermine scheitern, wenn zu deren Einhaltung die jeweils erforderlichen Kapazitäten nicht in ausreichendem Maße vorhanden sind und auch nicht zusätzlich beschafft werden können. Nun gibt es in der Praxis durchaus zwingende Gründe für eine zeitliche Begrenzung manchen Projektes. Ein Beispiel aus der Neuproduktentwicklung:

In einem Unternehmen gibt es Absatzschwierigkeiten mit einem umsatzrelevanten Produkt. Zur Lösung des Problems strebt man die schnellstmögliche Markteinführung eines neuen Nachfolgeproduktes an, wofür allerdings bislang nur ein grober Konzeptvorschlag vorliegt. Der Initiator des Konzeptes, ein hochqualifizierter Entwicklungsingenieur und Leiter einer Entwicklungsgruppe, wird zum Projektleiter ernannt. Ein Projektteam aus qualifizierten und erfahrenen Mitarbeitern steht ihm zur Seite und soll den Erfolg des Projektes sicherstellen. In Anbetracht der Bedeutung für das Unternehmen wird dem Projekt höchste Priorität eingeräumt. Es sind ideale Voraussetzungen für ein erfolgversprechendes Projekt. Die erste Terminplanung weist zwar ein erfreuliches Ergebnis aus:

anstatt der sonst üblichen Zeitdauer von fast 4 Jahren bei vergleichbaren Projekten, kommt man auf 2 Jahre und 6 Monate. Als Ziel stehen aber 15 Monate zur Diskussion – also 50 % der planerisch ermittelten Zeit. Denn nach 15 Monaten findet eine für das Produkt außerordentlich wichtige Messe statt, die es nur alle 2 Jahre gibt. Außerdem ist in der Branche die sofortige Lieferfähigkeit ab Messe üblich.

Das Team versteht es, Projekte korrekt und realistisch zu planen. Es erkennt den Engpaß in der Kapazität und sieht auch Möglichkeiten zur Abhilfe. Zwei andere wichtige Projekte müßten für einige Monate zurückgestellt werden. Das führt zu harten Auseinandersetzungen aber auch zu neuen Vorschlägen und Erkenntnissen, begleitet von zusätzlichen Problemen. Trotz gelegentlicher Hoffnungslosigkeit geben Team und Beteiligte nicht auf, man kämpft um eine Lösungsmöglichkeit. Letztendlich liegt ein zielgerechter *Terminplan* vor, der mit Hilfe aller Beteiligten zustandekam und auch allen Betroffenen realisierbar erscheint, wenngleich neue Wege eingeplant sind, die man bislang noch nicht praktiziert hat, und das Risiko sich vergrößert. Der reell einzuhaltende Termin rechtfertigt die – im Falle dieser beschleunigten Abwicklung – zu erwartenden und auch eingeplanten Mehrkosten gegenüber den Kosten bei einer „langsameren Gangart".

Leider läuft die *Terminplanung* unter Terminzwang in den meisten Fällen nicht so ab, wie zuvor beschrieben. Nur selten liegen derartig ideale Voraussetzungen vor. Meistens folgt nach anfänglicher Euphorie der Planenden nicht nur Ernüchterung, sondern auch Frustration, wenn der Auftraggeber ohne Realitätssinn oder als „Druckmittel" und ohne konkrete Mithilfe auf seinem Termindiktat besteht. Hierzu ein Fall aus der Praxis, wobei es wieder um eine Neuproduktentwicklung geht und das Produkt zu einem kurzfristigen Messetermin lieferbar sein soll:

Eine etwas vernachlässigte Produktplanung und die Unterschätzung der Konkurrenzentwicklung führten in einem Unternehmen zu Absatzschwierigkeiten eines Kernproduktes. Sonderaktionen und Preiszugeständnisse brachten keine Abhilfe. Es sollte schnell ein neues Ersatzprodukt her, über dessen Konzept klare Vorstellungen existierten. Eine Konzeptfreigabe von der Unternehmensleitung lag jedoch noch nicht vor. Bis zur Messe blieben 13 Monate für Entwicklung, Tests bzw. Erprobung, Fertigungsvorbereitung, Werkzeugbau und Produktionsanlauf. Ein Projektteam wurde schnell zusammengestellt, ohne einen Projektleiter zu nominieren. Das gesamte Team hatte gemeinsam die Verantwortung für das ganze Projekt zu tragen. Die Teammitglieder waren auch an anderen Projekten beteiligt und mußten einige Entwicklungarbeiten ohne zusätzliche Hilfskräfte allein durchführen. Dieses erfahrene Team benötigte in der Vergangenheit für vergleichbare Projekte etwa 25 bis 30 Monate, so daß das Ergebnis der wiederholten *Terminplanung* für dieses Projekt mit 20 Monaten endlich ein Erfolgserlebnis beim Team aufkommen ließ. Obwohl auch der Auftraggeber (Unternehmensleitung) keine Möglichkeit für eine weitere Terminverkürzung sah, beharrte er auf dem Messetermin, dessen Einhaltung er vom Team verlangte. Es kamen Bemerkungen derart, daß das Team wüßte, wie wichtig dieser Termin wäre und welche nachteiligen Folgen eine Verspätung nicht nur für das Unternehmen, sondern auch für die Beteiligten hätte. Neutralen gegenüber begründeten Vertreter des Auftraggebers diese harte Forderung damit, daß man die Mitarbeiter kräftig unter Druck setzen müßte, um außerordentliche Leistungen zu erzielen. Das Team dagegen suchte verzweifelt immer wieder nach neuen Argumenten für die Unmöglichkeit der Einhaltung des geforderten Termins, wurde jedoch ebenso hartnäckig auf die Notwendigkeit des Messetermins verwiesen. Schließlich resignierten die Planenden, waren frustriert, trugen den aufdiktierten Endtermin des Auftraggebers in den Terminplan ein und „frisierten" die darauf einwirkenden Zeiten, um dem so zustandegekommenen Phantomplan wenigstens ein realistisches Aussehen für den Nichteingeweihten zu verleihen. Das Team war sich über die Unmöglichkeit der Termineinhaltung jedoch im klaren. Einem neutralen Beobachter gegenüber verbarg man gar nicht erst die Absicht, sich damit vom Druck des Auftraggebers zu befreien. Auch machte man keinen Hehl daraus, daß die Projekttermine ohnehin nicht eingehalten würden.

Es bedarf keiner besonderen Erklärung, daß eine solche Verhaltensweise nicht Sinn und Zweck einer *Terminplanung* ist und dem Projekt nur schadet. Gewiß läßt sich das Verhalten des Auftraggebers nicht befürworten, andererseits muß aber auch die Reaktion des Projektteams gerügt werden. Es ist müßig, wenn qualifizierte Teammitglieder ihre kostbare geistige Kapazität primär dazu gebrauchen (besser: mißbrauchen), um erschöpfend Argumente und Gründe dafür zu finden, warum das Terminziel nicht eingehalten werden kann. Vielmehr sollte man seine Kreativität dazu nutzen, um neue Möglichkeiten zu ersinnen, wie dieses hohe Ziel erreicht werden kann. In der Praxis findet man immer wieder Beispiele dafür, daß Ziele, die zunächst unerreichbar erscheinen, bei positiver Einstellung der

Akteure doch erreicht werden, wenngleich oft Abstriche zu machen sind oder beträchtliche Mehrkosten entstehen. Manches Terminproblem kann so zum Kostenproblem werden. Hier zeigt sich, wie notwendig das Engagement aller Unternehmensebenen, einschließlich Auftraggeber, sowie deren enge Kooperation sind. Das planende Projektteam muß realisierbare Lösungsmöglichkeiten für das gewünschte Projektziel unterbreiten und auf deren Konsequenzen hinweisen. Wenn z.B. ein kritisches Terminziel beträchtliche Mehrkosten verursacht, hat der Auftraggeber zu überprüfen bzw. überprüfen zu lassen, ob diese Mehrkosten akzeptiert werden können. Denn die Nichteinhaltung mancher Termine kann beträchtlichen Gewinnausfall oder Verluste verursachen, die höher liegen als die zu erwartenden Mehrkosten. Es geht um eine unternehmerische Entscheidung, die der Auftraggeber zu treffen hat. Gelegentlich kann das Team durch einen Hinweis auch noch eine Alternativlösung erarbeiten. Auf jeden Fall sind enge Zusammenarbeit und gegenseitige Unterstützung zwischen Unternehmensleitung, Projektteam und beteiligten Organisationseinheiten unerläßlich. Das planende Projektteam ist ohnehin auf die planerische Mitwirkung der am Projekt beteiligten organisatorischen Operationseinheiten angewiesen. Denn nur das kann später angefordert werden, was von den Ausführenden vorher angeboten bzw. akzeptiert wurde und im Plan dokumentiert ist. Das gilt für den Leistungsumfang und die Bereitstellung der dazu notwendigen Kapazitäten ebenso wie für die Termine und Kosten. Eigentlich eine triviale Selbstverständlichkeit, wie sie bei der Zusammenarbeit zwischen Kunden und Lieferanten allgemein üblich ist, bei der Projektbearbeitung im eigenen Unternehmen leider nicht immer so praktiziert wird.

Die *Kostenplanung* ergibt sich im wesentlichen aus dem zu erbringenden Leistungsumfang und muß vom Team mit den ausführenden Stellen ausgehandelt werden. Wenn aus den vorausgegangenen *Ablauf-, Kapazitäts- und Terminplanungen* die für das Projekt erforderlichen Arbeitspakete, Kapazitäten, ausführende Stellen und Zeiten bekannt sind, lassen sich die Kosten für die einzelnen Arbeitsabläufe und für die verschiedenen Stellen in Abhängigkeit von der Zeit ermitteln. Der zeitliche Kostenverlauf gestattet die Aufstellung eines Finanzbedarfsplans. Ein solcher ist bei Projekten von externen Auftraggebern besonders wichtig, weil damit belegt werden kann, wann welche Finanzmittel erforderlich sind. Wie bei den Terminen, so gibt es manchmal auch bei den Projektkosten gewisse Limits. Hierbei ist ebenfalls primär zu überprüfen, unter welchen Bedingungen das Kostenlimit eingehalten, und nicht zu beweisen, warum das Projekt zu diesen Kosten nicht realisiert werden kann. Wunschkosten, ganz gleich von welcher Seite sie kommen, sollten nur dann in die Planung aufgenommen werden, wenn eindeutige Realisierungsmöglichkeiten dafür erarbeitet sind. Andernfalls sind sie der Sache nicht dienlich, auch wenn es gelegentlich heißt, daß man das Projekt sonst nicht genehmigt bekommen hätte. Derartige Manipulationen schaden der Planung generell; denn letztendlich liefert die Planung die Grundlage für die Überwachung des Projektes.

8.3 Systematische Vorgehensweise bei der Projektplanung

In der Praxis stößt man vor allem bei der Planung von kleinen und mittelgroßen Projekten auf unterschiedliche Vorgehensweisen. Versierte Planer haben stichhaltige Gründe für ihre spezielle Art der Planung. Der Erfolg rechtfertigt letztendlich die angewandte Methode. Wichtig ist eine gewisse Systematik, um alle für das Projekt relevanten Planungsschritte sinnvoll zu berücksichtigen. Es gibt aber einige Planungsphasen, die generell zu beachten sind. Abbildung 8.4 zeigt ein Beispiel für übliche *Planungsphasen* mit den jeweiligen *Planungsergebnissen*, angefangen von der *Aufgabenstellung* als Ausgangspunkt für den Planungsbeginn bis zu den *Planungsunterlagen* als Grundlage für die *Realisierung* des Projektes.

Aufgrund der *Aufgabenstellung* erfolgt zunächst eine genaue *Beschreibung des Projektes*. Das *Planungsergebnis* ist das *Lastenheft* mit allen wesentlichen Projektmerkmalen und Forderungen an das Projekt. Eine Analyse und weitere Überarbeitung des *Lastenheftes* ergibt die Beschreibung der machbaren Version als *Pflichtenheft* (s. Kap. 7, Abschn. 7.1). Parallel dazu ist zu ermitteln und festzulegen, in welcher Weise die Planung vor sich gehen soll und was dabei alles zu berücksichtigen ist. Hierbei handelt es sich um die *Planung der Planung* mit dem *Planungsplan* als Ergebnis. Basis für die weiteren *Planungsphasen* ist der *Projektstrukturplan* (s. Kap. 7, Abschn. 7.3), der sich aus der *Strukturanalyse* ergibt. Es folgen die in Abschn. 8.2 beschriebenen *Analysen des Projekt- und Arbeitsablaufs*, der dafür notwendigen *Kapazitäten*, *Zeiten* und *Kosten*. Die daraus resultie-

Abb. 8.4. Vorschlag für eine systematische Vorgehensweise bei der Projektplanung.

renden Pläne, nämlich *Ablauf-*, *Kapazitäts-*, *Termin-* und *Kostenplan*, faßt man meistens zu einem „Gesamtplan" zusammen, woraus für die jeweiligen Aktivitäten die dazugehörigen Kapazitäten, Zeiten und Kosten zu ersehen sind.

Eine *Einnahmen- und Ausgabenplanung* liefert den *Finanzmittelbedarfsplan*, der – wie bereits im vorigen Abschnitt erwähnt – vor allem bei externen Auftraggebern, wie z.B. bei Auftragsforschung und -entwicklung, unentbehrlich ist und im Zusammenhang mit dem „Gesamtplan" eine Überwachungsbasis liefert. Schließlich folgen die *Zusammenstellung der Planungsunterlagen und die Auftragsvergabe. Aufträge* werden intern und extern vergeben und – soweit erforderlich – *Verträge* abgeschlossen. Danach beginnt die *Realisierung* des Projektes. Damit endet aber keineswegs die Planung; sie muß laufend „up-to-date" gehalten werden, denn nur dann ist sie für die Projektdurchführung hilfreich und als Überwachungsbasis brauchbar.

Inwieweit die Planung „top-down" oder „bottom-up" betrieben wird, hängt vom Projekt und insbesondere vom Geschick der Planenden ab. Deshalb gibt es den *Planungsplan*, in dem man sich auf eine Vorgehensweise bei der Planung einigt. Bei der „top-down"-Methode beginnt man mit einem groben Überblick des Gesamtprojektes. Erfahrene Planer schätzen Gesamtdauer und Gesamtkosten mancher Projekte so realistisch, daß die geschätzten Gesamtdaten zwangsläufig eine Überprüfung von Einzelposten auslösen, wenn deren Summe von den geschätzten Daten für das Gesamtprojekt beträchtlich abweicht. Trotzdem sind eine Gliederung des Projektes sowie die Ermittlung von Daten für Teilaktivitäten oder Arbeitspakete nicht nur aus Überwachungsgründen, sondern auch als Leitfaden für den Projektablauf notwendig. Bei der „bottom-up"-Methode beginnt man nach der Gliederung des Gesamtprojektes mit der Bewertung bzw. Ermittlung von Daten der Projektfragmente und fügt sie zur Projektgesamtbewertung zusammen. Bei korrekter Planung darf das Planungsergebnis nur dann geändert werden, wenn konkrete Maßnahmen dies rechtfertigen. Vor allem dürfen keine Wunschtermine oder Wunschgrenzkosten ohne realisierbare Vorstellungen festgelegt werden.

Neben einem Übersichtsplan für das Gesamtprojekt, in dem zusammenfassend wesentliche Projektaktivitäten mit entscheidungsbedingten Meilensteinen enthalten sind, benötigt man auch Teilpläne daraus. Der Übersichtsplan dient vor allem zur Information und Überwachung für Auftraggeber bzw. Unternehmensleitung, Projektleitung sowie Verantwortliche größerer Aufgabenbereiche. Den einzelnen ausführenden Stellen genügt das meistens nicht. Sie benötigen etwas detailliertere Teilpläne von Teilprojekten oder speziellen Aufgabenbereichen. So zieht man z.B. bei der Entwicklung gewisser Neuprodukte (etwa bei der Geräteentwicklung) die Daten von Entwicklung, Test, Produktion, Einkauf oder Materialwirtschaft und Marketing aus dem Übersichtsplan heraus, ergänzt sie und stellt sie im Bedarfsfall als separate Teilpläne dar, in denen detailliertere Angaben enthalten sind.

8.4 Projektplanung als Basis für Projektüberwachung und Projektsteuerung

Bekanntlich dient die Projektplanung einem geregelten Projektablauf (zuerst denken, dann handeln) und ist vor allem Voraussetzung für eine

Projektüberwachung, denn ohne Planung ist eine Überwachung nicht möglich. Aufgrund der *Aufgabenstellung* (s. Abb. 8.5) und des Projektstrukturplans erfolgen *Ablaufplanung, Kapazitätsplanung, Zeitplanung* und *Kostenplanung.* Man beginnt mit der *Ablaufplanung.* Wie auch immer die Reihenfolge der weiteren Planungsarten ist, sie alle sind aufeinander abzustimmen, wie es in Abb. 8.5 angedeutet ist. Wenn nach der *Ablaufplanung* die *Kapazitätsplanung* durchgeführt wird, ergeben sich neue Erkenntnisse, die eine Änderung bzw. Anpassung der *Ablaufplanung* zur Folge haben. Dasselbe gilt in besonderem Maße für die *Zeit-* und *Kapazitätsplanung.* Die Auswirkungen der *Zeitplanung* auf die *Kapazitätsplanung* können erneut auch noch die *Ablaufplanung* beeinflussen. Schließlich gibt es bei der *Kostenplanung* ebenfalls eine Rückkopplung auf die *Zeitplanung,* die wiederum eine Korrektur der *Kapazitätsplanung* und der *Ablaufplanung* auslöst. Durch ständige *Kommunikation* der Planenden mit der *Projektleitung* und aufgrund deren *Anordnungen* und *Entscheidungen* entsteht bei diesem *Planungsablauf mit Rückwirkungen und Überarbeitungen* der Gesamtplan mit den relevanten Projektparametern als Leitfaden für die eigentliche *Projektarbeit* und als Basis für die Projektüberwachung. Dieser Planungsablauf erfordert zwar einen gewissen Zeitaufwand, ermöglicht aber einen mehrfachen Zeitgewinn bei der Projektdurchführung. Bei geübten Planern gehen die einzelnen Planungsstufen geschickt ineinander über und verzahnen sich zwangsläufig während der Planung.

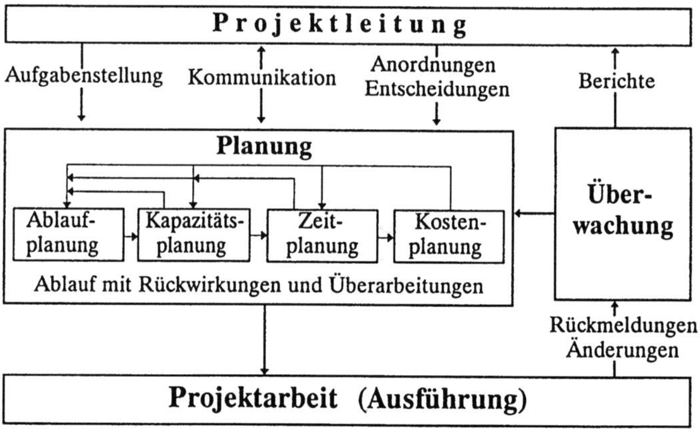

Abb. 8.5. Planung und Überwachung beim Projektmanagement.

Die *Rückmeldungen* und *Änderungen* während der *Ausführung* müssen von der Überwachung ständig erfaßt und überprüft werden. Das geschieht je nach Projekt und vorhandenen Überwachungsmöglichkeiten kontinuierlich: täglich, alle 2 Tage, wöchentlich, 14-tägig oder gar monatlich, was allerdings schon bedenklich ist. Bei zu langer Zeitspanne werden Fehlleistungen zu spät erkannt, so daß bestenfalls nur noch Reaktionen ausgelöst werden können, um entstandenen Schaden zu reparieren. Optimal ist die *laufende* Überwachung, wobei jedoch der Aufwand dafür in einer wirtschaftlich gesunden Relation zum Ergebnis stehen muß. Soweit bei der Überprüfung die sich ergebenden Resultate mit den Plandaten übereinstimmen und keine neuen Erkenntnisse aufkommen, die eine Planungsänderung herausfordern würden, bleibt der ursprüngliche Plan bestehen, anderenfalls sind entsprechende Aktionen der *Projektleitung* in die Wege zu leiten, die häufig auch eine Planänderung beinhalten. Wesentliche Aktivitäten sind in *Berichten* zu dokumentieren. So schließt sich der Kreis des Projektgeschehens von der *Aufgabenstellung* über die *Planung* und die eigentliche *Projektarbeit* zu den verbindenden Elementen der *Überwachung* (s. Abb. 8.5). Dieser Kreislauf läßt sich in einem *Regelkreis des Projektmanagements* nachvollziehen (s. Abb. 8.6).

Entscheidender Ausgangsfaktor des Projektes ist das *Projektziel*. Das zu erreichen, ist Aufgabe des Projektmanagements. Die *Projektplanung* er-

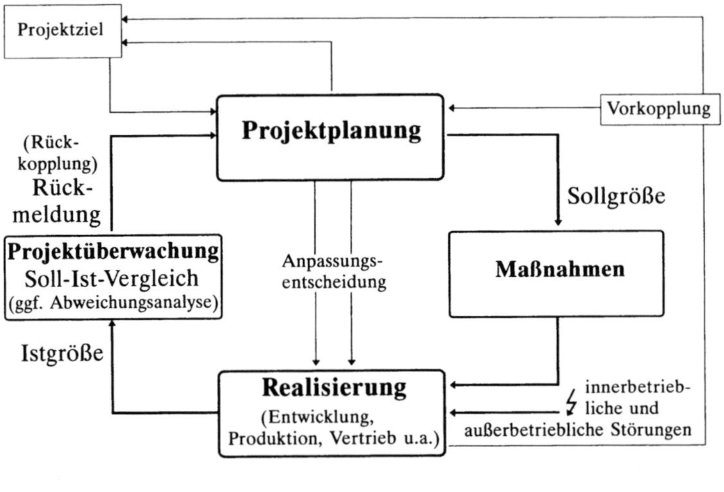

Abb. 8.6. Vereinfachter Regelkreis des Projektmanagements.

mittelt den Weg zu diesem Ziel und legt *Sollgrößen* fest, die einzuhalten sind, um das Ziel nicht zu verfehlen. Durch entsprechende *Maßnahmen* sind die *Sollgrößen* zu realisieren. Das geschieht je nach Aufgabenstellung in der *Entwicklung*, in der *Produktion*, im *Vertrieb* oder an anderen Stellen. Während der *Realisierung* treten *innerbetriebliche und außerbetriebliche Störungen* auf, die Abweichungen vom geplanten Ablauf verursachen. Es gibt Störungen verschiedener Art und Größe, z.B. unerwarteter Ausfall von wichtigen Experten, zeitverzögernde Schwierigkeiten bei der Lösung eines Problems, Ausfall wesentlicher Zuliefererleistungen aufgrund „höherer Gewalt", entscheidende Marktveränderungen durch außergewöhnliche Aktionen der Konkurrenz usw. Mit Störungen während der Projektdurchführung, die bei der Ausgangsplanung nicht voraussehbar waren, muß immer wieder gerechnet werden. Das ist normale Praxis! Da man aber vorher nicht weiß, wann, wo und welche Pannen auftreten, muß das Projektmanagement „sprungbereit" sein, um im Augenblick unerwarteter Ereignisse unverzüglich zu agieren bzw. - wenn`s nicht anders geht - zu reagieren. Damit das möglich ist, muß gewährleistet sein, daß Information und Kommunikation funktionieren und alle Beteiligten sich ihrer jeweiligen Verantwortung bewußt sind und dementsprechend handeln. Von besonderer Wichtigkeit ist das rechtzeitige Erkennen sich anbahnender *Störungen* und die sofortige Einleitung der dagegen erforderlichen Aktivitäten. In Abb. 8.6 ist dieser Vorgang als *Vorkopplung* bezeichnet. Das ist ein gewisses Vorhersehen von Schwierigkeiten. Das heißt, es ist zu überprüfen, inwieweit die sich anbahnenden *Störungen* eine Änderung der *Projektplanung* oder gar des *Projektzieles* erfordern. In den meisten Störfällen handelt es sich um kleinere Gefahren bei Detailproblemen, die man durch angemessene *Anpassungsentscheidungen* vermeiden oder leicht beheben kann. Oft ist aber eine Anpassung der *Projektplanung* notwendig, um die aufkommenden Störfaktoren zu umgehen oder besser unter Kontrolle zu bekommen. Nur selten haben sich abzeichnende Störelemente eine Änderung des *Projektzieles* zur Folge. Doch auch das kommt gelegentlich vor und ist gegebenenfalls in Betracht zu ziehen. Mit Hilfe der *Vorkopplung* (feed forward) lassen sich manche aufkommende *Störungen* rechtzeitig umgehen oder abwenden, bevor sie Schaden anrichten, doch ist das in der Praxis nicht immer möglich. Häufig verursachen *Störungen* Schäden oder beeinflussen die Ergebnisse, und man erkennt das hinterher, d.h. erst bei der Ermittlung der *Istgrößen* stellt man Abweichungen fest. Es heißt dann, daß etwas schief gelaufen ist, was offensichtlich nicht zu vermeiden war. Deshalb die Forderung nach möglichst kurzen Überprüfungsintervallen.

Der laufende *Soll-Ist-Vergleich* durch die *Projektüberwachung* offenbart Abweichung von oder Übereinstimmung zwischen den erzielten Istwerten und den geplanten Sollwerten. Das gilt für den zu erbringenden Leistungsumfang (Quantität und Qualität), für die Termine, Kosten und Kapazität. Diesen Vergleich können auch die Ausführenden oder die für die Projektrealisierung jeweils verantwortlichen Stellen selbst durchführen, wenn sie den Projektplan oder ihren jeweiligen Projektteilplan verfolgen und „up-to-date" halten. Treten Abweichungen beim *Soll-Ist-Vergleich* auf, ist eine *Abweichungsanalyse* vorzunehmen, um den Grund für die Abweichung zu ermitteln und Abhilfemaßnahmen vorzuschlagen oder direkt in die Wege zu leiten. Das hat umgehend zu erfolgen, sobald Abweichungen festgestellt werden. Die sofortige *Rückmeldung* der Überwachungsergebnisse an die *Projektplanung* (s. Abb. 8.6) und die ständige Kommunikation zwischen Planung und Projektleitung gestatten schnellstmögliche Reaktionen. Je nach Art der Abweichung sind die jeweilig Verantwortlichen für die Einleitung der erforderlichen Aktivitäten zuständig (s. Kap. 4). Auch hierbei geht es – wie bei der Vorkopplung – wieder um verschiedenartige Aktionen, um das Projektgeschehen unter Kontrolle zu behalten. Man hat es jedoch im weitesten Sinne mit der Behebung eines Schadens zu tun; das negative Ergebnis veranlaßt entsprechende Konsequenzen zur Bereinigung der Fehlleistung (*Rückkopplung*). In den meisten Fällen sind es wiederum *Anpassungsentscheidungen*, wodurch negative Teilergebnisse behoben werden können, so daß keine Planänderung notwendig ist. (Das ist mit ein Grund dafür, warum nicht zu detailliert geplant werden soll.) In manchen Fällen läßt sich allerdings eine Anpassung des Projektplans an die veränderten Gegebenheiten nicht vermeiden. Im äußersten Fall ist sogar das *Projektziel* zu ändern oder das Projekt abzubrechen. Alle diese Aktionen der Projektüberwachung und Projektsteuerung sind Aufgabe des Projektteams, das von den Beteiligten auch hierin zu unterstützen ist.

9 Werkzeuge der Projektplanung

9.1 Balkendiagramm (Gantt Chart) für Projektablauf und Einsatz der Ressourcen

Welcher Hilfsmittel man sich bei der Projektplanung bedient, hängt vom zu planenden Umfang und dessen Komplexität sowie von den zur Verfügung stehenden Möglichkeiten ab. In vielen Fällen – vor allem bei kleineren Projekten – genügt die Anwendung des Balkendiagramms (s. Abb. 9.1), das nach seinem Erfinder auch „Gantt Chart" genannt wird.

Die einzelnen Balken stellen die Funktionen oder Tätigkeiten dar, die für den Projektablauf wichtig sind. Neben einem Übersichtsplan lassen sich damit ebenso spezielle Teilpläne für die Abläufe der verschiedenen

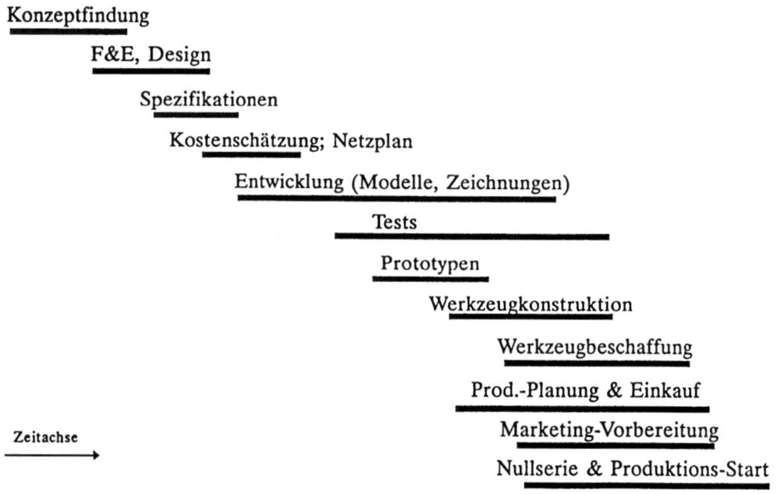

Abb. 9.1. Prinzip des Balkendiagramms am Beispiel „Entwicklung und Einführung neuer Produkte". (Die Vorgänge bzw. Tätigkeiten können auch z.B. am linken Rand in einer Spalte aufgelistet sein, um an den „Zeitbalken" Platz für Beschriftungen der jeweiligen Kosten und Kapazitäten zu schaffen.)

Funktionen oder Aufgabenbereiche aufstellen (s. Kap. 8, Abschn. 8.3). Die Balkenlängen sind ein Maß für die Zeitdauer der einzelnen Aufgaben. Die zeitliche Überlagerung weist darauf hin, daß manche Tätigkeiten parallel durchgeführt werden. Die Abhängigkeiten der einzelnen Vorgänge voneinander lassen sich jedoch bei komplexen Abläufen mit Hilfe des Balkendiagramms nur unzureichend darstellen. Einen besseren Überblick darüber geben einfache Netzpläne (s. Abschn. 9.4). Zusätzlich zu den Zeitkomponenten kann man beim Balkendiagramm aber auch Kosten und Kapazitäten einplanen und ausweisen, wie es z.B. in Abb. 9.2 prinzipiell aufgezeigt ist.

Die Zeitskala (Kalender, s. Abb. 9.2, unten) gestattet auf einfache Weise einen schnellen Überblick über den zeitlichen Projektablauf, was vor allem bei vielen Aktivitäten eine leichtverständliche Terminüberwachung ermöglicht. Die Zeitdauer der einzelnen Tätigkeiten kann zusätzlich – z.B. oben links am jeweiligen „Tätigkeitsbalken" – angegeben sein, wie in Abb. 9.2 geschehen. Analoges gilt für die Kosten (jeweils rechts oben im angegebenen Beispiel der Abb. 9.2) und für die wesentlichen Kapazitäten (unterhalb des jeweiligen Balkens). Im vorliegenden Beispiel beginnt man mit der *Spezifikation* in der *40. Kalenderwoche,* das ist die erste *Oktoberwoche 1999.* Beim Einsatz von *15 Ingenieur-Wochen* und *6 Marketingexperten-Wochen* ist dafür eine Zeitdauer von insgesamt *6 Wochen* eingeplant. Das heißt, bis einschließlich 45. Kalenderwoche werden dafür *ein Marketingexperte* und *zwei Ingenieure 6 Wochen* lang vollzeitig benötigt und zusätzlich ein *weiterer Ingenieur* 3 Wochen lang während der geplanten Zeitspanne. Die Kosten für die Erarbeitung der *Spezifikation* sind auf *100 TDM* geschätzt.

Noch bevor die *Spezifikation* abgeschlossen ist, beginnen die *Entwicklungsaktivitäten* – und zwar 3 Wochen vor Abschluß der *Spezifikation.* Das bedeutet, daß von der *43.* bis zur *45. Kalenderwoche Entwicklungsaktivitäten* und Erarbeitung der *Spezifikation* parallel laufen. Die *Entwicklungsaktivitäten* dauern insgesamt *45 Wochen.* Während dieser Zeit betragen die erforderlichen Kapazitäten *40 Ingenieur-, 10 Physiker-, 50 Techniker-, 25 Laboranten-, 50 Elektriker- und 70 Mechaniker-Wochen.* Außerdem werden das *Bearbeitungszentrum (BZ) 10 Wochen* lang sowie weitere in Abb. 9.2 nicht aufgeführte Einrichtungen bzw. Maschinen für verschieden lange Zeitspannen benötigt. Die Kosten für die *Entwicklungsaktivitäten* sind auf *1,5 Mio DM* geschätzt. Die *Tests,* die ab *11. Kalenderwoche (März 2000)* parallel zu den *Entwicklungsaktivitäten*

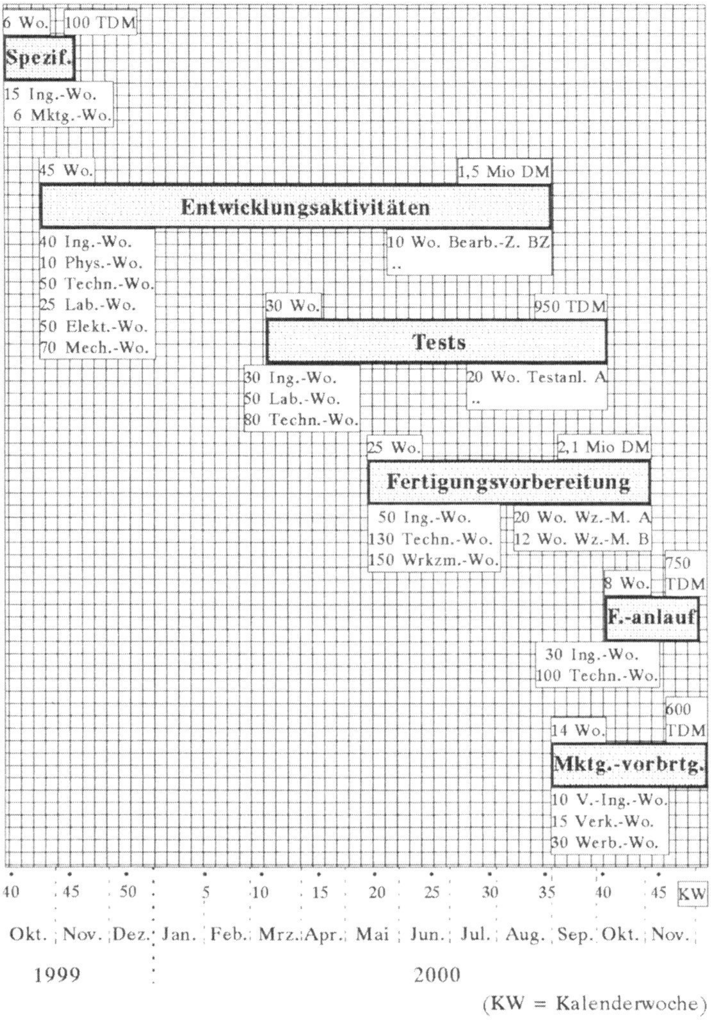

Abb. 9.2. Formales Beispiel für ein Balkendiagramm mit Angaben von Zeiten, Kosten und Kapazitäten.
Erläuterung der verwendeten Abkürzungen:

Bearb.-Z. = Bearbeitungszentrum
Elekt. = Elektriker/in
F.-anlauf = Fertigungsanlauf
Ing. = Ingenieur/in
Lab. = Laborant/in
Mech. = Mechaniker/in
Mktg. = Marketingexperte
Mktg.-vorbrtg. = Marketingvorbereitung
Phys. = Physiker/in
Spezif. = Spezifikation
Techn. = Techniker/in
Testanl. = Testanlage
Verk. = Verkäufer/in
V.-Ing. = Verkaufsingenieur/in
Werb. = Werbefachkraft
Wo. = Wochen
Wrkzm. = Werkzeugmacher
Wz.-M. = Werzeugmaschine

durchgeführt werden, dauern insgesamt *30 Wochen*, kosten *950 TDM* und erstrecken sich um weitere 5 Wochen nach Beendigung der *Entwicklungsaktivitäten*. Die *Fertigungsvorbereitung* startet bereits in der *20. Kalenderwoche (Mai 2000)*, lange bevor *Entwicklungsaktivitäten* und *Tests* abgeschlossen sind. Eine Zeitlang gibt es also Parallelarbeiten bei *Entwicklungsaktivitäten*, *Tests*, *Fertigungsvorbereitung* und auch *Marketingvorbereitung*, wie aus Abb. 9.2 hervorgeht. Der *Fertigungsanlauf* beginnt nach Abschluß der *Tests*, aber noch 4 Wochen vor Beendigung der *Fertigungsvorbereitung* und läuft parallel zu den *Marketingvorbereitungen*, die allerdings schon 5 Wochen früher beginnen.

Aus einer solchen Darstellung des Balkendiagramms können sowohl die Zeiten und Kosten der einzelnen Aktivitäten als auch Gesamtdauer und Geamtkosten entnommen werden. Bei dem fiktiven Beispiel in Abb. 9.2 beträgt die Gesamtzeit für das Projekt 62 Wochen, die Gesamtkosten belaufen sich auf 6 Mio DM. Die wesentlichen Kapazitäten sind ebenfalls ersichtlich.

9.2 Überlappende Arbeitsweise und Verantwortlichkeiten

Die überlappende Arbeitsweise, auf die der vorige Abschnitt und auch Abb. 4.4 (Kap. 4) hinweisen, ermöglicht eine Verkürzung der gesamten Projektdauer. Damit sind in der Praxis beträchtliche Zeitreduzierungen erzielt worden. Allerdings gehört dazu einige Erfahrung. Außerdem steigt das Risiko mit zunehmender Überlappung.

Es ist eigentlich selbstverständlich, daß z.B. bei einer Neuproduktentwicklung *F&E* (Forschung und Entwicklung) sowie *Designer* mit ihren Aktivitäten beginnen, bevor die *Konzeptfindung* abgeschlossen ist (s. Abb. 9.1) und bereits auf der Basis des nur zum Teil erarbeiteten Konzeptes Überlegungen zur Realisierung und Gestaltung anstellen. Das unterstützt gleichfalls die Bemühungen der Konzeptsuche um ein realistisches Konzept. Beide Aktionen – *Konzeptfindung* einerseits sowie *F&E, Design* andererseits – ergänzen und befruchten sich gegenseitig. Auch die Durchführung von *Tests* während der *Entwicklung* (s. Abb. 9.1 und 9.2) ist unbedingt notwendig, um sich laufend zu vergewissern, ob die jeweils konzipierten Elemente und Modelle den praktischen Anforderungen gerecht werden. So ergeben sich zwangsläufig viele überlappende Arbeitsweisen.

Das Risiko dabei ist relativ gering. Wichtig ist jedoch eine enge Kooperation der zuständigen Stellen und deren Bewußtsein der Verantwortlichkeiten, wie sie in Kap. 4, Abschn. 4.3 und Abb. 4.4 ausführlich erläutert sind.

Problematischer aber auch wirkungsvoller bezüglich der Zeitersparnis ist eine überlappende Arbeitsweise dann, wenn mit Aufgaben begonnen wird, bevor die Grundlagen dazu erarbeitet sind. Wenn z.B. bei einem Neuprodukt eine elektrische Steuerung für einen noch zu kreierenden mechanischen Vorgang entwickelt werden soll, dann kann eine vorzeitige „Entwicklung auf Verdacht" zu falschen Ergebnissen führen und somit zusätzlich Kosten und gegebenenfalls auch einen Zeitverlust verursachen. Wartet man mit dem Start der elektrischen Entwicklung bis nach Erprobung und Festlegung der mechanischen Elemente, dann besteht die Gefahr der Fehlentwicklung zwar nicht, man benötigt aber zur Zeitdauer der mechanischen Entwicklung zusätzlich 100 % Entwicklungszeit für die elektrische Entwicklung. Ist man jedoch bereit, mit der Entwicklung der elektrischen Steuerung dann anzufangen, wenn sich während der mechanischen Entwicklung die Grundlagen für den elektrischen Teil abzeichnen, dann ergibt sich trotz deren 100 %iger Entwicklungszeit die Chance, den Zeitpunkt für den Abschluß der elektrischen Entwicklung um die Zeitspanne vorzuverlegen, in welcher die elektrische Entwicklung der mechanischen überlagert war. Damit erreicht man auch eine entsprechende Reduzierung der gesamten Entwicklungszeit, wobei das Risiko einer Fehlentwicklung jedoch größer ist, denn die sich abzeichnenden Grundlagen für den elektrischen Teil sind nicht endgültig; sie können sich im Laufe der mechanischen Entwicklung noch ändern. Je größer die Zeitdauer für derartige Entwicklungen von Einzelelementen oder einzelnen Projektaufgaben ist und je mehr die überlappende Arbeitsweise gelingt, umso größer sind die Chancen für eine beträchtliche Reduzierung der gesamten Projektdauer. Programmierbar ausgeführte Steuerungen erleichtern solche Überlagerungsentwicklungen. Im übrigen wird diese überlappende Arbeitsweise unter dem Begriff „concurrent engineering" auch bei Computerprogramm-Anwendungen (z.B. Computer Aided Design) praktiziert.

Ein besonders lukrativer Zeitfaktor für solche Betrachtungen ist bei der Neuproduktentwicklung die Werkzeugbeschaffung bzw. -anfertigung. Benötigt man beispielsweise für den gesamten Projektablauf etwa zwei Jahre (mit überlappenden Vorgängen), so kann die Zeit für die Werkzeugbeschaffung durchaus 6 bis 9 Monate betragen. Dabei sind einzelne Werkzeuge zeitbestimmend. Und gerade diejenigen, die eine lange Anfertigungszeit benötigen, sind auch die teuersten. Will man also Projektzeit sparen, muß mit der Anfertigung der „Langzeitwerkzeuge" frühzeitig (also lange vor Entwicklungsabschluß) begonnen werden. So sind Verkürzungen der Projektdauer von mehreren Monaten möglich und in der Praxis auch erzielt worden. Man geht dabei allerdings ein beträchtliches Risiko ein. Wenn nämlich aufgrund von Testergebnissen gegen Ende der Entwicklung grundlegende Änderungen notwendig sind, können sich diese auf die Werkzeuge auswirken. Es gibt Fälle, bei denen auf diese Weise so manches Werkzeug geändert oder gar neu angefertigt werden mußte. So etwas kann Verluste von mehreren Mio DM verursachen, ohne daß der angestrebte Projektendtermin erreicht wird. Da bei sorgfältiger Vorgehensweise und Engagement aller Beteiligten in den meisten Fällen positive Ergebnisse erzielt werden, ist die überlappende Arbeitsweise zu empfehlen. Das erhöhte Risiko bedarf einer besonderen Aufmerksamkeit der Verantwortlichen. In kritischen Fällen müssen Auftraggeber bzw. Unternehmensleitung zur Entscheidung mit herangezogen werden, wenn es bei der Planung um überlappende Arbeitsweisen geht, die ein besonderes Risiko beinhalten. Generell hat sich die überlappende Arbeitsweise aber auch bei kleinen und mittelgroßen Projekten seit langem bewährt [44]. Das trifft nicht nur für die innerbetriebliche Projektarbeit zwischen verschiedenen Unternehmenseinheiten zu, sondern auch bei Projekten, an denen unterschiedliche Unternehmen – national und international – beteiligt sind. So sind z.B. bei der Neuentwicklung von Produkten spätere Lieferanten rechtzeitig in den Entwicklungsprozeß mit einzuschalten. D.h. spätestens ab Planungsphase hat sich der Zulieferer mit einem eigenständigen oder gemischten Team damit zu befassen, parallel zur Produktentwicklung des Kunden das für ihn in Aussicht gestellte Zulieferteil zu entwickeln. Diese beim Projektmanagement für den Praktiker seit langem übliche überlappende oder parallele Arbeitsweise kann man unter den neuerdings weit verbreiteten Begriff „simultaneous engineering" einordnen. Ein erfahrenes Projektteam begünstigt zeit- und kostensparende Überlappungsarbeit.

9.3 Prioritäten

Die drei wesentlichen Komponenten eines Projektes, nämlich zu erbringender Leistungsumfang, Termine und Kosten, werden häufig mit Hilfe des allgemein bekannten „magischen Dreiecks" bezüglich ihrer gegenseitigen Abhängigkeiten kommentiert. H.M. Sneed hat den Leistungsumfang in *Qualität* und *Quantität* aufgeteilt und somit die Projektproblematik im sogenannten *Teufelsquadrat* (s. Abb. 9.3) dargestellt. Neben *Qualität* und *Quantität* sind es *Projektdauer* und *Kosten*, die einzuhalten sind, um mit der verfügbaren *Kapazität* das Projektziel zu erreichen.

Nun gibt es bei der Projektbearbeitung Situationen, in denen manchen Komponenten höhere Prioritäten eingeräumt werden als anderen. Wenn z.B. die eingeplante und vorhandene *Kapazität* verstärkt für die *Qualität* des Projektes und für die Einhaltung der *Projektdauer* eingesetzt wird, dann werden zwangsläufig die anderen Komponenten kapazitätsmäßig benachteiligt; in diesem Falle sind es *Quantität* und *Kosten*. Die zur Verfügung stehende begrenzte Kapazität verlagert sich lediglich, was in Abb. 9.3 durch die Flächenverschiebung des mittigen Quadrats *(Kapazität) zum* dünn ausgezogenen Trapez angedeutet ist. Das heißt, wenn für den zu erbringenden quantitativen Leistungsumfang nicht mehr genügend *Kapazität* zur Verfügung steht, die eingeplante *Projektdauer* aber einzuhalten ist, ergibt sich ein Dilemma. Was die *Kosten* anbetrifft, so wird sich deren Überschreitung gegenüber dem Plan nicht vermeiden lassen. Eine ähnliche Problematik ergibt sich dann, wenn während der Projektdurchführung nachträgliche Leistungsergänzungen gefordert werden, seien es *Qualität* oder *Quantität*. Die dazu notwendige Kapazitätsverschiebung

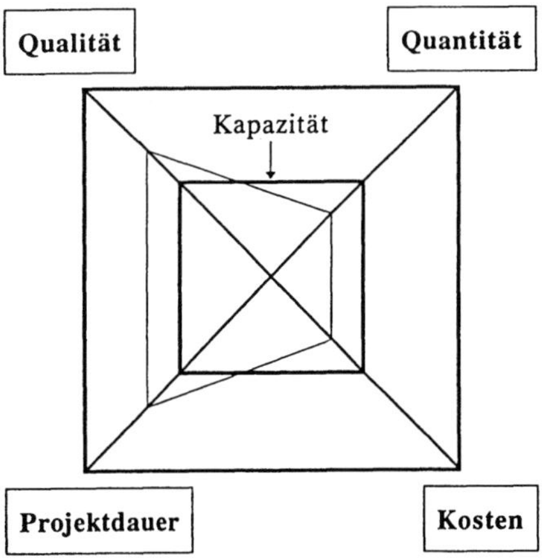

Abb. 9.3. Das Teufelsquadrat (nach H.M. Sneed).

zugunsten dieser Komponente hat eine Benachteiligung der *Projektdauer* und/oder der *Kosten* zur Folge. Deshalb ist es nicht verwunderlich, wenn in solchen Fällen Termin- oder Kostenüberschreitungen die Regel sind. Welcher Komponente auch immer Vorrang eingeräumt wird oder eingeräumt werden muß, die nachteiligen Folgen hat eine andere Komponente zu tragen, oder es sind alle anderen Komponenten benachteiligt. Die für die Projektbearbeitung notwendige und vorhandene *Kapazität* bedarf deshalb einer besonderen Beachtung. Leider wird dieser Faktor in der Praxis häufig vernachlässigt; bei der Projektplanung von kleinen und mittelgroßen Projekten spielt die Kapazitätsbetrachtung in vielen Unternehmen bedauerlicherweise nur eine untergeordnete Rolle (s. Kap. 8, Abschn. 8.2), obwohl allgemein bekannt ist, daß vor allem Terminüberschreitungen meistens auf Kapazitätsmängel oder fehlende Kapazitätsplanung zurückzuführen sind. Personalengpässe kurzfristig durch Neueinstellungen zu bewältigen, bringt in der Regel nur beschränkte oder verspätete Entlastung; denn häufig wird der Einarbeitungsgaufwand unterschätzt. Dieser verzögert nicht nur die volle Einsatzfähigkeit der Neulinge, sondern blokkiert vorübergehend zusätzlich vorhandene Projektkapazität versierter Personen, die für die Einarbeitung der Neulinge zuständig sind.

Eine Kapazitätsplanung wird umso dringender, je mehr Projekte in einem Unternehmen von den dort vorhandenen Ressourcen zeitlich parallel zu bewerkstelligen sind. Jeder Projektleiter hält sein Projekt für das wichtigste und trachtet danach, die dafür erforderlichen Kapazitäten plangemäß einzusetzen. Aber selbst wenn bei der Planung aller Projekte (Multiprojektmanagement) die Grenzen der vorhandenen Kapazitäten beachtet werden, gibt es Engpaßsituationen, die man nicht immer vorhersehen kann und die oft durch unerwartete Störfaktoren ausgelöst werden. Wenn man jeweils erst beim Auftreten solcher Störungen entscheiden muß, wo oder wie die Kapazitäten einzusetzen sind, gibt es häufig Zeitverzögerungen oder schnelle Zufallsentscheidungen, die nicht immer dem Tatbestand gerecht werden. Derartige Störungen bringen den Kapazitätseinsatz und damit auch die Projektplanung leicht durcheinander. Deshalb ist es nicht nur ratsam, sondern notwendig, Prioritäten festzulegen. Dazu bedarf es einer Prioritätenliste, die alle aktuellen Projekte und sonstige Aufgaben beinhaltet. Die Reihenfolge der Projektprioritäten ist für alle Beteiligten bindend und bei Engpaßproblemen anzuwenden. Wenn z.B. der Engpaß in der für alle Projekte zuständigen Versuchswerkstatt liegt und weitere Arbeitsvergaben nach außen nicht mehr möglich sind, dann hat die Versuchswerkstatt die Arbeiten für das Projekt bzw. die Projekte mit der jeweils höchsten Priorität bevorzugt zu behandeln. Die Prioritäten sind den jeweiligen Erfordernissen des Unternehmens bzw. des Auftraggebers laufend anzupassen. Je nach Situation und Projekt sind die Zeitspannen für derartige Prioritätenänderungen von Unternehmen zu Unternehmen verschieden. In der Praxis gibt es Überprüfungen sowohl periodisch - wöchentlich, 14täglich, monatlich, viertel- oder halbjährlich - als auch nach Bedarf. Die Prioritätenliste ist möglichst nach Abstimmung mit den verantwortlichen Beteiligten aufzustellen und die Zustimmung dazu von der Unternehmensleitung bzw. vom Auftraggeber einzuholen. Der administrative Aufwand für die Prioritätenfestlegung ist gegenüber dem der üblichen Projektplanung und Projektüberwachung sehr gering, bringt aber beträchtliche Vorteile. Ein Beispiel aus der Praxis:

In einem Industrieunternehmen, das elektromechanische, elektrische und elektronische Geräte herstellt, gab es im Entwicklungsbereich weit über 20 Neuproduktprojekte, an denen im Laufe der Zeit mit unterschiedlicher Intensität gearbeitet wurde. Seit mehr als zwei Jahren hatte man jedoch kein neues Produkt fertiggestellt, obwohl die Einführung mehrerer Neuprodukte dringend notwendig war. Bei der Präsentation des Projektstandes betonten die Vertreter des Auftraggebers (Geschäftsleitung/Marketing) die Wichtigkeit der schnellstmöglichen Einführung des jeweils behandelten Projektes. Danach erfolgten verstärkte Aktivitäten an dem betreffenden Projekt, was Verzögerungen bei anderen Projekten auslöste. Das wiederholte sich bei vielen derartigen Präsentationen, so daß immer wieder andere Projekte bevorzugt wurden. An manchen Projekten stellte man die Arbeiten ganz ein, was einen beträchtlichen Mehraufwand erforderte, wenn die Aktivitäten wieder aufgenommen wurden. Die Forderung nach einer Prioritätenliste stieß zunächst auf beträchtliche Schwierigkeiten. Den meisten Projekten hätte man gern allerhöchste gleichberechtigte Priorität eingeräumt. Außerdem brachte eine Kapazitätsanalyse die Erkenntnis, daß trotz Fremdhilfe maximal 8 Projekte parallel bearbeitet werden konnten. Man brauchte aber in absehbarer Zeit mindestens die doppelte Anzahl. Es war schwer einzusehen, daß viele Projekte zurückgestellt werden sollten, um einige Kapazität auch noch für dringende Produktverbesserungen und gelegentliche Kundenunterstützung einzusetzen. Die Prioritäten der 8 Projekte wurden so gesetzt, daß die am weitesten fortgeschrittenen Projekte die höchste Priorität erhielten. Das führte dazu, daß in wenigen Monaten das erste Neuprodukt marktreif war, bald darauf folgte das zweite usw. Weitere bislang zurückgestellte Projekte konnten nachgezogen werden. Nach etwa zwei Jahren waren die ersten 8 Projekte auf dem Markt eingeführt. Von den restlichen fast 20 Projekten kamen nur noch wenige auf die Prioritätenliste; ihre Bedeutung schwand, viele davon wurden durch völlig neue Produktkonzepte ersetzt. Soweit das Beispiel. Bei der Kapazitätsbetrachtung des Personals ist die Berücksichtigung der üblichen Fehlzeiten durch arbeitsfreie Tage, Urlaub, Krankheit usw. im allgemeinen selbstverständlich. Darüber hinaus sind allerdings auch Aufgaben zu beachten, die nichts mit Projekten zu tun haben, jedoch von derselben Kapazitätsquelle „gespeist" werden. Darunter gibt es durchaus wichtige Aktivitäten, die gelegentlich in der Priorität ganz oben anstehen. Das trifft zu, wenn z.B. Experten zur Behebung von Kundenbeanstandungen oder Produktionsstockungen hinzugezogen werden müssen. Es gibt eine ganze Reihe von verschiedenartigen Anliegen, die dringend sind und deshalb in der Kapazitäts- und Prioritätenplanung ebenfalls berücksichtigt werden müssen. Neben Verbesserungen von Produkten oder Produktionsverfahren gibt es laufend spontan auftretende Probleme, deren Lösung nicht aufgeschoben werden kann. Das erfordert auch Kapazitätsbedarf und beeinflußt die Prioritäten. Um in den einzelnen Fachabteilungen den Überblick über den Kapazitätseinsatz unter Kontrolle zu halten, genügt häufig die Anwendung der Plantafeltechnik.

9.4 Netzplantechnik (Grundlagen)

Die Netzplantechnik – auch Netzwerkanalyse oder Netzwerktechnik genannt – wurde Ende der 50er Jahre in den USA und in Frankreich unabhängig voneinander für die Terminplanung im Anlagenbau entwickelt. Sie ist ein rechnergestütztes aber auch manuell handhabbares Verfahren zur Analyse, Planung, Überwachung und Steuerung von komplexen Arbeitsabläufen im Anlagenbau, in Forschung und Entwicklung, in der Fertigung und bei einem oder mehreren zur gleichen Zeit abzuwickelnden sonstigen Projekten. Die Vorgehensweise bei der Netzplantechnik unterstützt und erleichtert den Planungsprozeß. Man erhält einen ausgezeichneten Überblick über die Gesamtheit der Teilvorgänge eines Projektes und deren gegenseitige Abhängigkeiten. Dadurch ergibt sich eine vorteilhafte Möglichkeit zur Überwachung und Steuerung des Projektes. In Verbindung mit der elektronischen Datenverarbeitung lassen sich Planungsvarianten schnell überprüfen und Planänderungen mit geringem Aufwand durchführen. Das führt dazu, daß laufende Änderungen des Projektplans wesentlich einfacher zu bewerkstelligen sind und deshalb der Plan viel eher auf dem neuesten Stand gehalten werden kann als das bei manueller Handhabung möglich ist.

Kritik an der Netzplantechnik ist meistens auf Planungsfehler oder auf falsche Auswahl des Netzplansystems zurückzuführen. So beruht z.B. die Beanstandung eines zu detaillierten Netzplans auf zu detaillierter Planung (s. Kap. 8, Abschn. 8.1). Die „Projektmanagement-Software", ein rechnergestütztes Netzplansystem, darf weder als allgemeingültiges Rezept für die Anwendung des Projektmanagements noch als einheitliches Projektplanungs-Instrument verstanden werden. Die Verschiedenartigkeit der Projekte und die Vielfalt des Projektumfeldes erfordern jeweils angemessene Systeme. Deshalb gibt es auch eine Vielzahl von unterschiedlicher Netzplan-Software. Primär ist bei der Anwendung des Projektmanagements ein Grundkonzept zugrunde zu legen (s. Kap. 1 und 6). Das ist bei der Auswahl des Netzplansystems als Software ebenso zu berücksichtigen wie die Art des Projektes. Generell hat sich auch bei kleinen und mittelgroßen Projekten die Netzplantechnik als Hilfsmittel bei der Planung und Überwachung bewährt, wenn man das für das jeweilige Projekt bestgeeignete System anwendet. Umfangreiche computergesteuerte Netzplansysteme für Großprojekte sind für kleinere Projekte meistens nicht geeignet. Bei manchen kleinen Projekten genügt gelegentlich ein kleiner handgezeichneter Netzplan oder gar ein Balkendiagramm. (Man soll nicht mit Kanonen auf Spatzen schießen; Schrotflinten sind dafür besser geeignet.)

Die Anwendung computergesteuerter Netzpläne stößt manchmal auf Schwierigkeiten, wenn die Beteiligten nur gelegentlich damit zu tun haben und deshalb den Zeitaufwand scheuen. In der Praxis umgeht man dieses Problem verschiedentlich dadurch, daß bestimmte Stellen oder Personen diese Aufgaben übernehmen. Routinierte Anwender übersehen die Zusammenhänge schneller und können auch die Abstimmung mehrerer Projekte (Multiprojektmanagement) leichter steuern. Ein weiterer Grund für Verständnisschwierigkeiten bei der Handhabung von Netzplänen liegt darin, daß die Grundlagen der Netzplantechnik und deren Gestaltungsmöglichkeiten, auch für manuell erstellte Netzpläne (s. Abb. 9.7 und 9.8), nicht genügend bekannt sind. Im allgemeinen ist aber die Anwendung der Netzpläne, welcher Art auch immer, leicht erlernbar. Ein Nachteil der meisten Computer-Netzpläne besteht darin, daß ein Gesamtüberblick des Netzplans auf dem Computerschirm nicht möglich ist. Man muß die einzelnen Abschnitte erst ausdrucken und sie zusammenfügen, um den gesamten Netzplan vor Augen zu haben. Es wäre angebracht, wenn die Softwareentwickler das berücksichtigen würden. Das vom Computer dargestellte Balkendiagramm ist bei komplizierten Vorgangszusammenhängen nicht immer übersichtlich.

9.4.1 Basismethoden

Als die wichtigsten und bekanntesten Basismethoden der Netzplantechnik werden in der Literatur generell *CPM* (Critical Path Method), *PERT* (Program Evaluation and Review Technique) und *MPM* (Metra Potential Method) bezeichnet. Sie unterscheiden sich hauptsächlich durch die formelle Darstellung (s. Abb. 9.4).

CPM oder die kritische Weg-Methode nennt man auch *Vorgangspfeil-Netzplan (VPN),* weil diese Technik vorgangsorientiert ist. In einem solchen Netzplan wird ein Vorgang oder eine Tätigkeit durch einen Pfeil dargestellt. Ein Kreis verknüpft das Ende eines Vorgangs A mit dem Beginn des nachfolgenden Vorgangs B.

PERT nennt man *Ereignisknoten-Netzplan (EKN),* der dem *Vorgangspfeil-Netzplan* ähnelt. Hier handelt es sich allerdings um ein ereignisorientiertes Verfahren. Die Ereignisse werden durch Knoten bzw. Kreise, die Tätigkeiten durch Pfeile abgebildet.

MPM ist wieder vorgangsorientiert wie *CPM,* wendet jedoch einen *Vorgangsknoten-Netzplan (VKN)* an. Die Tätigkeiten werden als rechteckige *Vorgangsknoten* abgebildet, ihre Abhängigkeiten voneinander durch Verbindungspfeile dargestellt.

Das in Abb. 9.4 angewandte einfache Musterbeispiel ist bei allen drei Methoden dasselbe. Das erleichtert die Erkennbarkeit der Unterschiede. Im *CPM-Netzplan* beginnt der *Projektstart* gemäß Abb. 9.4 bei *0* (im Ausgangskreis, links). Die folgenden Verknüpfungspunkte (Kreise) sind fortlaufend numeriert, von *1* (links oben) bis *5* beim *Projektziel* (rechts in der

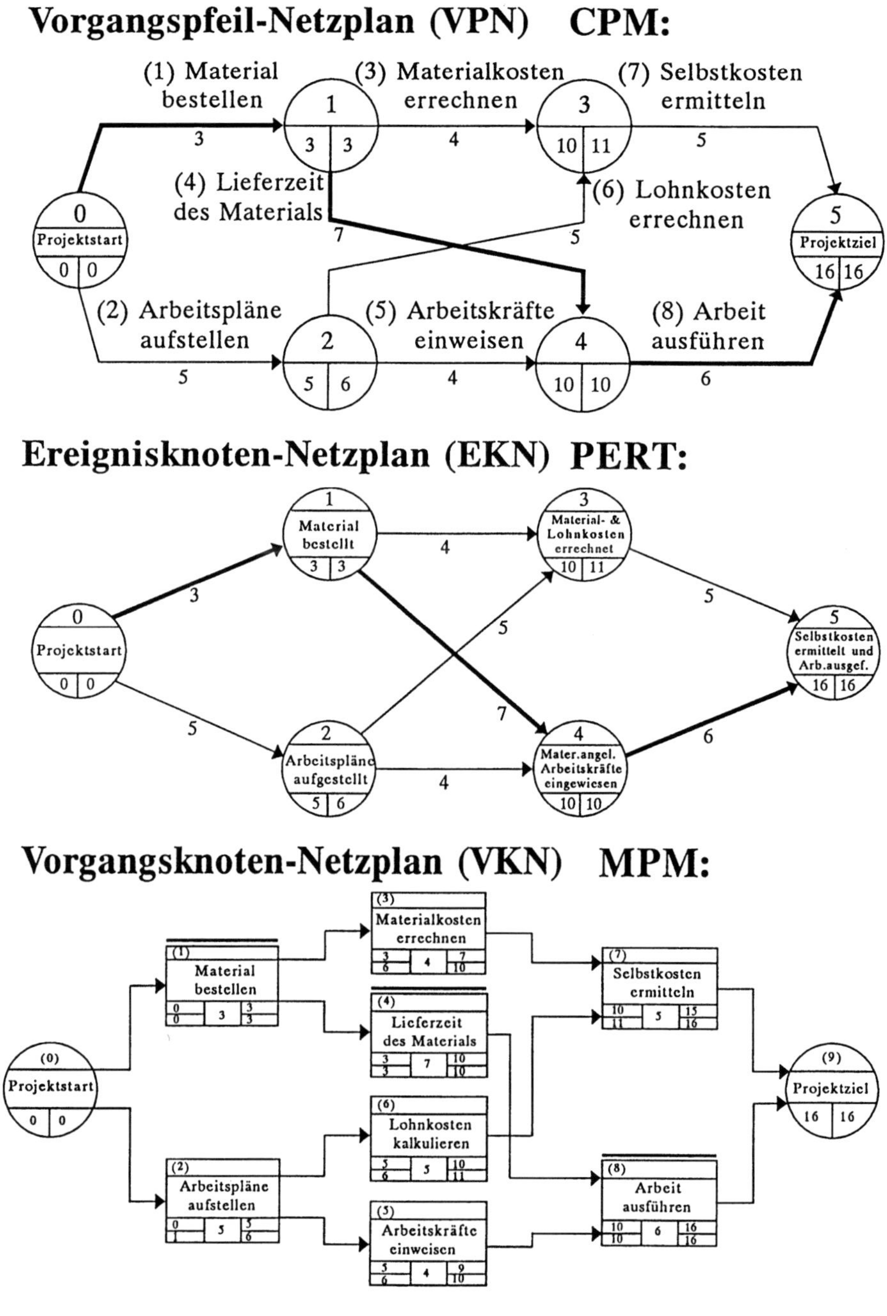

Abb. 9.4. Basismethoden der Netzplantechnik.

Abb. 9.4). Die Zahlen in der unteren Kreishälfte bedeuten die aufgelaufenen Wochen seit dem Start *0*. Links steht die früheste Zeitdauer, nach welcher der Vorgang *(2)* erreicht werden kann, rechts der späteste Zeitpunkt, ab dem der folgende Vorgang *(5)* – ebenso *(7)* – gestartet werden muß, um das Projektziel termingerecht zu erreichen. Oberhalb oder neben den Pfeilen ist der jeweilige Vorgang beschrieben. Es beginnt links oben mit *(1) Material bestellen.* Die Ziffer vor dem Vorgang (in Klammern) ist die fortlaufende Numerierung der Vorgänge. Die Ziffern unterhalb der Pfeile geben die Zeitdauer für den betreffenden Vorgang in Wochen an. Wenn der Vorgang *Material bestellen* durchgeführt ist, dann kann man einerseits die *Materialkosten errechnen,* andererseits beginnt damit gleichzeitig die *Lieferzeit des Materials.* Während der Vorgang *Material bestellen* abgewickelt wird, kann man gleichzeitig, also parallel dazu, die *Arbeitspläne aufstellen.* Beginnt man damit zum gleichen Zeitpunkt bei *0*, dann ist dieser Vorgang nach 5 Wochen abgeschlossen; beginnt man eine Woche später, dann liegt der Abschluß bei gleichem Zeitbedarf von 5 Wochen erst nach der *6*. Woche seit *Projektstart 0*. Nach diesem Vorgang *(2)* kann man sowohl die *Arbeitskräfte einweisen* als auch die *Lohnkosten errechnen.* Wenn sowohl die *Material-* als auch die *Lohnkosten errechnet* sind, dann kann man die *Selbstkosten ermitteln.* Das geschieht nach der *10.* oder *11.* Woche seit *Projektstart 0*. Nach Ablauf der *Lieferzeit des Materials,* wenn also das Material eingetroffen ist und die *Arbeitskräfte eingewiesen* sind, ist die *Arbeit auszuführen.* Dieser letzte Vorgang *(8)* und der Vorgang *(7) Selbstkosten ermitteln* führen nach *16* Wochen gemeinsam zu dem in diesem Beispiel angegebenen *Projektziel.* Die vorgangsorientierten Pfeile sind teilweise dünn und teilweise dick ausgezeichnet. Die dicken Pfeile weisen auf den sogenannten kritischen Weg des Projektablaufs hin. Das heißt, daß dieser Vorgangsverlauf zeitbestimmend für das Projekt ist und alle Vorgänge zeitkritisch sind. Die Verzögerung einer kritischen Tätigkeit hat einen Zeitverzug des gesamten Projektablaufs zur Folge. Alle anderen Verbindungen ergeben kürzere Zeiten, d.h. alle Vorgänge, die nicht auf dem kritischen Pfad liegen, haben einen zeitlichen „Puffer". Das ist auch ein Grund dafür, daß z.B. der Vorgang *(2) Arbeitspläne aufstellen* eine Woche später beginnen kann, weil dann der Weg über die Vorgänge *(6)* und *(7)* theoretisch ebenfalls nach *16* Wochen beendet ist. Die Markierung des kritischen Weges (Critical Path) ist eine wesentliche Hilfe bei der Zeitüberwachung des Projektablaufs.

Wie bei *CPM*, so beginnt auch bei *PERT* der *Projektstart* bei *0*. Die Zeitdauer der einzelnen Vorgänge ist ebenfalls jeweils unterhalb der Pfeile angegeben. Auch der Zeitverlauf seit *Projektstart 0* ist im untersten Kreissegment in derselben Weise aufgeführt wie bei *CPM*. Dasselbe gilt für die fortlaufenden Nummern der *Vorgangsknoten* im obersten Kreissegment. Den wesentlichen Unterschied bringt die ereignisorientierte Komponente. Im Knotenpunkt *1* ist das Ereignis *Material bestellt* eingetreten, in *2* sind die *Arbeitspläne aufgestellt*, in *3 Material- und Lohnkosten errechnet*, weil hier zwei Vorgänge abgeschlossen sind. Ebenso sind im Knotenpunkt *4* sowohl das *Material angeliefert* als auch die *Arbeitskräfte eingewiesen* und in *5* die *Selbstkosten ermittelt und die Arbeit ausgeführt*. Der kritsche Weg ist ebenfalls durch stark ausgezogene Pfeile gekennzeichnet.

Was schließlich *MPM* oder den *Vorgangsknoten-Netzplan* anbetrifft, so weist dieser die einzelnen Vorgänge im rechteckigen Vorgangsknoten aus (in der Mitte des Rechtecks). Die Abhängigkeiten der Vorgänge oder Tätigkeiten voneinander werden durch Verbindungspfeile dargestellt. Der kritische Weg ergibt sich aus den kritischen Vorgängen, die durch einen dicken Strich oberhalb der rechteckigen Vorgangsknoten gekennzeichnet sind. Die laufende Numerierung der Vorgänge zeigen in Klammern gesetzte Ziffern im linken oberen Abschnitt des Rechtsecks an – z.B. *(1)*, *(2)* usw. Die übereinander stehenden Ziffern im linken unteren Abschnitt geben vor, in welcher Woche nach *Projektstart* mit dem jeweiligen Vorgang anzufangen ist. Die obere Ziffer weist auf den frühesten, die untere auf den spätesten Starttermin hin, um den Endtermin theoretisch einzuhalten. Deshalb sind bei den kritischen Vorgängen frühester und spätester Starttermin identisch, während sich dafür bei den anderen Vorgängen in diesem Beispiel ein Spielraum von jeweils einer Woche ergibt. In der Mitte des unteren Rechteckabschnitts ist die Zeitdauer des Vorgangs in Wochen angegeben. Demzufolge weisen die Ziffern im rechten unteren Teil des Rechtecks den Abschlußtermin der jeweiligen Tätigkeiten aus – und zwar in Wochen nach *Projektstart*. Die obere Ziffer zeigt wiederum den frühesten, die untere den spätesten Termin an.

Diese sogenannten *Basismethoden* wurden im Laufe der Jahre ergänzend zu dem Planungs- und Steuerungsfaktor Zeit in Richtung Kapazitäts- und Kostenplanung, -steuerung und -optimierung weiterentwickelt. Dementsprechend hat man die Tätigkeiten bzw. Vorgänge des Netzplans mit Zusatzinformationen versehen, wie benötigte oder zur Verfügung stehende Kapazitäten an Menschen, Maschinen, Werkzeugen, Meßgeräten, Hilfsmitteln, Werkstoffen, Kaufteilen, Energien usw. sowie die zur Durchführung der Tätigkeiten mit diesen Kapazitäten geplanten und verbrauchten Kosten. Die dadurch entstandenen abgewandelten und erweiterten Netzplantechniken und Rechnerprogramme wurden durch modernere und leistungsfähigere EDV-Programme ersetzt. Generell lassen sich mit Hilfe der Netzplantechnik die Arbeitsabläufe mit ihren Parametern einfach und gut darstellen und auch einfach ändern. Der Netzplan wird graphisch fast immer als Netz und als Balkendiagramm oder -plan dargestellt. Das gilt auch für moderne Netzplan-Software, die darüber hinaus auch Listen über Kosten, Kapazitäten usw. liefert. In der Praxis gibt es Mischformen und verschiedene Varianten dieser hier aufgezeigten *Basismethoden* (auch bei manuell erstellten Netzplänen). Das ist vor allem dann notwendig, wenn neben den Zeiten auch Kosten- und Kapazitätsangaben plaziert werden sollen. Deshalb ist die Aufteilung für die Beschriftung und die Beschriftungsart z.B. innerhalb der Rechtecke beim *MPM* nicht immer identisch mit der hier erläuterten *Basismethode.*

9.4.2 Vorgehensweise

Unabhängig von der Methode und Form des Netzplans ist in jedem Falle vorweg die Projektplanung dem Projekt entsprechend sorgfältig durchzuführen (s. Kap. 8). Der Netzplan repräsentiert letztendlich eine spezielle Darstellungsform der Planungsergebnisse. Ausgangspunkt dafür ist die *Zielsetzung* mit den sich daraus ergebenden *Anforderungen an das Projekt.* Der eigentliche Planungsprozeß beginnt mit dem *Projektstrukturplan,* der wiederum Grundlage für die weiteren Planungsaktivitäten ist (s. Kap. 8, Abschn. 8.2 und Abb. 8.3). Abb. 9.5 zeigt die *prinzipielle Vorgehensweise beim Planungsprozeß.* Wenngleich damit ursprünglich nur die terminliche Komponente beachtet wurde, so beinhaltet diese *Vorgehensweise* gleichfalls auch die mit den Vorgängen bzw. Tätigkeiten verbundenen Kapazitäten und Kosten.

Basierend auf dem *Projektstrukturplan* ist eine *Vorgangsliste* aufzustellen (s. Abschn. 9.4.3). Diese Liste enthält alle wesentlichen Vorgänge bzw. Tätigkeiten, die zur Durchführung des Projektes notwendig sind. Aufgrund dieser *Vorgangsliste* ist zu überlegen und festzulegen, in welcher Reihenfolge die einzelnen Vorgänge zu bearbeiten sind. Dabei gibt es Vorgänge, die weitgehend unabhängig von anderen Tätigkeiten durchgeführt

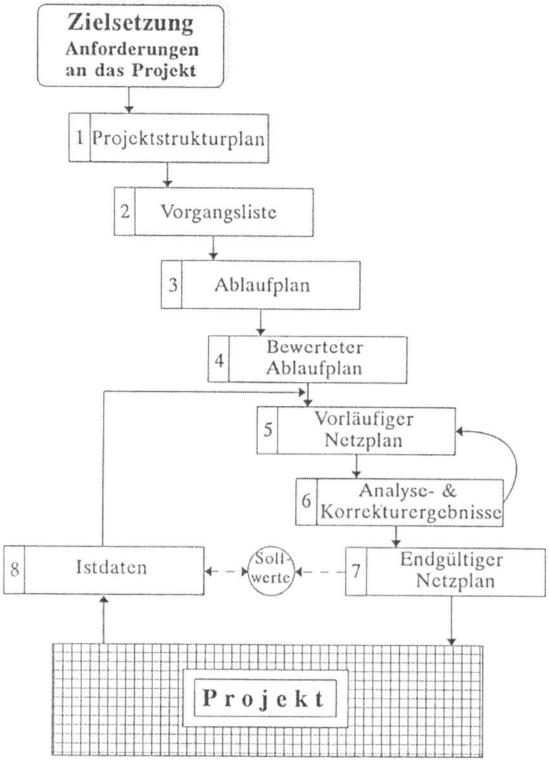

Abb. 9.5. Prinzipielle Vorgehensweise beim Planungsprozeß.

werden können und erst zum Schluß in das Gesamtprojekt integriert werden. Andere Vorgänge dagegen bedürfen gewisser Vorarbeiten, bevor man beginnen kann. (Das Dach eines Hauses kann erst dann errichtet werden, wenn die tragenden Mauern oder Stützen erstellt sind.) So wird anhand eines *Ablaufplans* ermittelt, in welcher Weise die einzelnen Vorgänge parallel oder nacheinander „ablaufen" und wie sie voneinander abhängen. Außerdem beeinflussen den *Ablaufplan* auch die zur Verfügung stehenden Kapazitäten; Zeit und Kosten spielen dabei ebenfalls eine entscheidende Rolle. Deshalb muß der Plan daraufhin überprüft werden; das Resultat ist ein *bewerteter Ablaufplan.* Dieser ist nun die Grundlage für die Erstellung eines *Netzplans.* Der erste Schritt dazu ist ein *vorläufiger Netzplan. Analyse- und Korrekturergebnisse* führen solange zu Verbesserungen, bis ein *endgültiger Netzplan* als Grundlage für Projektdurchführung und -überwachung vorliegt. Nach Ermittlung der jeweils erzielten *Istdaten* werden diese mit den *Sollwerten* (Plan- bzw. Schätzwerte) verglichen, die sich aus dem Netzplan ergeben. Bei Übereinstimmung (Ist = Soll) sind keine weiteren Aktionen notwendig. Treten jedoch Abweichungen auf, führen diese in der Regel zur Anpassung des Netzplans an die neue Situation. Damit wird der vorher *endgültige Netzplan* nunmehr zu einem erneuten *vorläufigen Netzplan,* der wieder analysiert und verbessert werden muß, bis er den neuen Gegebenheiten Rechnung trägt und somit in veränderter Version zum neuen *endgültigen Netzplan* wird. Dieser Kreislauf setzt sich bis zum Abschluß des Projektes fort. Die *prinzipielle Vorgehensweise,* wie sie in Abb. 9.5 dargestellt ist, bleibt bis zu Schritt *4, Bewerteter Ablaufplan,* bei manueller und rechnerunterstützter Erstellung eines Netzplanes gleich. Der Aufwand für die formelle Gestaltung des Netzplanes sowie für die Änderung einzelner Parameter ist beim Computernetzplan allerdings wesentlich günstiger als beim manuell erstellten Netzwerk. D.h. die Schnelligkeit der Auswertung von ermittelten Änderungsdaten durch die rechnergestützte Version ermöglicht eine umgehende Aktualisierung des Planes, was in der Praxis einer effizienten Projektsteuerung zugute kommt.

9.4.3 Vorgangsliste

Ein wesentlicher Schritt zur Erstellung eines Netzplans ist die Aufstellung einer *Vorgangsliste,* die in der Praxis häufig auch als Tätigkeitenliste bezeichnet wird. Wie aus dem – zur grundsätzlichen Erläuterung vereinfachten – Beispiel in Abb. 9.6 hervorgeht, sind die zur Realisierung des Projektes erforderlichen *Vorgänge* in einer Spalte der *Vorgangsliste* aufgeführt und mit fortlaufenden Nummern versehen. Außerdem sind für jeden *Vorgang* die zuständige *verantwortliche Stelle* sowie die zu dessen Durchführung geschätzte *Zeitdauer in Wochen* angegeben. Ein für die Aufstellung des Netzplans unerläßlicher Faktor ist die *Abhängigkeit* der einzelnen *Vorgänge* voneinander. Es ist zu ermitteln, welche *Vorgänger-* und welche *Nachfolge-Vorgänge* bei jedem einzelnen *Vorgang* zu beachten sind. Zur Darstellung in der *Vorgangsliste* genügen dafür die *fortlaufenden Nummern* der einzelnen *Vorgänge,* wie sie in Abb. 9.6 angegeben sind. Dabei kann jeder *Vorgang* einen oder mehrere *Vorgänger-* aber auch *Nachfolge-Vorgänge* haben. Die *laufenden Nummern* der *Vorgänge* brauchen nicht mit der Ablauffolge der Tätigkeiten identisch zu sein; denn die Spalte *Abhängigkeit* enthält die für den Ablauf bestimmende Reihenfolge der ein-

Vorgangsliste:

Lfd. Nr.	Vorgang	Verantwortl. Stelle	Zeitbedarf in Wochen (fiktive Schätzung)	Abhängigkeit Vorgänger-Vorgang	Abhängigkeit Nachfolge-Vorgang
1	Konzeptfindung Stufe 1	Konzeptfindungsteam	8	-	2,3
2	Konzeptfindung Stufe 2	Konzeptfindungsteam	6	1	4
3	Grobdesign	Designer	2	1	4
4	Spezifikationsaufstellung	Entwicklung u. Marketing	3	2,3	5,6
5	Feindesign	Designer u. Entwicklung	4	4	7
6	Entwurf	Entwicklung	3	4	7
7	Konstruktion Stufe 1	Entwicklung	7	5,6	8,9
8	Konstruktion Stufe 2	Entwicklung	8	7	10
9	Modellerstellung	Werkstatt	3	7	***
10	Herstellung von Musterteilen	Werkstatt	4	8	***

Netzplan-Fragment:

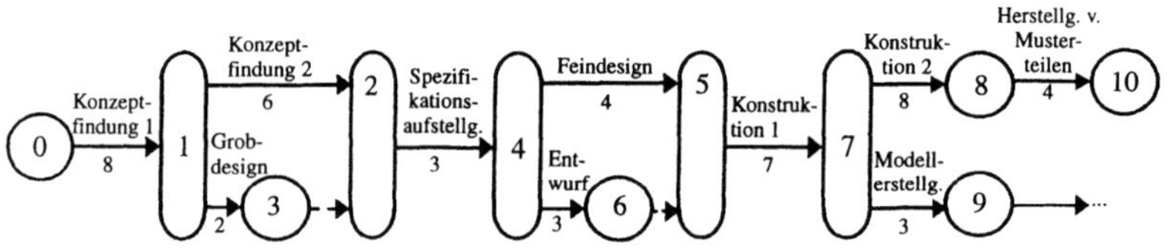

Abb. 9.6. Fragment einer vereinfachten Vorgangsliste mit daraus abgeleitetem Netzplan (nur für die Zeitplanung).

zelnen Vorgänge und damit auch der Vorgangsnummern. Darüber hinaus wird die *Vorgangsliste* durch Kapazitäts- und Kostenangaben für die einzelnen *Vorgänge* ergänzt.

Aus der *Vorgangsliste* heraus läßt sich nun der Netzplan erstellen, wie ihn Abb. 9.6 (unten) zeigt. Der Projektstart beginnt bei 0. Der erste *Vorgang* heißt *Konzeptfindung Stufe 1*. *Nachfolge-Vorgänge* sind laut *Vorgangsliste* 2 und 3, also *Konzeptfindung Stufe 2* und *Grobdesign*. Diese beiden *Vorgänge* werden parallel abgewickelt. Nach deren Abschluß kann die *Spezifikationsaufstellung (Vorgang Nr. 4)* erfolgen. Um anzuzeigen, daß außer *Vorgang 2* auch *Vorgang 3* abgeschlossen sein muß, bevor *Nr. 4* beginnen kann, bedient man sich einer gestrichelten Verbindung vom Abschluß des *Vorgangs 3* bis zum Beginn des *Vorgangs 4*. Diesen gestrichelten Pfeil, wie er auch vom Abschluß des *Vorgangs 6* bis zum Beginn des *Vorgangs 7* vorhanden ist, bezeichnet man als *Scheinvorgang* oder *Scheintätigkeit*. Damit wird die formelle Darstellung des Netzwerks erleichtert. (Derartige *Scheinvorgänge*, im englischen Sprachgebrauch *Dummy* genannt, findet man auch bei den Computernetzplänen.) Wenn die *Spezifikationsaufstellung (Vorgang Nr. 4)* abgeschlossen ist, beginnt man mit *Feindesign und Entwurf (Vorgänge Nr. 5 und 6)*. Nach Beendigung der *Vorgänge 5* und *6* beginnt *Vorgang 7*, danach *8* und *9* usw. Die Aufteilung der *Konzeptfindung (Vorgänge 1 und 2)* sowie der *Konstruktion (Vorgänge 7 und 8)* in jeweils zwei Stufen ermöglicht eine Parallelarbeit der *Nachfolge-Vorgänge*. So kann mit dem *Grobdesign* schon dann begonnen werden, bevor die gesamte *Konzeptfindung* beendet ist. Dasselbe gilt für den Beginn der *Modellerstellung* vor Abschluß der *Konstruktion*. Das ist eine Überlappung der *Vorgänge*, wie sie auch beim Balkendiagramm dargestellt ist (s. Abschn. 9.2). Im übrigen ist eine derartige Überlagerung der Tätigkeiten in der Praxis durchaus üblich. Denn bei der *Modellerstellung* z.B. ergeben sich Erkenntnisse, die für die *Konstruktion* wichtig sind und später erforderliche Änderungen vermeiden oder vorwegnehmen. *Konstruktion* und *Modellerstellung* ergänzen und befruchten sich gegenseitig. Dasselbe gilt für die *Konzeptfindung* und das *Grobdesign* in unserem Beispiel. Die Ziffern in den Kreisen bzw. Ellipsen sind die *fortlaufenden Nummern* des jeweils voraufgegangenen *Vorgangs*. Die Zahlen unterhalb der Pfeile geben die *Zeitdauer* für die darüber stehenden *Vorgänge* in *Wochen* an.

Es ist von Vorteil, wenn die Vorgangsliste vom gesamten Projektteam gemeinsam in Teamarbeit erstellt wird, weil dadurch die Identifizierung mit dem Netzplan eher gegeben ist. Außerdem unterstützt eine gemeinsame Planung die Initiierung des für die Projektdurchführung erforderlichen „Teamgeistes“. Zwischen den Teammitgliedern der verschiedenen Fachrichtungen ergeben sich zwangsläufig immer wieder Meinungsverschiedenheiten, die am besten gleich zu Beginn der Teamarbeit, also beim Planungsprozeß, in den wesentlichen Grundfragen ausgetragen bzw. geklärt werden sollten. Darüber hinaus hat der Projektleiter beim gemeinsamen Planen Gelegenheit, die Teammitglieder und deren Verhalten zueinander kennenzulernen, was für die Zusammenarbeit und das Führungsverhalten wichtig ist.

Eigene Erfahrungen in der Praxis haben ergeben, daß die gemeinsame Planung des Projektteams unter Einbeziehung der wesentlichen Beteiligten auch bei zunächst geringer Kooperationsbereitschaft innerhalb des Teams zu dem erwünschten „Teamgeist" führt. Darüber hinaus ist eine verstärkte Bereitschaft der am Projekt beteiligten Stellen zur Zusammenarbeit gegeben. Das erfordert allerdings eine konsequente schrittweise Erarbeitung der *Vorgangsliste.* Die dazu notwendige Vorgehensweise hängt von der Planungserfahrung des Teams und von den Umfeldgegebenheiten ab. Aber selbst in extremen Fällen, wo bei Teammitgliedern und Beteiligten wenig Erfahrung und Interesse an echter Teamarbeit und enger Kooperation vorhanden ist, führt die gemeinsame Planung und Erstellung der *Vorgangsliste* trotz mancher unangenehmer Auseinandersetzungen aufgrund von sachlichen Meinungsverschiedenheiten häufig zu ersprießlichen Ergebnissen und letztendlich zu effektiver und effizienter Zusammenarbeit. Dazu ein Beispiel aus der Praxis:

Nachdem in einem Industrieunternehmen Zielsetzung und Konzept für ein Neuprodukt (Kleinanlage, Transportsystem) geklärt und festgelegt waren, konnte das Projektteam mit der Projektplanung beginnen. Die Projektorganisation stand ebenfalls fest; in dem Unternehmen wurde das Matrix-Projektmanagement praktiziert. Der Projektleiter, ein qualifizierter Ingenieur, hatte schon an einigen Projekten mitgewirkt und war bereits zweimal Projektleiter bei kleineren Projekten. Die fünf Teammitglieder (aus Marketing, Entwicklung, Qualitätssicherung, Fertigung und Einkauf) hatten noch keine oder wenig Erfahrung in der Projektbearbeitung; der Vertreter des Einkaufs war ein kompetentes Verbindungsglied zu mitwirkenden Zulieferern. Das Team wurde über die Aufgabenstellung ausführlich unterrichtet. Jedes Teammitglied hatte seine eigenen Vorstellungen über Realisierungsmöglichkeiten des Projektes. Nach entsprechender Unterrichtung durch einen Instrukteur begann das Projektteam mit der Planung. Zu diesem Zweck hatte der Projektleiter eine Teamsitzung einberufen, deren Teilnehmer vorweg über das zu behandelnde Thema informiert wurden; es war auch bekannt, daß jeder seinen Beitrag dazu einzubringen hatte. Die Hauptaufgabe bestand darin, die *Vorgangsliste* zu erstellen. In der ersten Sitzung begann das Team damit, die wesentlichen *Vorgänge* zur Realisierung des Projektes aufzulisten und die für den jeweiligen *Vorgang verantwortliche Stelle* zu benennen. Schon hierbei gab es Meinungsverschiedenheiten sowohl bezüglich der *Vorgänge* als auch der dafür *zuständigen Stellen.* Die Teammitglieder konnten in vielen Fällen keine verbindlichen Zusagen machen, da sie zunächst Rücksprache mit den jeweils zuständigen Abteilungsleitern und zum Teil auch mit verschiedenen Experten halten wollten. Das heißt, die offenen Fragen mußten mit den verantwortlichen Beteiligten (Führungskräfte und Experten) geklärt werden. Bei diesen Gesprächen zwischen den einzelnen Teammitgliedern einerseits und deren Vorgesetzten sowie gewissen Experten andererseits waren auch die erforderliche Kapazität sowie die *Zeitdauer* für die einzelnen *Vorgänge* zu schätzen. Mit den Ergebnissen dieser Gespräche kamen die Teammitglieder wenige Tage später zu einer zweiten Teamsitzung zusammen. Anhand der *Vorgangsliste* wurden die einzelnen *Vorgänge* und die dafür *verantwortlichen Stellen* erneut behandelt und zusätzlich die jeweils notwendige Kapazität sowie die geschätzte *Zeitdauer in Wochen* eingetragen. Dabei konnten nicht alle strittigen Punkte ausgeräumt werden. Außerdem gab es die ersten Meinungsverschiedenheiten über die geschätzte *Zeitdauer* für manche *Vorgänge.* Wiederholte Rücksprachen mit den zuständigen ausführenden Stellen und zwei weitere Teamsitzungen brachten zwar eine gewisse Klärung, doch blieben Fragen bezüglich der Kosten und des genauen Ablaufs der *Vorgänge* offen. Dazu hatten die Teammitglieder für eine 5. Teamsitzung die erforderlichen Informationen einzuholen. Die geschätzten Kosten waren zunächst schnell in die *Vorgangsliste* aufgenommen. Die Summe der Kosten überraschte allerdings. Sie war zu hoch. Aufgrund der inzwischen „eingespielten" Kontaktaufnahmen zwischen den einzelnen Teammitgliedern und den für die Ausführung Verantwortlichen führten wiederholte Überprüfungen zu neuen kostengünstigeren Lösungsvorschlägen verschiedener *Vorgänge.* Damit ergaben sich konkrete Vorstellungen zur Reduzierung der gesamten Projektkosten. Die Erarbeitung von Reihenfolge und *Abhängigkeit der Vorgänge* bereitete trotz Vorbereitung einige Schwierigkeiten und erforderte bei dem relativ unerfahrenen Team beträchtlichen Zeitwaufwand. Es zeigte sich jedoch, daß gerade dadurch alle Beteiligten einen guten Überblick über die Zusammenhänge der Projekttätigkeiten gewonnen hatten.

Ein erster Entwurf des *Netzplans* ergab eine Zeitdauer für die Fertigstellung des Projektes von etwas mehr als drei Jahren. Die Vorstellungen des Auftraggebers lagen bei weniger als zwei Jahren. Bei gemeinsamer Überprüfung des *Netzplans* durch das Team ergaben sich Anhaltspunkte für mögliche Zeiteinsparungen auf dem „kritischen Weg". Darüber wurden die ausführenden Stellen unterrichtet, so daß diese zielgerecht realistische Lösungsmöglichkeiten vorschlagen konnten. Letztendlich erreichte man mit zwei Jahren nahezu die gewünschte Zeitdauer sowohl im Plan als auch bei der Realisierung. Der gesamte Erfolg dieses Projektes war im wesentlichen darauf zurückzuführen, daß nicht nur innerhalb des Teams eine enge Zusammenarbeit praktiziert wurde, sondern daß auch die verantwortlichen Beteiligten von vornherein aktiv in die Planung einbezogen und über Probleme bzw. Unklarheiten sowie über den jeweiligen Planungsstand laufend informiert wurden. Darüber hinaus waren sich die Führungskräfte der ausführenden Stellen ihrer Verantwortung für die jeweiligen Teilaufgaben des Projektes aufgrund entsprechender Regelungen durch die Unternehmensleitung voll bewußt. In diesem Zusammenhang ist ein Vorfall während dieses Fallbeispieles aus der Praxis erwähnenswert:

Während das Team nach Möglichkeiten zur Zeit- und Kostenreduzierung des Projektes suchte, führten Vergleiche mit Vorgängerprojekten zu einem Lösungsweg bei Fertigungsverfahren. Damit erwartete man sowohl die erwünschte Zeitreduzierung als auch geringere Kosten. Da die Grundplanung zum herangerückten vorgesehenen Termin abzuschließen war, beschloß die Mehrheit des Teams, das bei einem Vorgängerprojekt angewandte Verfahren zu übernehmen, obwohl das für die Fertigung zuständige und noch wenig erfahrene Teammitglied Bedenken dagegen erhob. Dieses Teammitglied war sich jedoch seiner Verantwortung gegenüber dem Projekt und gegenüber seinem Vorgesetzten voll bewußt. Deshalb wandte es sich unmittelbar nach der Teamsitzung an seinen Abteilungsleiter, bei dem ebenfalls Klarheit über seine letztendliche Verantwortung für Probleme der Fertigungsverfahren bestand. In ausführlichen Diskussionen zwischen Teammitglied und Abteilungsleiter – unter zeitweiliger Hinzuziehung von Experten – stellte sich heraus, daß die erwartete Kostenreduzierung zwar realistisch wäre, die Zeitersparnis aber nicht erreicht werden könnte; denn beim Vorgängerprojekt hatte sich erst später herausgestellt, daß das Fertigungsverfahren korrigiert werden mußte. Erst die nachträgliche Korrektur führte zur gewünschten Kostenersparnis, benötigte zu ihrer Einführung allerdings mehr Zeit als die ursprüngliche Version. Für das neue Produkt bedeutete diese Erkenntnis, daß man zwar mit den geplanten geringeren Kosten rechnen konnte, nicht aber mit der erwarteten Zeitreduzierung für den Start. Teammitglied und Abteilungsleiter informierten unmittelbar den Projektleiter und veranlaßten eine Korrektur der Projektplanung in diesem Punkt. Man bemühte sich sofort um einen anderen Lösungsweg für den kritischen Zeitfaktor und fand noch rechtzeitig eine realisierbare und erfolgversprechende Möglichkeit.

Dieses kleine Beispiel zeigt, wie das Zusammenwirken und die Aktivierung aller Unternehmensebenen zu einem erfolgreichen Projektmanagement führt; in diesem Falle waren es Rahmenbedingungen der Unternehmensleitung für eine einheitliche „Projektmanagement-Philosophie" sowie die Befolgung dieser Richtlinien und das Engagement aller am Projekt Beteiligten.

9.4.4 Beispiele für einfache manuelle Netzpläne

Einfache, leicht übersichtliche Netzpläne erleichtern dem Anfänger den Einstieg in die Anwendung der Netzplantechnik. Deshalb sollen hier zwei ganz verschiedene, manuell erstellte Netzpläne vorgestellt werden. Abbildung 9.7 zeigt eine Entwicklungsstufe eines Netzplans für die Entwicklung und Vermarktung eines neuen Computer-Programms von der General Electric Company. Es sind hier lediglich die einzelnen Vorgänge in ihrem vernetzten Ablauf dargestellt, noch ohne Angabe von Zeiten, Kapazitäten oder Kosten. Die Beschriftung ist nur aus Platzgründen und der Übersichtlichkeit halber nicht immer oberhalb der Vorgangspfeile angeordnet. Im oberen Teil des Netzplans erkennt man die gestrichelten Pfeile als Scheinvorgänge bzw. „Dummies", um die Abhängigkeit der einzelnen Vorgänge übersichtlich darzustellen.

Abbildung 9.8 zeigt das zweite Beispiel eines manuell erstellten Netzplans für die Entwicklung neuer Produkte. Es ist eine abgewandelte Form der „kritischen Weg-Methode" (CPM). Man erkennt die dick ausgezogenen Pfeile, die den „kritischen Weg" darstellen, also den Verlauf der zeitbestimmenden Vorgänge. Auch in diesem Beispiel gibt es aus Platzgründen und der Übersichtlichkeit halber weder Kapazitäts- noch Kostenangaben. Oberhalb der Vorgangspfeile sind jedenfalls die Vorgänge, unterhalb die zugehörigen Zeitdauern in Wochen eingetragen. Die Pfeillänge steht aber in keiner Relation zur Zeitdauer, wie das z.B. in Abb. 9.2 beim Balkendiagramm vorgegeben ist. Ein Netzplan, der das berücksichtigt, wird wesentlich komplexer und in seiner Ausdehnung unhandlicher.

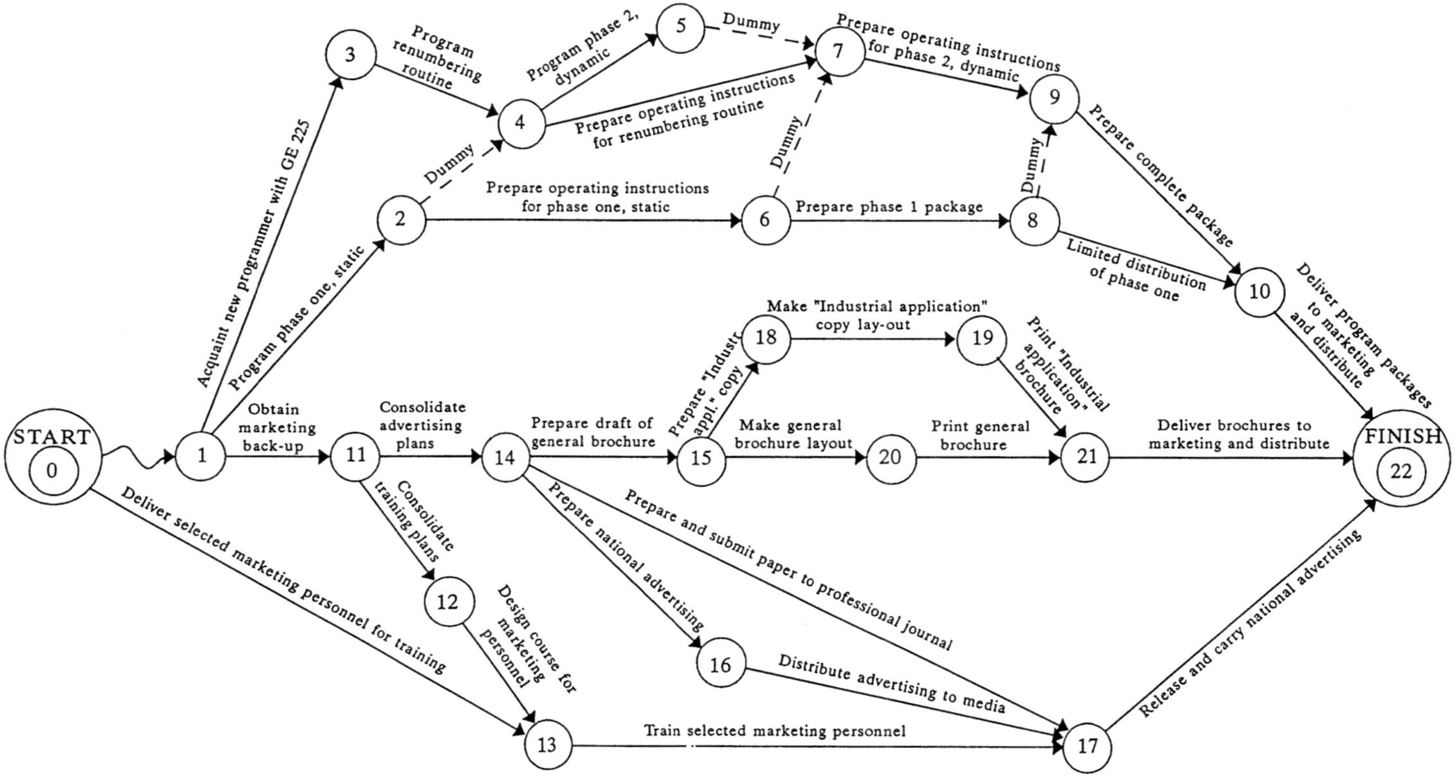

Abb. 9.7. Entwicklung eines Netzplans (Development of the Network). Network for the development and marketing of a new computer program. Quelle: General Electric Company, Courtesy Computer Department.

Trotzdem sind auch bei dem hier angeführten Beispiel die Kalenderdaten an den markanten Abschlüssen der Vorgänge aufgrund des Starttermins (bei *o*, am linken Rand in Abb. 9.8) und der angegebenen Zeitdauern ohne weiteres zu ermitteln und einzutragen, wie aus Abb. 9.8 zu ersehen ist. Natürlich sind dabei Feiertage oder Betriebsferien in entsprechender Weise zu beachten und mit einzukalkulieren.

Dieser Netzplan wurde in einem Unternehmen erstellt, in dem die Neuproduktentwicklung mit Hilfe des Matrix-Projektmanagements prinzipiell immer wieder in etwa gleicher Weise ablief. Deshalb versuchte man, einen Standardnetzplan zu erstellen, in dem lediglich die Zeiten, Kalenderdaten, Kapazitäten und Kosten dem jeweiligen Projekt anzupassen waren. Das Ergebnis dieses Versuchs ist der Netzplan in Abb. 9.8. Neben diesem Übersichtsnetzplan gab es weitere detailliertere Netzpläne für die enscheidend mitwirkenden Bereiche bzw. Abteilungen, wie Entwicklung, Marketing, Qualitätssicherung, Fertigung und Einkauf. Eine Standardisierung dieser Teilnetzpläne war jedoch wenig sinnvoll, da sich zu viele Vorgänge von Projekt zu Projekt änderten. Aus diesem Grunde wenden manche Unternehmen dafür die Plantafeltechnik an.

Die überlappende Arbeitsweise wird in Abb. 9.8 bei dem groben Übersichtsnetzplan wiederum durch die Aufteilung der entsprechenden Vor-

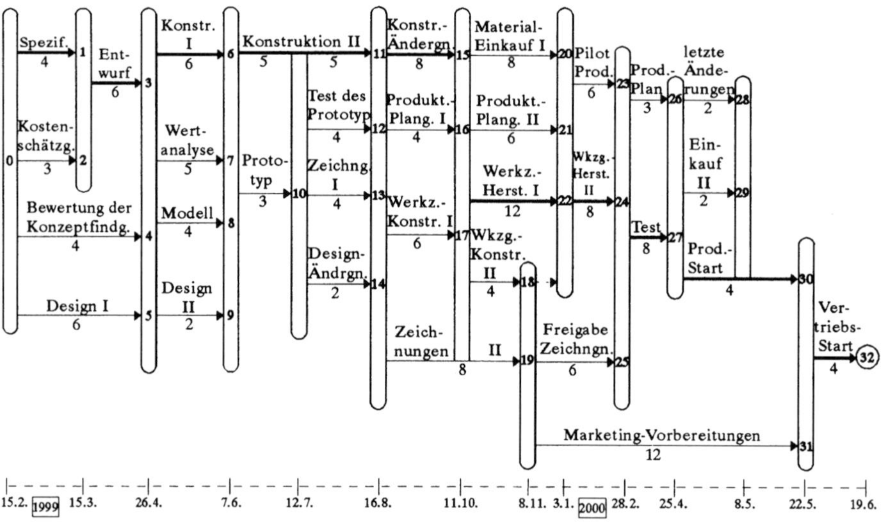

Abb. 9.8. Beispiel eines Netzplans für die Entwicklung neuer Produkte.

gänge in zwei Stufen dargestellt. Das trifft beim „kritischen Weg" für die Konstruktion und die Werkzeugherstellung zu; darüber hinaus sind Überlagerungen beim Design, bei der Produktionsplanung, der Zeichnungserstellung und der Werkzeugkonstruktion üblich. In den Teilnetzplänen sind die Überlappungen jeweils durch spezifische Vorgänge gekennzeichnet.

Computer-Netzpläne bauen ebenfalls auf den Basismethoden der Netzplantechnik auf, sind jedoch in ihrer Art sehr verschieden. Bei der Auswahl der geeigneten Software kommt es auf die Projekte an aber auch auf das angewandte Projektmanagement-Konzept und das Umfeld, in dem das Projekt bearbeitet wird. Die Vielzahl der angebotenen Systeme erschweren die Auswahl. Für kleine Projekte genügen häufig die einfacheren Systeme.

Grundsätzlich bietet der Netzplan eine gute Basis für die Überwachung und Steuerung des Projektes. Mit zunehmendem Umfang gestattet der rechnergestützte Plan eine leichtere und schnellere Adaption an neue Gegebenheiten als der manuell erstellte und ist bei sehr komplexen Projekten für den Planungsprozeß besser geeignet. Der Computer ermöglicht ohne großen Aufwand die Variation verschiedener Netzpläne eines bestimmten Projektes, um Alternativen für den Projektablauf zu bewerten. So kann z.B. durch Simulation herausgefunden werden, ob und wie sich der kritische Pfad – und damit die gesamte Projektdauer – ändert, wenn der geschätzte Zeitaufwand gewisser Vorgänge variiert wird.

10 Projektcontrolling

10.1 Aufgaben des Projektcontrollings

Da der Begriff *Controlling* manchmal verschieden interpretiert wird, sei vorweg kurz erläutert, was hier darunter zu verstehen ist. *Controlling* ist vom englischen Wort *to control* abgeleitet, was u.a. *kontrollieren, überwachen, beaufsichtigen* – aber auch *steuern, lenken, leiten, regulieren* bedeutet. Demnach beinhaltet *to control* sowohl den Begriff *Überwachung* oder *Kontrolle* – letzterer ist vom französischen „Contre-rôle“ (Gegenprobe) eingedeutscht – als auch den Begriff *Steuerung* oder *Lenkung*. In der Definition des Controller Vereins heißt es zum Begriff *Controlling* u.a.: „Der Controller leistet in einer das Management begleitenden Rolle betriebswirtschaftlichen Service, sorgt für Kosten-, Ergebnis- und Strategie-Transparenz, koordiniert die Ziele und Teilpläne des Unternehmens ganzheitlich, organisiert ein unternehmensübergreifendes Berichtswesen und sorgt mit seiner Methodik für mehr Wirtschaftlichkeit im System der Unternehmung als Regelkreis.“ Controlling ist eine Steuerungskonzeption und eine Führungsfunktion, die das Ziel verfolgt, Planung und Überwachung mit der Informationsversorgung zu koordinieren. Koordination umfaßt dabei sowohl laufende Abstimmungsprozesse als auch die Gestaltung von Planungs-, Überwachungs- und Informationssystemen.

Unter *Projektcontrolling* sind ebenfalls die beiden Funktionen *Überwachung und Steuerung* des Projektes auf der Basis der Projektplanung zu verstehen. Das Projektcontrolling dient der zielgerechten Projektabwicklung, wie sie von der Projektplanung vorgesehen ist. Dazu bedarf es zunächst einer laufenden Überprüfung des Projektgeschehens, was auch zur Aufgabe einer konventionellen Überwachung gehört. Dabei wird der Istzustand festgestellt, also das, was bei der Projektbearbeitung tatsächlich geschehen ist. Die Istdaten sind den Solldaten gemäß Plan gegenüberzustellen. Dabei sind die Abweichungen von besonderem Interesse. Für den

Übergang zur Projektsteuerung ist es zweckmäßig, die Abweichungen zu analysieren. Diese Abweichungsanalysen, die eigentlich zur Überwachungsfunktion gehören – oder besser zum *Controlling* – geben Aufschluß über die Gründe für die Abweichungen, die wiederum Anhaltspunkte zur Projektsteuerung liefern.

Abweichungen können grundsätzlich darauf beruhen, daß bei der Planung vorgesehene Maßnahmen

- wegen Unzulänglichkeit in der Einschätzung von Schwierigkeiten oder relevanter Umfeldbedingungen und ihrer Entwicklung nicht die erwarteten Wirkungen erbrachten,
- durch unerwartete, nicht vorhersehbare Ereignisse wirkungslos bzw. nicht einhaltbar waren oder
- nicht wie geplant durchgeführt wurden (unzulängliches Wollen oder Können der mit der Durchführung Beauftragten).

Kleinere Abweichungen lassen sich oft ohne großen Aufwand korrigieren. Es gibt aber auch Fälle, die eine Planänderung oder gar eine Zielanpassung erfordern. Es ist Aufgabe des Projektcontrollings, aufgrund der Abweichungsursachen zu entscheiden bzw. vorzuschlagen, welche Maßnahmen zu ergreifen sind, um eingetretene nicht erwünschte Entwicklungen wieder auszugleichen oder sich anbahnende Abweichungen zu vermeiden. Je früher Fehlentwicklungen oder unerwartete Schwierigkeiten erkannt werden, umso leichter und wirkungsvoller ist deren Behebung oder Umgehung. Das bedarf jedoch einer laufenden Projektverfolgung, die wiederum ein angemessenes Rückmeldesystem erfordert. Dazu bedient man sich z.B. des Berichtswesens (Projektfortschrittsberichte), verschiedener Meetings mit Präsentation der jeweiligen Zwischenergebnisse und auch computerunterstützter Systeme. Bei Nutzung vorhandener Cotrollingsysteme, insbesondere für die betriebsinterne Kostenüberwachung, ist zu beachten, daß für die Projektüberwachung Schnelligkeit vor Genauigkeit geht, denn je früher abweichende Tendenzen erkennbar sind, umso aussichtsreicher sind korrigierende Maßnahmen.

Die wesentlichen Aufgaben des Projektcontrollings sind die der Projektüberwachung und die der Steuerung des Projektablaufs. Zu den ersten gehören:

- Leistungsüberwachung/Projektfortschritt (bzgl. Quantität und Qualität).

- Terminüberwachung unter besonderer Beachtung der kritischen Termine und der Terminabhängigkeiten kritischer Vorgänge durch die dafür Verantwortlichen.
- Kostenüberwachung (Aufwand); laufende Verfolgung der verbrauchten zu den geplanten Kosten.
- Kapazitätsüberwachung. Dabei geht es um eine regelmäßige (z.B. wöchentliche) Überprüfung der verbrauchten im Vergleich zu den geplanten Kapazitäten und um Beachtung der generellen Kapazitätsentwicklung.

Bei der Steuerung des Projektablaufs geht es um:

- Koordination der Projektarbeiten,
- Förderung der Kooperation aller am Projekt Beteiligten,
- Anleitung und Führung der am Projekt beteiligten Mitarbeiter,
- Fällen von Entscheidungen durch Projektleitung und Steuerungsausschuß.

Wesentliche Hilfsmittel dazu sind:

- Information und Berichterstattung,
- Projektberichtswesen sowie
- Durchführung von Projektbesprechungen.

Eine besondere Rolle spielt das Projektcontrolling nach jeder Projektphase bzw. bei den Meilensteinen (s. Kap. 7, Abschn. 7.4). Um Auftraggeber und am Projekt beteiligte Führungskräfte über den Stand des Projektes zu informieren und grundsätzliche Entscheidungen herbeizuführen, werden nach Abschluß markanter Projektphasen Meilensteinsitzungen einberufen. Deren Termine ergeben sich im allgemeinen aus dem Projektplan (z.B. Netzplan). Der Teilnehmerkreis richtet sich nach dem zu behandelnden Projektteilergebnis und der zur Entscheidung anstehenden Problemlösung. Außerdem steht für spezielle Fälle das Steuerungskomitee zur Verfügung, das in seiner Zusammensetzung ebenfalls den Erfordernissen entspricht. Zusammenfassend kann man feststellen, daß es Aufgabe des Projektcontrollings ist, das Projekt plangemäß durch laufende Projektverfolgung, -überwachung und -steuerung bzw. -lenkung sowie erforderliche Plananpassung zum erfolgreichen, zielgerechten Abschluß zu führen.

10.2 Voraussetzungen für das Projektcontrolling

Die wichtigste Voraussetzung für das Projektcontrolling ist die Projektplanung als dessen Grundlage. Die erarbeiteten Übersichts- und Teilnetzpläne mit den Aktivitäten, Terminen, Kapazitäten und Kosten dienen als Dispositionsunterlagen für die Überwachung und Steuerung des Projektablaufs. Sie können diese Aufgabe jedoch nur dann erfüllen, wenn sie in regelmäßigen Abständen dem tatsächlichen Projektfortschritt angepaßt werden, was eine weitere Voraussetzung für das Projektcontrolling ist. Die Abstimmung von Soll- und Istdaten setzt eine geregelte Information bzw. Berichterstattung der ausführenden an die planenden Stellen oder Personen voraus. Läßt die Auswertung der Überwachung Abweichungen erkennen, so ist unverzüglich zu prüfen, inwieweit dadurch Projektabläufe gefährdet sind und welche Auswirkungen sie auf den Netzplan und vor allem auf Folgetätigkeiten haben. Dabei ist auch darauf zu achten, ob durch Abweichungen oder Verschiebungen bisher subkritische Tätigkeiten kritisch werden. Festgestellte Abweichungen führen in der Regel zu einer Überarbeitung des Planes und - soweit nötig - zur Vorgabe neuer Plandaten. Dieser Zyklus von Planung, Durchführung, Rückmeldung der Istdaten und Überarbeitung des Planes wiederholt sich laufend bis zur Beendigung des Projektes. Die formelle Erstellung und Überarbeitung der Netzpläne wird häufig Stabsstellen oder Personen übertragen, die ständig mit der Netzplantechnik arbeiten. Es ist zweckmäßig, wenn dieselben Stellen auch die für das Controlling notwendigen Daten zusammenstellen und für die Projektsteuerung aufbereiten. Das erfordert ein dem Projekt und den Gegebenheiten angemessenes Planungs- und Controllingkonzept. In vielen Fällen eignet sich dafür am besten ein computerunterstütztes System. Ist ein solches nicht vorhanden, kann ein konventionelles System angewandt werden (z.B. zentrale Ansprechstelle, Informationszentrum, „Projektraum" usw.). Wichtig ist, daß die am Projekt Beteiligten - zumindest aber die Teammitglieder - Zugriff zu diesem System haben. Es muß sichergestellt sein, daß einerseits die am Projekt Beteiligten - insbesondere die Teammitglieder - die erreichten Zwischenergebnisse und Planabweichungen der Erfassungsstelle oder -person laufend mitteilen, daß andererseits aber auch die Teammitglieder und die davon Betroffenen über die sich daraus ergebenden Konsequenzen (z.B. Planänderungen) ständig informiert werden. Ebenso gehört zum Projektcontrolling ein Informationssystem, das eine Meldung über sich anbahnende Störungen an die Projektleitung und an die dafür Verantwortlichen gewährleistet. Das gilt für Projektabläufe, Zeitverzögerungen, Kostenüberschreitung und Kapazitätsprobleme. Die rechtzeitige Beachtung der vom Plan abweichenden Tendenzen ist insofern wichtig, weil es oft Zeitverzögerungen gibt, bevor eingeleitete Korrekturmaßnahmen wirksam werden, was im nächsten Abschn. 10.3 näher erläutert ist.

10.3 Prinzip der Projektsteuerung

Bei Anwendung des Projektmanagements ist man im allgemeinen daran interessiert, ein quantitäts- und qualitätsmäßig hochwertiges Projektziel zum vorgesehenen Termin mit einem Minimum an Aufwand zu erreichen. In geometrischer Darstellung bedeutet das eine Gerade zwischen *Start* und *Ziel*, wie aus Abb. 10.1 zu ersehen ist.

Das Projektteam strebt den *geplanten Ablauf* als optimalen Weg vom Projekt*start* zum Projekt*ziel* an. Nach Abb. 10.1 ist es der gerade Pfeil. Wenn sich nun bei der Projektdurchführung eine *Planabweichung* ergibt, so wird diese häufig nicht sofort erkannt. Es dauert eine Zeitlang, bis sie erkenntlich ist bzw. eine Wirkung zeigt; laut Abb. 10.1 beträgt diese Zeitspanne t_1. Dann erst kann man überlegen, welche *Korrekturmaßnahmen* in die Wege zu leiten sind, um wieder dem *geplanten Ablauf* folgen zu können. Das nimmt eine weitere Zeitspanne t_2 in Anspruch, während der sich die Wirkung der *Planabweichung* fortsetzt. Bei Einsatz der richtigen *Korrekturmaßnahmen* beginnt die Entwicklung sich wieder dem *geplanten Ablauf* zu nähern, um ihn nach einer gewissen Zeit t_3 zu erreichen. Im allgemeinen versucht man, die Korrekturmaßnahmen so zu wählen oder zu gestalten, daß der geplante Zustand schnell wieder hergestellt wird. Das hat jedoch zur Folge, daß meistens ein wenig übersteuert wird. Diese *Überreaktion* führt oft zu einer *Planabweichung* in eine andere Richtung, was auch erst nach einer Reaktionszeit t_4 erkannt wird. Überlegungen zur Behebung dieser Fehlentwicklung lösen nach der dafür erforderlichen Zeit t_5 *Gegenmaßnahmen* aus, die schließlich nach einer angemessenen Zeitdauer t_6 die ursprüngliche Plangröße erreichen. Zur Veranschaulichung dieser Darstellung ein Beispiel:

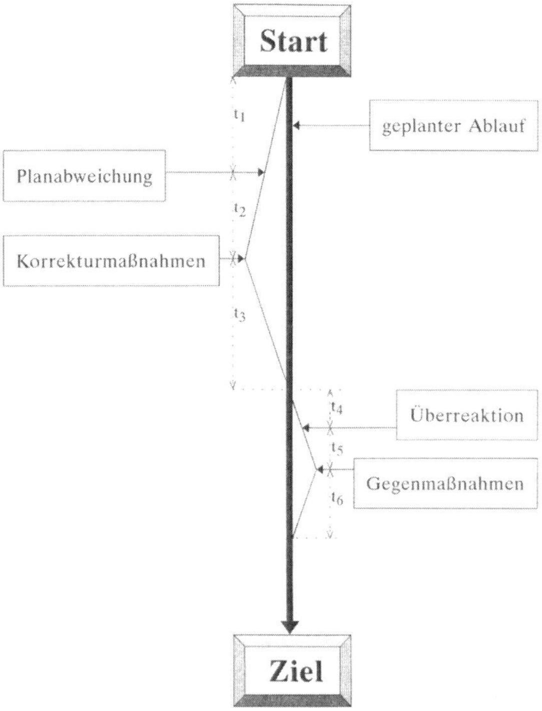

Abb. 10.1. Prinzip der Projektsteuerung. (In Anlehnung an Madauss [19].)

Bei einer Geräteentwicklung (Projekt Neuprodukt) ergab sich ein unerwartetes Toleranzproblem. Es ging um die Konstruktion eines speziellen Kunststoffteiles. Die Vermaßung dieses Teiles sah das dafür übliche und allgemein bewährte Toleranzmaß x vor. Der Zusammenbau des ersten Prototypen bestätigte die Richtigkeit dieser Entscheidung. Negative Testergebnisse führten jedoch erst nach systematischen Untersuchungen (t_1) zu der Erkenntnis, daß das Kunststoffteil aufgrund besonderer mechanischer und thermischer Beanspruchungen die Schwachstelle war. Es bedurfte einiger Untersuchungen und Überlegungen (t_2), bis man sich zu einer Toleranzänderung (von x nach z) entschied. Diese Korrektur brachte zwar die erwartete Verbesserung (t_3), doch stellte sich bald (t_4) heraus, daß man des Guten zuviel getan hatte *(Überreaktion)*, denn einerseits war die enge Toleranz z wirtschaftlich nicht reproduzierbar, andererseits ergaben weitere Versuche (nach t_5), daß eine zwischen x und z liegende Toleranz den Anforderungen voll und ganz genügte. Die letztendliche Festlegung der Toleranz y als *Gegenmaßnahme* zur *Überreaktion* führte (nach t_6) zur ursprünglich geplanten Funktion des Gerätes.

10.4 Modell für das Projektcontrolling

Die generelle Vorgehensweise beim Projektcontrolling läßt sich anhand eines einfachen Modelles erklären (s. Abb. 10.2).

Aufgrund der *Projektzielsetzung* ermittelt die *Projektplanung* den Weg zur Erreichung des Zieles und bildet die Grundlage für das *Projektcontrolling (Projektüberwachung und Projektsteuerung)*. Die sich aus der Planung ergebenden *Soll*werte für die einzelnen Projektkomponenten sind zu realisieren und müssen im Interesse der Überwachung meßbar sein. Denn sie dienen als Meßgrößen für die bei der *Projektdurchführung* zu erzielenden *Ist*werte. Das heißt, wenn die *Projektüberwachung* bei *Soll-Ist-Vergleichen* Übereinstimmung feststellt *(Ist = Soll)*, dann entspricht diese Projektkomponente dem geplanten Wert und man braucht sie zunächst nicht weiter zu verfolgen – ein Planelement kann abgehakt werden.

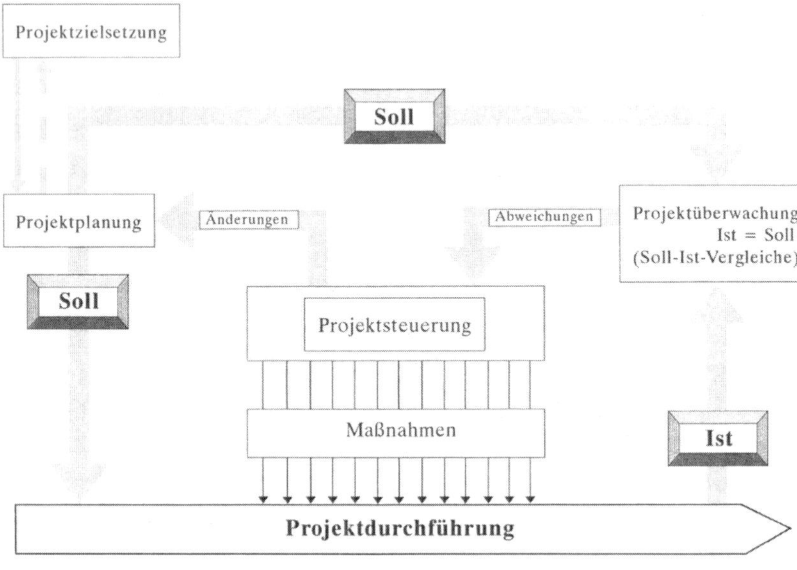

Abb. 10.2. Einfaches Modell für das Projektcontrolling (in Anlehnung an Platz/ Schmelzer [29]).

Sind jedoch *Abweichungen* vorhanden, tritt die *Projektsteuerung* in Aktion. Eine Abweichungsanalyse gibt Hinweise für die zu ergreifenden Aktivitäten, um die Folgen der *Abweichungen* zu berücksichtigen, zu beheben oder zu vermeiden (s. Abschn. 10.1). In vielen Fällen geschieht das durch verschiedenartige individuelle Maßnahmen, die von der *Projektsteuerung* eingeleitet und dann auch durchgeführt werden. Damit erreicht man meistens die gewünschten *Ist*werte.

Wenn beispielsweise eine Abweichung von der geplanten Personalkapazität vorliegt, läßt sich diese meistens durch Umschichtungen oder Ersatz beheben. Auch beim Ausfall einer Spezialeinrichtung sind oft Ersatzlösungen möglich. So war in einem Industrieunternehmen plötzlich eine spezielle Werkzeugmaschine ausgefallen, auf welcher ein zeitkritisches Werkzeug für ein Neuprodukt bearbeitet wurde. Durch sofortige Recherchen fand man einen Werkzeughersteller, der dieselbe Maschine besaß und in der Lage war, das in Arbeit befindliche Werkzeug termingerecht fertigzustellen. Aber auch kleine Fehlentwicklungen lassen sich häufig durch entsprechende Maßnahmen korrigieren. Bei EDV-Projekten sind in der Softwareentwicklung Programmierungskorrekturen ohnehin üblich. Ebenso erprobt man bei Forschungs- und Entwicklungsprojekten im allgemeinen verschiedene Maßnahmen, wenn ein gewünschter Ablauf, ein geplantes Element oder eine notwendige Reaktion nicht auf Anhieb erzielt werden.

Doch nicht immer kann man *Abweichungen* auf solche Weise korrigieren und zu den vorgegebenen *Soll*werten führen. Die Gründe für die *Abweichungen*, die sich aus den Abweichungsanalysen ergeben, führen häufig zu neuen Erkenntnissen, die bei der ursprünglichen *Projektplanung* noch nicht vorhanden waren. Man hat während der *Projektdurchführung* dazugelernt und muß daraus Konsequenzen ziehen. Diese resultieren meistens in *Änderungen* der *Projektplanung*, wie aus Abb. 10.2 hervorgeht. Außerdem können auch unerwartete Ereignisse des Umfeldes zu *Änderungen* Anlaß geben. Es ist Aufgabe der *Projektsteuerung*, die erforderlichen *Änderungen* zu veranlassen. Planänderungen haben neue *Soll*werte zur Folge, die bei der weiteren *Projektdurchführung* zu erreichen sind und neu überprüft werden. So setzt sich der Controllingprozeß in gleicher Weise fort, wie zuvor erläutert. Bei den *Änderungen* der *Projektplanung* ist darauf zu achten, ob und inwieweit diese auch die *Zielsetzung* beeinflussen. Im allgemeinen wird man zwar versuchen, die ursprüngliche *Zielset-*

zung beizubehalten; wenn jedoch neue Erkenntnisse oder unerwartete Ereignisse dazu zwingen, auch dafür *Änderungen* in Erwägung zu ziehen, dann sollte die Entscheidung dazu so schnell wie möglich vom Steuerungsgremium mit Auftraggeber getroffen werden. Dazu drei Beispiele aus der Praxis:

Bei einem Rationalisierungsprojekt für die Fertigung von speziellen Kleinstwerkzeugen war als Projektziel im wesentlichen folgendes festgelegt bzw. vereinbart: Reduzierung der gegenwärtigen Herstellkosten um mindestens 20 % und Gewährleistung der geforderten Qualität. Dabei ging es auch um die Beachtung der Jahresmenge von maximal x Millionen Stück plus einem jährlichen Zuwachs von maximal 5 %. Für die dazu erforderlichen Investitionen war die im Unternehmen übliche Amortisationszeit als obere Grenze einzuhalten. Gerade die letzte Forderung bereitete den Rationalisierungsingenieuren zunächst besondere Schwierigkeiten. Man fand dann aber eine Realisierungsmöglichkeit, die für die vorgesehene Stückzahl als optimale Lösung angesehen werden konnte. Das Projekt machte plangemäße Fortschritte, man konnte mit einem erfolgreichen Abschluß rechnen. Mitten im Projektgeschehen wurde bekannt, daß ein Gerätehersteller ein neuartiges Gerät entwickelte, das den Kleinstwerkzeugen ein umfangreiches neues Anwendungsgebiet eröffnen könnte. Nachforschungen bestätigten diese Vermutung. Kurzfristig durchgeführte Marktuntersuchungen ergaben, daß für diese neuen Anwendungen in etwa zwei bis drei Jahren ein voraussichtlicher Jahresbedarf von mindestens derselben Menge zu erwarten war, wie sie der Kleinstwerkzeughersteller bislang für den bisherigen Markt eingeplant hatte. Das bedeutete, daß beim Wirksamwerden des neuen Marktes die doppelte Menge zu produzieren wäre. Es stellte sich die Frage, welche Folgen die neue Situation für das Rationalisierungsprojekt haben würde, wenn die Zielsetzung bezüglich der Jahresmenge zu verdoppeln wäre. Erste Untersuchungen ergaben, daß ein neues Konzept für die Fertigungsrationalisierung zugrundezulegen wäre, einige wesentliche Ergebnisse der bisherigen Projektarbeit aber übernommen werden könnten. Nach weiteren Untersuchungen, vor allem der Kosten- und Terminsituation, beschloß das Steuerungsgremium dieses Projektes, die Zielsetzung für das Rationalisierungsprojekt bezüglich der Jahresmenge den neuen Gegebenheiten entsprechend zu ändern, was auch eine Änderung der Projektplanung zur Folge hatte.

Ein weiteres Beispiel zeigt die Notwendigkeit für den Abbruch eines Entwicklungsprojektes:

Grundsätzliche Untersuchungen eines Forschungsinstituts über den Lasereinsatz für eine spezielle medizinische Anwendung waren erfolgversprechend. Ein Hersteller elektromedizinischer Geräte erteilte daraufhin diesem Institut den Auftrag, ein funktionsfähiges Gerät zu entwickeln, praktisch zu erproben und bei dessen fertigungsgerechter Gestaltung sowie beim Anlauf der Produktion unterstützend mitzuwirken. Dieses Projektziel sollte von einem gemischten Projektteam erreicht werden, das sich aus Angehörigen des Forschungsinstituts, aus einem Mediziner (beteiligte Klinik) und einem Vertreter des Auftraggebers zusammensetzte. Die Projektleitung lag zunächst in den Händen eines Institutsangehörigen und sollte ab fertigungsgerechter Gestaltung des Produktes auf den Vertreter des Auftraggebers übergehen, wobei auch eine Änderung der Teamzusammensetzung vorgesehen war. Das Steuerungsgremium bestand aus einem Vertreter der Geschäftsführung des Geräteherstellers, einem kompetenten Vertreter des Forschungsinstituts, dem zuständigen Abteilungsleiter der beteiligten Klinik sowie dem Projektleiter. Trotz mancher notwendiger Planänderungen verlief das Projekt bis zum ersten funktionsfähigen Prototyp zufriedenstellend. Klinische Erprobungen resultierten allerdings in der Erkenntnis, daß einige grundsätzliche Mängel die praktische Einsatzfähigkeit des Gerätes in Zweifel zogen. Aufgrund weiterer Untersuchungen erhärtete sich sehr schnell die Einsicht, daß auf der Basis der bisherigen Forschungsergebnisse eine praktische Anwendung des Lasers für den speziellen Einsatz nicht – oder besser: noch nicht – möglich war. Das Steuerungsgremium kam deshalb zu der Entscheidung, das Projekt abzubrechen. Es bestand Übereinstimmung darüber, daß nach dem gegenwärtigen Stand der Erkenntnisse die Anwendung des Lasers für den vorgesehenen Zweck in der beabsichtigten Weise nicht möglich war. Obwohl das endgültige Ziel nicht erreicht wurde, hatte der Auftraggeber durch das Projekt die Problematik dieser Anwendung kennengelernt. Außerdem gab das Ergebnis Anlaß zu der Annahme, daß auch für den Wettbewerb diese augenscheinlich naheliegende Anwendung kurzfristig nicht zu realisieren war.

Das dritte Beispiel gibt eine oft vorkommende Situation wieder, bei der die Gefährdung des Zieles durch eine entsprechende Planungsänderung (hier Kosten- und Kapazitätsänderung) abgewendet werden kann:

Häufig wird an ein Projekt die Forderung gestellt, ein Neuprodukt bis zu einem wichtigen Messetermin fertigzustellen. Um dabei nicht unter unkontrollierbaren Zeitdruck zu kommen, hatte ein Maschinenbau-Unternehmen rechtzeitig ein Projekt für einen neuartigen Maschinentyp gestartet. Die Zielsetzung war mit allen verantwortlichen Beteiligten abgestimmt. Dabei wurde auch der Messetermin für eine Vorführmaschine akzeptiert. Laut Planung konnte die Auslieferung der ersten Maschinen vier Wochen nach Messetermin erfolgen. Die etwa zwei- bis dreijährige Entwicklungs- und Fertigungsvorbereitungszeit verlief trotz verschiedener Störungen und kleiner Änderungen weitgehend plangemäß. Vier Wochen vor Messebeginn ergaben Auswertungen von Testergebnissen grundsätzliche Schwachstellen der elektronischen Steuerung. Das mit der Entwicklung der elektronischen Steuerung (Teilprojekt) beauftragte Unternehmen fand zwar bald den Grund für die Schwachstellen heraus und hatte auch grobe Vorstellungen für deren Beseitigung, sah aber zunächst keine Möglichkeit, diese in der Kürze der Zeit zu realisieren. Man scheute auch erneute Risiken. Andererseits waren alle Vorbereitungen für die Vorführung des Neuproduktes auf der Messe getroffen, eine nichtfunktionsfähige Maschine wollte man aber nicht vorstellen. Das sofortige Engagement aller Beteiligten erbrachte verschiedene Lösungsmöglichkeiten. Nach Abwägung dieser Vorschläge wurde in einer Sitzung des Steuerungskomitees mit Experten beider beteiligten Unternehmen entschieden, die Zielsetzung bezüglich der ursprünglich vorgesehenen Termine beizubehalten und durch zusätzliche Kosten eine Beschleunigung der Schwachstellenbehebung mit Hilfe eines speziellen Instituts herbeizuführen. Die zusätzliche Kosten- und Kapazitätsaufstockung ermöglichte letztendlich, das Projektziel bezüglich Leistungsumfang (Quantität und Qualität) und Zeit zu erreichen.

Die Beispiele zeigen, daß unmittelbares Eingreifen bei Plan- oder Zielabweichungen in das Projektgeschehen zu einem befriedigenden oder akzeptablen Projektabschluß führen. Es ist Aufgabe des Projektcontrollings oder der Projektsteuerung, mit Hilfe des Projektteams bzw. der Projektleitung und gegebenenfalls auch des Projektsteuerungsgremiums dafür zu sorgen, daß bei erforderlichen Änderungen unverzüglich entsprechende Aktionen in die Wege geleitet werden.

10.5 Regelkreis beim Projektmanagement

Die Zusammenhänge zwischen Projektplanung, -überwachung und -steuerung sowie überhaupt das grundsätzliche Projektgeschehen lassen sich mit Hilfe eines „Regelkreises" anschaulich darstellen, wie aus Abb. 10.3 zu ersehen ist.

Jedem Projekt, das in einem Unternehmen oder in einem Institut bearbeitet wird, liegt ein *Projektauftrag* zugrunde. *Auftraggeber* ist die Stelle oder Person, die das Projekt auslöst und somit letztendlich auch verantwortet. Es ist primär Aufgabe des Auftraggebers, für die Zielsetzung und – falls notwendig – für eine Kosten-Nutzen-Betrachtung zu sorgen. Jedenfalls trägt der Auftraggeber die Verantwortung für die Finanzierung des Projektes. Der *Projektleiter* als Auftragnehmer ist dafür verantwortlich, daß das Projekt vertragsgemäß durchgeführt und das vereinbarte Projektziel erreicht wird. Dementsprechend hat er die dazu erforderliche *Aufgabenstellung* zu formulieren, *Anweisungen* zu erteilen und die notwendigen *Entscheidungen* zu treffen. Im Ablaufsystem des Projektmanagements fungiert er demzufolge als *Regler.* Das *Stellglied* in diesem System ist die

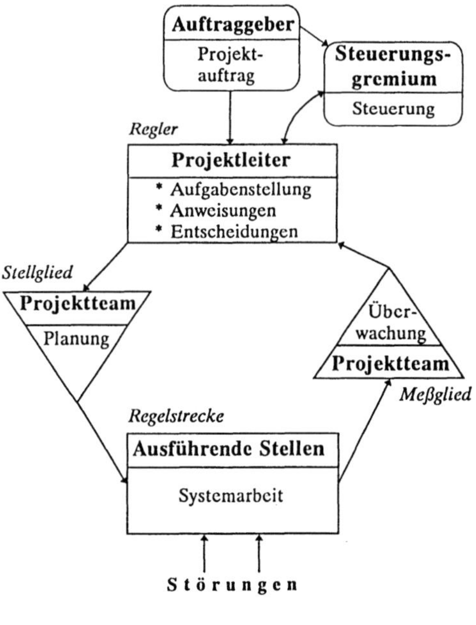

Abb. 10.3. Einsatz eines einfachen Regelkreises beim Projektmanagement.

Planung, die vom *Projektteam* durchgeführt wird. Die *Planung* bildet die Grundlage für das weitere Geschehen, also für die *Systemarbeit* an dem Projekt. Beteiligt sind daran verschiedene *ausführende Stellen*, welche die eigentliche *Regelstrecke* des Systems darstellen. *Störungen* verschiedener Art und Größe können die *Systemarbeit* beeinflussen, so daß nicht immer die geplanten Werte erreicht werden. Deshalb überprüft ein in den Regelkreis eingefügtes *Meßglied* die sich jeweils ergebenden Istwerte. Es handelt sich um die Funktion der *Überwachung*, die vom *Projektteam* zu bewerkstelligen ist. Über die Ergebnisse der *Überwachung* ist der *Projektleiter* zu informieren, insbesondere bei Abweichung der Istwerte von den geplanten Sollwerten. Denn der *Projektleiter* hat als *Regler* des Controllingsystems notfalls einzugreifen und durch *Anweisungen* oder *Entscheidungen* den Projektablauf den jeweiligen Gegebenheiten entsprechend zu regulieren. Kann er in besonders schwierigen Situationen die notwendigen Entscheidungen nicht allein treffen, weil sie über seine Kompetenz oder Zuständigkeit hinausgehen, dann muß er die letztentscheidliche Instanz, das *Steuerungsgremium*, hinzuziehen, in dem auch der *Auftraggeber* oder sein Vertreter zugegen ist.

Einzelne Schritte im Regelkreis des Projektcontrollings und insbesondere bei der Projektsteuerung sind in Abb. 10.4 aufgeführt.

Wie bereits im Abschn. 10.4 (Abb. 10.2) erläutert, basiert das *Projektcontrolling* auf der *Projektplanung* und beinhaltet diese zumindest wäh-

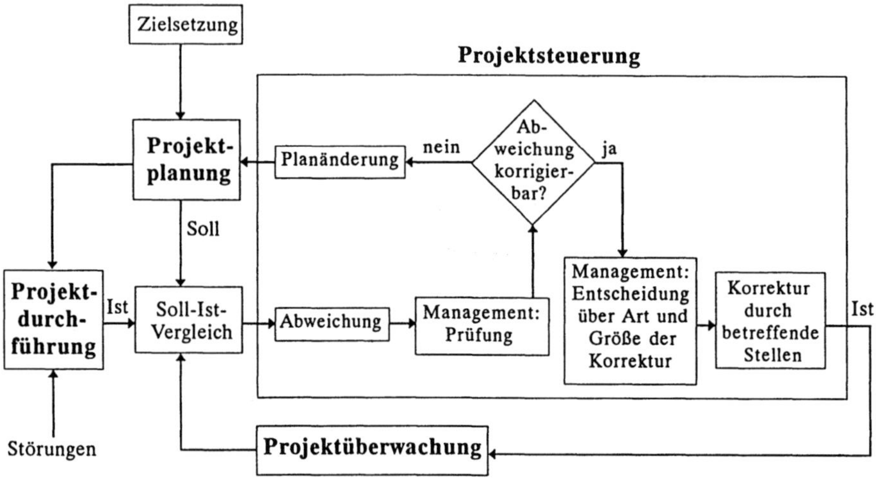

Abb. 10.4. Regelkreis Projektcontrolling.

rend der *Projektdurchführung.* Denn bei *nicht korrigierbaren Abweichungen* der erreichten Istwerte sind *Planänderungen* notwendig, die im Rahmen des *Projektcontrollings* oder der *Projektsteuerung* veranlaßt und auch durchgeführt sowie überwacht werden. Tritt beim *Soll-Ist-Vergleich* eine *Abweichung* auf, so ergibt sich aufgrund der *Prüfung durch das Management,* ob diese *Abweichung korrigierbar* ist oder nicht. Für diese Entscheidung sind je nach Problemstellung die Projektleitung und/oder die Führungskräfte der am Projekt beteiligten Stellen zuständig. Ist die *Abweichung korrigierbar,* dann muß das *Management über Art und Größe der Korrektur entscheiden.* Bereinigt wird die *Korrektur durch die betreffenden Stellen.* Die *Projektüberwachung* hat festzustellen, ob der erwartete *Ist*wert nun erreicht ist. Falls eine erneute *Abweichung* vorliegt, wiederholt sich die Überprüfung. Wenn die *Abweichung* jedoch nicht korrigierbar ist, dann erfolgt eine *Planänderung,* denn die *Projektplanung* muß „up-to-date" gehalten werden. Zu Beginn dieses Abschnittes wurde schon darauf hingewiesen und durch Beispiele belegt, daß bei einer *Planänderung* gegebenenfalls auch die *Zielsetzung* zu ändern ist. Diese spielt bei externen Projektaufträgen, wie z.B. in der Vertragsforschung, ebenfalls eine herausragende Rolle, was im nächsten Abschn. 10.6 behandelt wird.

10.6 Hauptelemente des Überwachungsregelkreises

Das Projektziel ist fundamentaler Ausgangspunkt für alle Aktivitäten des Projektmanagements und somit auch Grundlage für den Regelkreis der Projektüberwachung. Bei externen Projektaufträgen sind die Kriterien des Projektzieles nach klarer Definition in einem Vertrag zu dokumentieren. Das heißt, es sind die Projektziele vor allem anhand der Systemspezifikation, der bedeutenden Termine sowie der Projektkosten vertraglich festzulegen und somit als *Auftragsbasis* zu verankern. Diese Vertrags- bzw. *Auftragsbasis* ist Richtschnur für alle Projektaktivitäten und Ausgangspunkt des Überwachungsregelkreises für das Projekt, dessen Hauptelemente in Abb. 10.5 aufgeführt sind.

Aufgrund der vertraglich festgelegten Projektziele *(Stufe 1: Auftragbasis)* sind *Planung und Arbeitsorganisation (Stufe 2)* durchzuführen. Bei externen Projektaufträgen werden die Planungsunterlagen (Projektbeschreibung, Ablauf-, Termin- und Kostenpläne) in der Regel bereits in

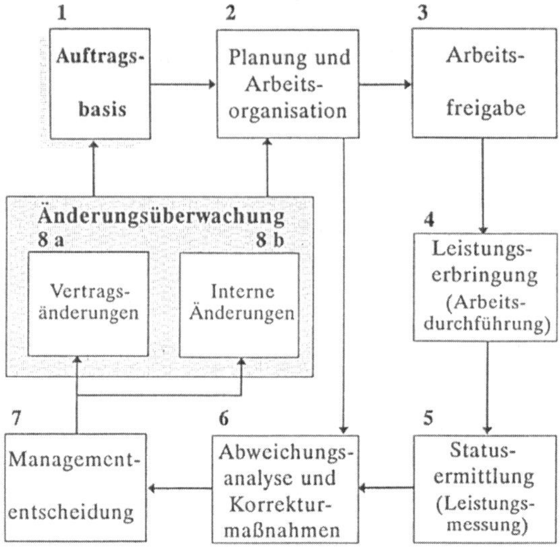

Abb. 10.5. Hauptelemente eines Regelkreises für die Projektüberwachung (nach Madauss [19]).

der Angebotsphase grob erstellt und bei Abschluß des Vertrages auf den neuesten Stand gebracht und endgültig verabschiedet. Die *Arbeitsfreigabe (Stufe 3)* ist gewissermaßen der offizielle Anfang des Projektüberwachungsprozesses. Sie wiederholt sich bei markanten Projektabschnitten (Projektphasen), die besonders zu überwachen sind, um zu entscheiden, ob nachfolgende Tätigkeiten freigegeben werden können. Es geht darum, den vertraglich zugesagten Leistungsumfang zu den vereinbarten Terminen und Kosten zu erbringen. Demnach ist *Stufe 4* die *Leistungserbringung* bzw. *Arbeitsdurchführung.* Dabei haben sich alle am Projekt Beteiligten auf allen Hierarchieebenen an die Plandaten zu halten und Abweichungen jeweils unverzüglich darzulegen. Denn in *Stufe 5* erfolgt die regelmäßige *Statusermittlung* oder *Leistungsmessung,* wobei es um Arbeitsfortschritt, Mittelverbrauch, Kapazitäts- und Terminsituationen sowie um Abweichungen bzw. Änderungen geht. Wie bei jedem Regelkreis, so geht es auch hier nach der *Leistungsmessung* (Überwachung) vor allem um die Abweichungen. In *Stufe 6* folgen also *Abweichungsanalyse und Korrekturmaßnahmen.* Die in *Stufe 5 gemessene Leistung* ist unter Bezugnahme auf die *Planung und Arbeitsorganisation (Stufe 2)* zu analysieren. Planungsabweichungen sind zu identifizieren und ihre Auswirkungen auf das angestrebte Projektziel zu bewerten. Gegebenenfalls sind entsprechende Korrekturmaßnahmen zu definieren und an das zuständige Management zur Entscheidung weiterzuleiten. Falls noch Unklarheiten bestehen, veranlaßt das Management weiterführende Analysen, ansonsten werden die vorgeschlagenen Korrekturmaßnahmen bzw. Planungsänderungen aufgrund der *Managemententscheidung* durchgeführt. Bei den Änderungen kann es sich entweder um intern zu regelnde Einflüsse oder um Beeinträchtigung der Auftragsbasis handeln. *Interne Änderungen*, die innerhalb der vertraglichen Regelungen zu vertreten sind, lassen sich über die projektinterne *Planung und Arbeitsorganisation* abwickeln; andernfalls sind *Vertragsänderungen* erforderlich. Zuständig dafür ist die *Änderungsüberwachung* innerhalb des Projektcontrollings. Bei *internen Änderungen* schließt sich der Überwachungsregelkreis (Abb. 10.5) von *Stufe 8b* zu *Stufe 2*, bei *Vertragsänderungen* von *Stufe 8a* zu *Stufe 1*, wenn die vom Management eingeleiteten Änderungen wirksam werden.

10.7 Vorgehensweise bei der Projektüberwachung

Bei der Projektüberwachung geht es neben dem Projektfortschritt bezüglich der reinen Leistungserbringung – also der Realisierung des Projektes – gleichermaßen um die Einhaltung der Termine und Kosten sowie um die laufende Überprüfung der Kapazitätslage. Je nach Projektgröße und Planungsumfang ergeben sich aufgrund der Projektplanung mehr oder weniger umfangreiche Teilaufträge für Teilprojekte, Teilaufgaben oder Arbeitspakete. Sie alle müssen überwacht werden, um einen Überblick über den gesamten Projektablauf zu bekommen und überhaupt koordinieren zu können. Termine, Kapazitäten und Kosten hängen ohnehin voneinander ab und bedürfen einer gegenseitigen Betrachtungsweise. In der Praxis spielen Termine und/oder Kosten bei der Projektbearbeitung meistens eine wichtige Rolle. Verzögerungen beim Projektablauf sind häufig auf Kapazitätsengpässe zurückzuführen. Deshalb ist eine sorgfältige Überwachung dieser Faktoren für einen plangemäßen Projektablauf unerläßlich. Bezüglich der Vorgehensweise gibt Abb. 10.6 einen Überblick. Zu den aus der *Projektplanung* sich ergebenden *Teilaufträgen* für das Projekt sind die jeweils dazugehörigen Termine, Kapazitäten und Kosten, die im

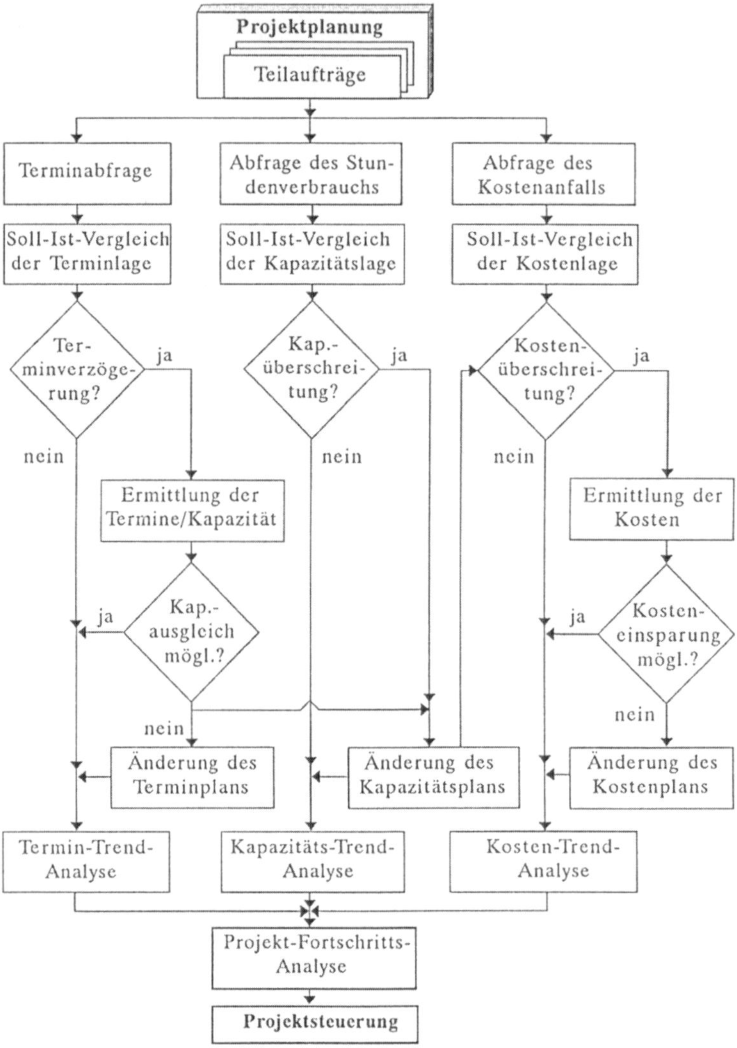

Abb. 10.6. Vorgehensweise bei der Projektüberwachung.
(Kap. = Kapazitäts; mögl. = möglich)

Rahmen der *Projektplanung* ermittelt bzw. geschätzt wurden, ebenfalls zu überwachen.

Terminabfragen ermöglichen durch einen *Soll-Ist-Vergleich, die Terminlage* festzustellen. Falls keine *Terminverzögerung* vorliegt, ist durch eine *Termin-Trend-Analyse* zu klären, ob die geplanten weiteren Termine nach dem neuesten Stand der Erkenntnisse immer noch Gültigkeit haben oder ob zukünftige *Terminverzögerungen* erkennbar sind. Im letzten Fall sind rechtzeitig Maßnahmen in die Wege zu leiten, um die sich abzeichnenden Terminprobleme gar nicht erst aufkommen zu lassen oder frühzeitig die Planung auf die neue Situation anzupassen („feed forward"). Werden allerdings beim *Soll-Ist-Vergleich Terminverzögerungen* festgestellt, dann ist zu analysieren, woran dieser Zeitverzug liegt und ob er ausgeglichen werden kann. Gelegentlich sind Kapazitätsreserven hilfreich. Das heißt, es ist nach *Ermittlung der Termin- und Kapazitäts*-Situation zu klären, ob ein *Kapazitätsausgleich möglich* ist. Auch wenn diese Frage bejaht werden kann, so ist für die neue Situation eine *Termin-Trend-Analyse* durchzuführen. Parallel dazu muß die Auswirkung auf die gesamte Projektkapazität überprüft werden. Wenn sich jedoch herausstellt, daß ein *Kapazitätsausgleich nicht möglich* ist, dann ist eine *Änderung des Terminplans* notwendig und zusätzlich eine *Termin-Trend-Analyse.* Die Auswirkung einer *Terminverzögerung* auf die Projekt*kapazität* belegt die gegenseitige Abhängigkeit dieser beiden Faktoren. Deshalb ist parallel zur *Termin*überprüfung eine Überwachung der *Kapazität* erforderlich.

Diese *Kapazitäts*überwachung hängt von der Art der *Kapazität* ab, die für das Projekt benötigt wird. So gibt es verschiedene Anlagen, Einrichtungen oder sonstige materielle Hilfsmittel für die Projektbearbeitung, deren Verfügbarkeit laufend überprüft werden muß. Es ist sicherzustellen, daß die plangemäß benötigten Elemente termingerecht zur Verfügung stehen. Ein wesentlicher Faktor bei der Projektbearbeitung ist jedoch die Arbeitszeit der am Projekt Beteiligten. Diese wird bei der Projektplanung oft mit der Anzahl von Arbeits*stunden* angegeben. Demzufolge ist auch in Abb. 10.6 die Projektüberwachung bezüglich der *Kapazität* mit *Abfrage des Stundenverbrauchs* gekennzeichnet. Dazu erfolgen regelmäßige - z.B. wöchentliche - Stundenangaben der Beteiligten. Die für einen Vorgang, eine Aufgabe oder einen Projektabschnitt eingeplanten Stunden ergeben den jeweiligen Sollwert der *Kapazität.* Nach Abschluß der Aufgabe oder des Projektabschnittes läßt sich feststellen, wieviel Arbeits*stunden* dafür wirklich aufgewandt wurden. Ein *Soll-Ist-Vergleich der Kapazitätslage* gibt Aufschluß darüber, ob der geplante *Stundenverbrauch* eingehalten wurde oder nicht bzw. ob eine *Kapazitätsüberschreitung* vorliegt. Wenn alles plangemäß abgelaufen ist, die *Kapazität* also nicht überschritten wurde, dann folgt nur noch eine *Kapazitäts-Trend-Analyse,* um zu ermitteln, ob für den weiteren Projektablauf die geplante *Kapazität* auch nach den neuesten Erkenntnissen noch zutrifft, ob Kapazitätsengpässe zu erwarten sind und ob die für das Projekt erforderliche Kapazität auch weiterhin zur Verfügung steht. Stellt man jedoch eine *Kapazitätsüberschreitung* fest, dann ist eine *Änderung des Kapazitätsplans* fällig. Gelegentlich können Kapazitätseinsparungen an anderen Stellen einen Ausgleich ermöglichen, meistens haben *Kapazitätsänderungen* jedoch *Kostenänderungen* zur Folge. Auch bei einer *Änderung des Kapazitätsplans* ist anschließend eine *Kapazitäts-Trend-Analyse* durchzuführen. Stellt man dabei störende Tendenzen fest, müssen diesem Faktor verstärkte Aufmerksamkeit gewidmet oder rechtzeitig Gegenmaßnahmen in die Wege geleitet werden. Der Einfluß der *Kapazität* auf die *Kosten* zeigt auch hier wieder die enge Verzahnung dieser zu überwachenden Faktoren.

Die *Abfrage des Kostenanfalls* gestattet einen *Soll-Ist-Vergleich der Kostenlage,* wie Abb. 10.6 weiter zeigt. Wenn keine *Kostenüberschreitung* vorliegt, so ist auch hier – wie bei der *Termin-* und *Kapazitätsüberwachung* – eine *Kosten-Trend-Analyse* vorzunehmen. Liegt aber eine *Kostenüberschreitung* vor, dann muß eine genaue *Ermittlung der Kosten* Aufschluß darüber geben, ob eine *Kosteneinsparung möglich* ist oder nicht. *Kosteneinsparungen* an einer oder mehreren Stellen ermöglichen manchmal einen Ausgleich von *Kostenüberschreitungen* an anderen Stellen. Selbst wenn eine solche *Kosteneinsparung möglich* ist, darf die *Kosten-Trend-Analyse* nicht versäumt werden. Sind jedoch *Kosteneinsparungen nicht möglich,* ist eine *Änderung des Kostenplans* unvermeidbar. Und auch hierbei ist die *Kosten-Trend-Analyse* nicht zu vergessen. Sie ist zusammen mit der *Termin-* und *Kapazitäts-Trend-Analyse* Bestandteil der *Projekt-Fortschritts-Analyse.* Diese gibt laufend Aufschluß über den jeweiligen Stand des Projektes und einen Ausblick über dessen weiteren möglichen Verlauf nach jeweils neuesten Erkenntnissen. Damit ist die Grundlage für die *Projektsteuerung* geschaffen.

Die laufende Überwachung und Steuerung des Projektablaufs ist als *Projektcontrollingprozeß* zu betrachten, wie er in Abb. 10.7 dargestellt ist. Ausgangspunkt dafür ist der Projektplan, der zu Beginn eines Projektes vom Projektteam gemeinsam erstellt wird. Dieser Plan, der den Projektablauf, die Zeit, Kosten und Kapazität beinhaltet, bildet die Grundlage für den *Projektstart,* also für den Beginn der Projektrealisierung. Zur Überwachung ist die *Angabe von Daten der erbrachten Leistung* in einer festzulegenden *Berichtsperiode* erforderlich (s. Erläuterungen zu Abb. 10.6). Parallel

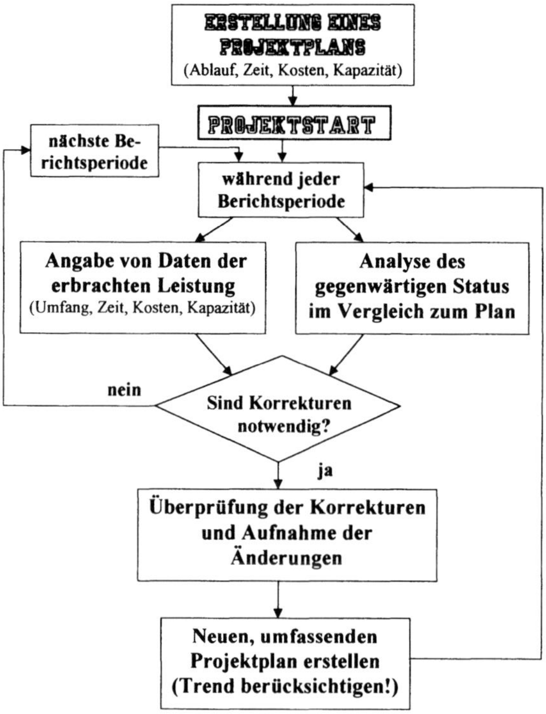

Abb. 10.7. Projektcontrollingprozeß.

dazu erfolgt die *Analyse des gegenwärtigen Status im Vergleich zum Plan.* Wenn alles plangemäß verläuft und keine Korrekturen notwendig sind, bedarf es keiner besonderen Maßnahmen; man wartet die *nächste Berichtsperiode* ab und bewertet dann die neuen Daten sowie die neue Analyse. Falls aber *Korrekturen notwendig* sind, dann sind *Überprüfung der Korrekturen und Aufnahme der Änderungen* durchzuführen sowie ein *neuer, umfassender Projektplan zu erstellen,* bei dem die Ergebnisse der *Trend-Analyse* zu berücksichtigen sind. Damit ist der neue Projektplan Basis für den weiteren Projektablauf und für die weitere Projektüberwachung.

11 Projektabschluß

11.1 Projektimplementierung

Das Projekt bzw. das Projektergebnis kann verschiedenartig sein; es gibt Produkte, Methoden, Verfahren, Prozesse, Systeme, Studien, Gebäude, Anlagen usw. Demzufolge ist auch die Projektimplementierung unterschiedlich. Ein Neuprodukt, das in den Markt eingeführt werden soll, bedarf einer anderen Behandlung als z.B. ein Herstellungsprozeß. Die Auswertung und Nutzung eines Studienergebnisses verfolgt andere Ziele als etwa die Einführung eines neuen Organisationssystems. Deshalb ist eine allgemeine Betrachtung der Projektimplementierung nicht für alle Projektergebnisse in gleichem Maße zutreffend. Trotzdem gibt es für die Einführung oder Inbetriebnahme vieler Projektergebnisse einige grundsätzliche Voraussetzungen. Diese sind z.B.:

- Klärung der Methoden zur Einführung,
- Durchführung vorbereitender Maßnahmen (Installation, Werkzeuge, Schulungsprogramm, Organisation, Verfahren usw.),
- Schulung und Einarbeitung der Anwender oder der Anwendervermittler,
- Dokumentation, Erläuterungen, Anweisungen bzw. Anleitungen (z.B. Gebrauchsanweisung, Betriebs- oder Montageanleitung, Serviceanleitung),
- Service-Bereitstellung,
- Klärung der Vorkehrungen für den Verbleib nach der Nutzungsphase.

Generell ist ein Projekt für eine bestimmte Anwendung oder Nutzung vorgesehen. Da das Projektergebnis in der Regel Neuerungen mit sich bringt, ist vorweg zu klären, in welcher Weise und mit welchen Methoden es eingeführt werden soll. Die dazu erforderlichen Maßnahmen sind in die Wege zu leiten und durchzuführen. So benötigt z.B. eine neue Maschine spezielle Installationen (für Elektrik, Wasser, Luft usw.), um in Betrieb genommen zu werden. Neuartige Installationselemente oder Prüfvorrichtungen erfordern oft eine Reihe von Werkzeugen für deren Einsatz. Für die Einführung neuer Systeme, wie z.B. eines neuen EDV-Produktionsplanungs- und -steuerungssystems, ist ein Schulungsprogramm zu erstellen, manchmal sind zusätzlich organisatorische Anpassungen vorzunehmen. Die Anwender müssen mit der Neuerung vertraut gemacht werden, was durch Schulungen und/oder Einarbeitung geschieht. Das gilt für neue Systeme oder Methoden genauso wie für neue Maschinen oder Einrichtungen. Bei neuen Geräten oder Montageelementen sind entsprechende Erläuterungen, Zeichnungen, Videos, Gebrauchsanweisungen oder Montageanleitungen hilfreich und zweckmäßig, um dem Anwender die erste Handhabung zu erleichtern und Falschbehandlung zu vermeiden. Von besonderer Bedeutung ist die Service-Bereitstellung. Sie ist ausschlaggebend für die Projektbetreuung (s. Abschn. 11.2) nach Abschluß des Projektes sowie für das Image des Projektergebnisses und dessen Quelle. Im Rahmen der Projektbetreuung sind die Erfahrungen während der Nutzung des Projektes für Weiterentwicklungen besonders wichtig. Schließlich ist rechtzeitig zu klären, ob oder gegebenenfalls welche Vorbereitungen für den Fall zu treffen sind, wenn das Projekt nicht mehr genutzt wird. Es ist sinnvoll, bereits bei

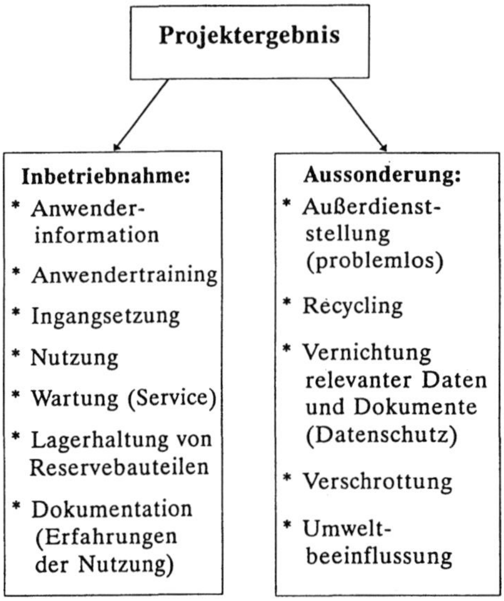

Abb. 11.1. Zur Inbetriebnahme und Aussonderung des Projektergebnisses.

der Inbetriebnahme des Projektergebnisses realisierbare Lösungsvorstellungen für dessen Aussonderung parat zu haben. Wesentliche Hauptaugenmerke von *Inbetriebnahme* und *Aussonderung* des Projektergebnisses sind in Abb. 11.1 zusammengestellt. Projekte, die erfolglos abgeschlossen oder abgebrochen werden, sind ebenfalls daraufhin zu überprüfen, ob oder inwieweit deren Teilergebnisse der *Aussonderung* zuzuführen sind.

11.2 Projektbetreuung nach Implementierung

Im allgemeinen gibt es nach Auslauf bzw. nach offiziellem Abschluß des Projektes insbesondere von seiten des Anwenders oder der verantwortlichen Verbindungsstelle zum Anwender zunächst noch Fragen oder Probleme bezüglich der Nutzung des Projektergebnisses oder wegen aufgetretener Mängel. Auch innerbetrieblich können noch Fragen zum Projektverlauf auftreten. Solange noch keine genügenden Erfahrungen vorliegen, bleiben das Projektteam und die am Projekt Beteiligten die kompetenten Ansprechpartner. Da die meisten von ihnen in der Regel bereits mit anderen Aufgaben befaßt sind, stehen sie dafür nicht ohne weiteres zur Verfügung. Es ist deshalb festzulegen, wer als Ansprechpartner für welche Frage- oder Problemstellungen zuständig ist. Diese Personen müssen eine Zeitlang für derartige Hilfestellungen freigestellt oder im Bedarfsfalle verfügbar sein. Deren Aufgaben hängen wiederum vom Projekt und von den nach Projektende auftretenden Problemen ab.

So ist z.B. nach der Entwicklung eines Neuproduktes in der Fertigungswerkstatt eines Industriebetriebes ein Qualitätsproblem aufgetreten, das weder beim Test noch beim Fertigungsanlauf entdeckt wurde. Der zuständige Fertigungsexperte vermutete einen nicht leicht zu identifizierbaren Konstruktionsfehler; denn einerseits führten zulässige geringfügige Abweichungen eines speziellen Teiles zu den Störungen, andererseits brachte die Überprüfung durch einen Konstrukteur keine stichhaltigen Anhaltspunkte für die Ursache des Problems. Das ehemals zuständige Projektteammitglied aus der Entwicklung war Ansprechpartner für derartige Fragen. Nach kurzer Analyse des Problems und Studium der betreffenden Dokumentationsunterlagen führten gezielte Gespräche mit dem zuständigen Konstrukteur und Testingenieur sehr schnell zur Ursache des

Qualitätsproblems und damit auch zu dessen Behebung. Derselbe Ansprechpartner dieses abgeschlossenen Projektes konnte auch entscheidend zur Klärung einer beträchtlichen Rechnungsdifferenz eines Projektzulieferers beitragen. Außerdem verhalf er einem Großkunden zu einem wirkungsvollen Wartungskonzept für seinen spezifischen Einsatz des Neuproduktes.

Ein anderes Beispiel für die Notwendigkeit der Projektbetreuung nach Projektabschluß zeigt folgender Fall aus der Praxis: In einem kleineren Industrieunternehmen wurde ein Fertigungsplanungs- und -steuerungssystem per EDV eingeführt. Das geschah mit Hilfe des Projektmanagements durch ein gemischtes Projektteam. Das heißt, das Team bestand aus Mitgliedern eines Softwarehauses und aus Mitarbeitern des Industrieunternehmens. Die Projektleitung lag allerdings in den Händen eines kompetenten Mitarbeiters des Softwarehauses, weil dort neben entscheidenden Fachkenntnissen vor allem wesentlich mehr Erfahrungen im Projektmanagement und im Umgang mit EDV-Projekten vorhanden waren als in dem Industrieunternehmen. Es bestand eine Vereinbarung darüber, daß nach Schulung der Anwender und Implementierung des Projektes ein kompetentes Teammitglied des Softwarehauses auch über den Projektabschluß hinaus bei Bedarf der Anwender weiterhin zur Verfügung stand. Es ging darum, die Anwender bei besonderen Problemen zu unterstützen und das Projekt in jeder Hinsicht zu betreuen.

Die Projektbetreuung nach Implementierung ist eine Serviceleistung, die bei verschiedenen Projekten – z.B. bei Neuprodukten – nach einer gewissen Zeit in eine generelle Produktbetreuung übergeht. Diese Betreuung beschränkt sich nicht nur auf die Erhaltung der Funktionsfähigkeit des Produktes beim Kunden bzw. Anwender, sondern geht darüber hinaus in die Verbesserung und Weiterentwicklung des Produktes, in die sogenannte „Produktpflege", über. Das bringt Erfahrungen mit dem Produkt in der Praxis, die für eine evtl. notwendige Variantenvielfalt und letztendlich auch für weitere Neuentwicklungen vorteilhaft genutzt werden können. Ein zusätzlicher Nebeneffekt der Produkt- bzw. Projektbetreuung ist die Imagepflege des Produktes und seines Herstellers.

11.3 Projektbeurteilung

Die Projektbeurteilung hängt wesentlich von den dafür zu beachtenden Kriterien ab. Diese ergeben sich meistens aus den Elementen der Projektzielsetzung (s. Kap. 7, Abschn. 7.2 und Abb. 7.3). Dabei geht es einmal um die vereinbarte Leistungserbringung bezüglich Quantität und Qualität. Zum anderen spielen die Termin- und Kostenziele eine wichtige Rolle. Generell stellt sich die Frage nach dem Realisierungsgrad der geplanten Projektergebnisse. Allgemein sind Zielsetzung und Projektplanung die Basis für die Projektbeurteilung. Wenn beispielsweise bei einem Neuprodukt die ursprünglich geplante Funktionalität mit allen vereinbarten Funktionen voll und ganz erfüllt ist, fällt die Projektbeurteilung für diesen Punkt positiver aus als dann, wenn gewisse Einschränkungen gemacht werden mußten, wofür der Grund z.B. auf Kostenüberlegungen aber auch auf eine unrealistische Zielsetzung zurückzuführen sein kann. Beide Fälle ergeben einen negativen Punkt in der Beurteilung, wenn die ursprügliche Zielsetzung Basis für die Projektbeurteilung ist. Letztendlich geht es ja darum, inwieweit Erwartung und Nutzen des Kunden erfüllt wurden. Deshalb ist auch die Beurteilung der Projektqualität häufig erst nach einer angemessenen Nutzungszeit durch den Anwender stichhaltig. Voraussetzung ist, daß meßbare Kriterien vorliegen.

Weitere Merkmale für die Projektbeurteilung sind die Termin- und Kosteneinhaltung. Auch hierfür sind Zielsetzung und Planung heranzuziehen; denn meistens wird darin vereinbart oder festgelegt, bis zu welchem Termin und zu welchen Kosten die definierten Leistungen zu erbringen sind. Termin- und Kostenüberschreitungen beim Projekt führen zu negativer Projektbeurteilung. Laufende Herstellungskosten, wie sie z.B. bei Neuprodukten in der Serienfertigung anfallen, zählen zwar nicht zu den Projektkosten, sind aber Bestandteil des Leistungsumfangs eines Projektes. Bei der Projektzielsetzung oder Projektplanung wird im Rahmen der Projektspezifizierung festgelegt, zu welchen Herstellkosten das Erzeugnis z.B. in Serienfertigung zu produzieren ist. Diese Forderung wirkt sich auf die Gesamtgestaltung des zu entwickelnden Produktes aus. In der Regel erwartet man eine wirtschaftlich optimale Lösung. Wirtschaftliche Gesichtspunkte stehen bei der Projektbeurteilung im allgemeinen ohnehin mit an der Spitze. Hierbei geht es vor allem darum, die Projektkosten so gering wie möglich zu halten. Aber auch die Zeit beeinflußt die Wirtschaftlichkeit des Projektes. Dabei geht es nicht nur um die Effizienz bei der Projektbearbeitung, sondern vor allem darum, das Projekt zum vorgesehenen Termin fertigzustellen. Denn nach dem Motto „Zeit ist Geld" kann z.B. eine zeitgerechte Einführung eines neuen Produktes entscheidende Wettbewerbsvorteile oder mehr Gewinn einbringen als ein zu spät auf den Markt gebrachtes Produkt. Terminverzögerungen haben häufig Mehrkosten und Wettbewerbsnachteile zur Folge. Außerdem kommt es bei Neuproduktprojekten meistens darauf an, sie so zu gestalten, daß sie zu möglichst niedrigen Kosten hergestellt werden können. Eine optimale Produktivität ist erstrebenswert, denn sie dient der Wirtschaftlichkeit und wird entsprechend beurteilt. Deshalb ist es wichtig, daß vor Inangriffnahme eines Projektes eine Kosten-Nutzen-Analyse durchgeführt wird, um vorweg zu ermitteln, ob die Wirtschaftlichkeit des Vorhabens zu erwarten ist. Das Ergebnis der Kosten-Nutzen-Rechnung ist dann ebenfalls Maßstab für die Beurteilung des Projektes. Eine Nachkalkulation ermöglicht die Überwachung und damit auch die Beurteilung zu diesem Punkt.

Bei der Kosten-Nutzen-Analyse ist darauf zu achten, daß einerseits sämtliche Kosten erfaßt werden, die das Projekt verursacht – angefangen von der Zielsetzung oder Konzeptfindung bis zum endgültigen Abschluß des Projektes – sowie die Kosten der Projektimplementierung bis zum Beginn der eigentlichen Nutzung. Andererseits ist der Nutzen realistisch abzuschätzen. Dafür gibt es allerdings verschiedene Gesichtspunkte, wobei es auf den Standpunkt des Beurteilenden ankommt. Ein Industriebetrieb wird z.B. die gesamten Projektkosten für die Produktentwicklung und die Produkteinführung einschließlich aller Investitionen mit den aus dem Verkauf des Produktes erzielten Gewinnen vergleichen. Die nachfolgenden Betriebs- und Wartungskosten hat in der Regel der Käufer bzw. Anwender zu tragen, wenn man von den Garantiekosten absieht. Bei Anlagen oder manchen Projekten der „öffentlichen Hand" (Behörden bzw. Ämter des Bundes, der Länder und der Gemeinden) sind jedoch häufig die gesamten Lebenszykluskosten des Produktes von Bedeutung. Das heißt, die späteren Betriebs- und Wartungskosten, die bei verschiedenen Produkten wesentlich höher liegen können als die Anschaffungskosten, müssen mitbetrachtet werden. Unabhängig von der Betrachtungsweise ermöglicht die Kosten-Nutzen-Analyse eine Hilfestellung für die Beurteilung der Wirtschaftlichkeit des Projektes und erleichtert die Entscheidung darüber, ob das Projekt durchgeführt werden soll oder nicht. Der Auftraggeber, der sich des Risikos mit dem Projekt bewußt ist, kann das Projekt selbstverständlich auch dann in Auftrag geben, wenn die Wirtschaftlichkeit nicht gewährleistet oder gar nicht zu erwarten ist. Dafür gibt es verschiedene Gründe, wie z.B. die Erfüllung gesetzlicher Auflagen durch das Projekt, Verbesserung von Qualität, Sicherheit oder Service, Know-how-Gewinn, geschäftspolitische Notwendigkeiten oder Zukunftssicherung des Unternehmens. Die Kosten-Nutzen-Analyse bleibt aber Maßstab für die Projektbeurteilung nach Projektabschluß. Dabei ist eine Nachkalkulation bzw. eine Überprüfung der zugrundegelegten Daten für diese Kosten-Nutzen-Rechnung nach Projektabschluß und gegebenenfalls auch nach einer gewissen Nutzung des Projektergebnisses auf jeden Fall insofern wichtig, als dadurch Erfahrungen für zukünftige Schätzungen oder Kalkulationen gewonnen werden.

Der Auftraggeber trägt zwar das letzte Risoko für das Projekt, die Projektbeurteilung erfolgt jedoch primär danach, ob und inwieweit der Projektleiter, das Projektteam und die am Projekt Beteiligten die geplanten und erwarteten Projektergebnisse erzielt haben. Um aus Erfahrungen für die Zukunft zu lernen, ist es angebracht, nach Projektabschluß eine allgemeine Rückschau zu halten (s. Abschn. 11.4).

11.4 Projektrückschau

Neben der Beurteilung des Projektes nach Projektabschluß ist aus Erfahrungsgründen auch ein Rückblick des Projektablaufs bzw. der Projektdurchführung von Interesse. Hansel und Lomnitz [9] schlagen dafür gewisse Checklisten vor, anhand derer relevante Themen systematisch behandelt werden. Leider ist in der Praxis eine systematische „Projektnachbereitung" selten anzutreffen. Das liegt zum Teil daran, daß die Problemschwerpunkte von Unternehmen zu Unternehmen aber auch von Projekt zu Projekt verschieden sind. Außerdem scheuen viele Beteiligte eine erneute Behandlung kritischer Vorgänge oder Verhaltensweisen, die während der Projektdurchführung Anlaß zur Beanstandung gaben. Man befürchtet Auseinandersetzungen und möchte vermeiden, getadelt zu werden. Es bedarf deshalb besonderer Vorbereitungen und insbesondere einer „kooperativen Atmosphäre", um eine generelle Akzeptanz für eine Projektrückschau zu erreichen. Es ist primär Aufgabe der Führungskräfte, rechtzeitig die Voraussetzungen dafür zu schaffen (s. Kap. 1 und Kap.6, Abschn. 6.1). Dazu gehören eine kooperative Denkweise und ein gewisser Teamgeist von Mitarbeitern und Führungskräften auf allen Unternehmensebenen sowie die gegenseitige Achtung der verschiedenen Qualifikationen. Weil eine Projektrückschau Gelegenheit dazu gibt, aus Erfahrung zu lernen, was sowohl den Beteiligten als auch dem Unternehmen zugute kommt, muß ein für alle Beteiligten akzeptabler Weg zu einer ersprießlichen Auswertung der Projekterfahrung gefunden werden. Eine Möglichkeit dazu ergibt sich innerhalb des vertrauten Projektteams mit einem Moderator, wobei die Themen von den Teammitgliedern zusammengestellt werden. Ein Rückblick des Teams ist durch eine Aussprache mit den betroffenen Führungskräften und dem Auftraggeber zu ergänzen. Denn einerseits möchte das Projektteam den Projektablauf von seinem Standpunkt aus darlegen und positive sowie negative Aspekte begründen; andererseits möchten die Projektakteure die Meinung und Beurteilung des Managements – insbesondere des Auftraggebers – erfahren und Gelegenheit haben, unklare Sachverhalte richtigzustellen. Es wird auch Anerkennung für die erbrachten Leistungen erwartet. Selbst wenn wesentliche Elemente des Projektzieles nicht erreicht wurden, z.B. aufgrund von Kostenüberschreitung oder Terminverzug, so sind zwar gemeinsam die Gründe dafür zu diskutieren, um derartige Wiederholungen zu vermeiden, doch sollte eine Verurteilung des Teams unterbleiben, um keine Frustration aufkommen zu lassen. Denn oft liegen die Gründe für solche Pannen nicht nur beim Projektteam, sondern zumindest zusätzlich auch bei mancher Führungskraft oder gar beim Auftraggeber. Vorteilhafter ist das Aufzeigen von besseren Lösungswegen, es motiviert für zukünftige Projekte. Eklatante Verstöße einzelner Teammitglieder oder sonstiger am Projekt Beteiligter sind individuell möglichst beim oder unmittelbar nach dem Geschehen zu ahnden. Da es hierbei aber um ein Führungsverhalten geht, das situations- und personenabhängig ist, gibt es durchaus unterschiedliche Möglichkeiten zur Lösung solcher Probleme.

Themen für die Projektrückschau können – wie bereits zu Beginn dieses Abschnittes erwähnt – von Projekt zu Projekt verschieden sein. Eine Studie bringt andere Probleme mit sich als eine Anlage, eine Geräteentwicklung führt zu anderen Konsequenzen als ein EDV-Projekt. Trotzdem gibt es einige weitgehend allgemeingültige Themengruppen (s. z.B. [9]). Dazu gehören beispielsweise folgende Fragen:

- Haben wir alle Zielkomponenten erreicht? Wenn nein: Warum nicht?
- Wie haben wir im Team zusammengearbeitet?
- Wie war die Zusammenarbeit mit anderen Stellen im Hause und mit Externen?
- Wo lagen unsere Stärken und Schwächen?
- Welche besonderen Probleme hat das Projekt bereitet und was waren die Gründe dafür?
- Ist die Projektbetreuung nach Projektabschluß sichergestellt?
- Sind alle betroffenen Stellen im Hause und außerhalb darüber informiert, daß das Projekt abgeschlossen ist?

Diese Themen und weitere projektspezifische Vorkommnisse sollen vor allem dazu verhelfen, aus den Erfahrungen mit dem abgeschlossenen Projekt Erkenntnisse für das Verhalten bei zukünftigen Projekten zu gewinnen. Es geht darum, zumindest erkanntes Fehlverhalten nicht zu wiederholen und somit bei weiteren Projekten ein immer besseres Ergebnis zu erzielen.

12 Voraussetzungen für den Erfolg eines Projektes

12.1 Projektmanagement-Philosophie und Drei-Säulen-Hypothese

Bei der „Projektmanagement-Philosophie" geht es neben dem Engagement des Auftraggebers und einer klaren Projektzielsetzung im wesentlichen um ein gegenseitiges kooperatives bzw. partnerschaftliches Verhalten aller am Projekt Beteiligten, ungeachtet organisatorischer Fach- und Hierarchiebarrieren, gegebenenfalls unter Einbeziehung externer Partner. Das ist auf der Basis einer von allen Beteiligten akzeptierbaren Projektmanagement-Konzeption (Führungskonzept) mit entsprechenden einfachen organisatorischen Regelungen zu praktizieren. Dabei sind vor allem Eigeninitiative, Kreativität, Selbständigkeit, Teamarbeit sowie Verantwortungsbereitschaft und damit eine unternehmerische Denkweise (Ganzheitsbetrachtung) gefragt. Der qualifizierte Mitarbeiter handelt als „Unternehmer" im Unternehmen und ist einerseits Lieferant, wenn er einem Partner zuarbeitet, andererseits Kunde, wenn ihm zugearbeitet wird. Das ist sowohl durch entsprechendes Führungsverhalten, Verantwortungsbewußtsein und geeignete Gestaltung des Arbeitsumfeldes zu fördern, als auch durch Einsatzbereitschaft in Anspruch zu nehmen. Somit ergeben sich unter Beachtung der in einer fairen Partnerschaft selbstverständlichen Verhaltensweisen bezüglich offener und bereitwilliger Information, Kommunikation, Kooperation, Koordination und Teamarbeit zwangsläufig beste Voraussetzungen für eine effiziente und erfolgreiche Projektarbeit.

Der wesentliche Kern für ein erfolgreiches Projektmanagement durch Aktivierung aller Unternehmensebenen ist eine partnerschaftliche Kooperation aller am Projekt Beteiligten, die schwerpunktmäßig in folgende drei Unternehmensebenen untergliedert werden können:

1. Unternehmensleitung bzw. Auftraggeber (oberste Unternehmensebene) als letzte Entscheidungsinstanz und Initiator des Projektes,

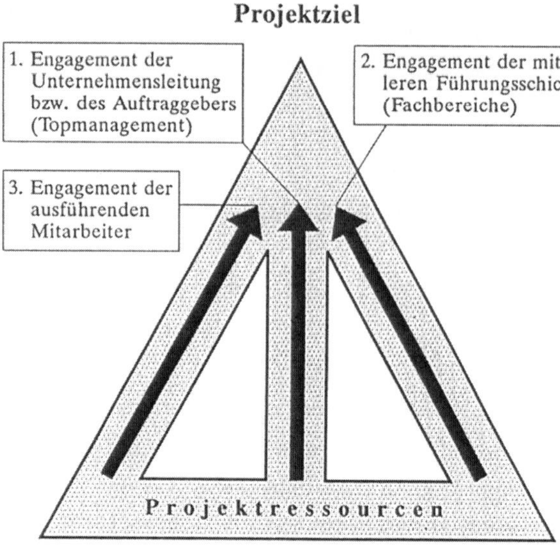

Abb. 12.1. Einfaches Basismodell für die „Drei-Säulen-Hypothese" beim Projektmanagement. Die drei „Pfeile" repräsentieren das gemeinsame Projektmanagement-Engagement der „drei Säulen" (Topmanagement, mittlere Führungskräfte und Ausführende) auf ein einheitliches Projektziel hin – unter Nutzung der vorhandenen Projektressourcen.

2. mittlere Führungskräfte (mittlere Unternehmensebenen) als mitverantwortliche Akteure von Teilaufgaben des Projektes und
3. ausführende Mitarbeiter (Basisebene des Unternehmens) als Fachkräfte für die Realisierung des Projektes.

Diese drei Unternehmensebenen unterstützen sich bei der Projektarbeit gegenseitig – bildlich in Form von „drei Säulen" – und tragen die „Last" des Projektes gemeinsam. Nur bei einem gemeinsamen Engagement dieser drei Unternehmensebenen (drei Säulen) – auf ein einheitliches *Projektziel* gerichtet – ergibt sich eine solide Basis für einen erfolgreichen Einsatz der *Projektressourcen*, was Abb. 12.1 prinzipiell aufzeigen soll. Die Aktivitäten der einzelnen „Säulen" sind unterschiedlich und im folgenden beschrieben.

1. Engagement der Unternehmensleitung bzw. des Auftraggebers (Topmanagement).
Eine wesentliche Aufgabe der Unternehmensleitung ist die Festlegung von Grundsätzen für das Projektmanagement (Projektmanagement-Philoso-

phie) nach Abstimmung mit den Beteiligten und deren Durchsetzung bei der Anwendung. Dazu gehören:

1a) Die Schaffung einer kooperativen Arbeitsatmosphäre. Das heißt, es sollten weder organisatorische noch administrative Barrieren die geistigen Aktivitäten willkürlich einschränken. Dazu sind nicht nur organisatorische Regelungen zu treffen, sondern es ist vor allem das Arbeitsumfeld für eine effiziente partnerschaftliche Kooperation zu schaffen, was primär Führungsstil, Führungsmethoden und Personalpolitik bewerkstelligen können. Wie generell bei kreativen Aufgabenstellungen und Innovationen z.B. in Forschung und Entwicklung oder in der Informationsverarbeitung [45] üblich, so wertet auch beim Projektmanagement ein kooperativer Führungsstil die Beteiligten als Partner des Aufgabengebietes auf und ermuntert zur kreativen Mitwirkung sowie zur optimalen Mitgestaltung bei der Projektarbeit. Eine konsequente Anwendung des *Management by Objectives* unterstützt diese Tendenz. Bei der Zielvereinbarung wird nicht nur der partnerschaftliche Charakter unterstrichen, sondern es ergibt sich gleichfalls die Basis für eine Eigenüberwachung. Hilfreich ist dabei eine Betätigung der Leitung bzw. der Führungskräfte als „Katalysator" oder als „Moderator". Die Delegation von Verantwortung und Kompetenz ist im Rahmen der getroffenen Regelung zu respektieren. Persönliches Engagement und Eigeninitiative der Mitwirkenden sind zu unterstützen und zu fördern.

1b) Schaffung organisatorischer Voraussetzungen für eine effiziente Kooperation. Zusätzlich zu einer organisatorischen Struktur für das Projektmanagement ist auf sorgfältige Auswahl von Projektleitung und Team mit entsprechender Kompetenzausstattung zu achten. Außerdem sind insbesondere beim Matrix-Projektmanagement Kompetenzen und Rahmenbedingungen für die Zusammenarbeit zwischen Projektteam und den beteiligten organisatorischen Einheiten sowie deren Management festzulegen, wobei auf Flexibilität zu achten ist. Ebenso ist die Position eines zu etablierenden Steuerungskomitees zu bestimmen. Auch die Koordination von Planungs-, Steuerungs- und Entscheidungsprozessen ist zu klären – vor allem bei paralleler Bearbeitung mehrerer Projekte (Multiprojektmanagement).

1c) Führungsverhalten. In vielen Fällen sind veränderte Anforderungen an das Führungsverhalten beim Projektmanagement zu stellen. Das ist generell zu regeln. Neben der Übertragung von Verantwortung an die

Teammitglieder sind ihnen vor allem von den Linienvorgesetzten gewisse Spielräume zu gewähren, in denen die Mitarbeiter über ihre eigene Arbeit im Rahmen der getroffenen Regelungen selbst bestimmen können. Das Prinzip der kommunikativen Partnerschaft zwischen Management und Mitarbeiter steht hier im Vordergrund. Kooperationsbereitschaft und Teamgeist sind auch beim Führungsverhalten gefragt. Im übrigen sind Managementzusagen einzuhalten, und im Bedarfsfalle haben Führungskräfte Unterstützung zu gewähren.

1d) Klare Zielsetzung und Entscheidung. Die Verantwortung für eine eindeutige Zielsetzung liegt beim Auftraggeber – unabhängig davon, wer daran beteiligt ist. Gelegentlich wird bei manchen Projekten nur eine Ziel*richtung* ohne klare Zielvorstellungen vorgegeben. In diesem Falle hat das Projektteam vor Inangriffnahme des Projektes die Ziele klar zu formulieren. Dazu bedarf es jedoch eines Auftrags oder einer klaren Entscheidung seitens des Auftraggebers. Im übrigen ist sicherzustellen, daß das Steuerungskomitee für Grundsatzentscheidungen während der Projektdurchführung im Bedarfsfall unverzüglich zur Verfügung steht. Der Auftraggeber muß im Falle seiner Verhinderung für eine kompetente und entscheidungsbefugte Vertretung sorgen.

2. *Engagement der mittleren Führungsschicht (Fachbereiche).*

Die mittleren Führungskräfte haben die für die Projektbearbeitung festgelegte und von allen Beteiligten akzeptierte Projektmanagement-Philosophie zu unterstützen und im Rahmen ihrer Verantwortung an der Projektdurchführung mitzuwirken. Es geht dabei im wesentlichen um folgende Aufgaben:

2a) Mitwirkung bei der Auswahl des Projektleiters und der Teammitglieder. Mittlere Führungskräfte, z.B. Abteilungsleiter, sind im allgemeinen an den Projektarbeiten innerhalb ihres Unternehmen beteiligt und für ihre fachspezifischen Projektteilaufgaben verantwortlich. Grundsätzlich wäre es deshalb gerechtfertigt, wenn diese Führungskräfte selbst die Position des Projektleiters und auch die der Teammitglieder einnehmen würden. In der Praxis trifft das hier und dort auch zu. Wenn aber innerhalb eines Unternehmens mit Hilfe des Matrix-Projektmanagements mehrere Projekte parallel durchzuführen sind, dann ist das nicht mehr praktikabel, zumal dieser Personenkreis primär Führungsaufgaben innerhalb der Unternehmenseinheiten wahrzunehmen hat. Die Verantwortung für die Aufgaben innerhalb der fachspezifischen organisatorischen Einheiten liegt nun mal bei den mittleren Führungskräften. Es ist deshalb sinnvoll, wenn diese ihre Verantwortung bezüglich der Projektteilaufgaben ihres Fachgebietes an kompetente Mitarbeiter delegieren. Folglich werden sie als Vorgesetzte bei der Auswahl der Projektteammitglieder und auch des Projektleiters entscheidend mitwirken.

2b) Unterstützung des delegierten Projektteammitglieds. Da das Teammitglied bei der Projektbearbeitung sein zuständiges Fachgebiet im Auftrag seines Vorgesetzten zu vertreten hat, liegt es im Interesse der Führungskraft, seine „Vertretung" tatkräftig zu unterstützen. Das beginnt schon im Planungsstadium, wo die Weichen für die einzelnen Projektteilaufgaben gestellt werden, die dann von den Fachabteilungen zu bearbeiten sind.

2c) Abschätzung, Planung und Bereitstellung der für die Projektarbeit erforderlichen Ressourcen bzw. Kapazitäten. Aufgrund der engen Zusammenarbeit zwischen Teammitglied und jeweils zuständiger Führungskraft der beteiligten Fachabteilung ergibt sich bereits aus der Planung, welche Aufgaben wann zu bearbeiten sind und welche Ressourcen in welchem Umfang dafür benötigt werden. Deshalb ist es wichtig, daß vor allem die Kapazitätsplanung der Teammitglieder in enger Abstimmung mit ihren Vorgesetzten erfolgt. Denn diese müssen ihre Gesamtkapazität für die Teilaufgaben aller laufenden Projekte und auch für sonstige Aufgaben, die nicht projektbezogen sind, den Bedürfnissen und Möglichkeiten entsprechend einplanen und dann auch termingerecht zur Verfügung stellen. Dazu kommt das Problem der Bewältigung von Zeitverzögerungen.

2d) Verantwortung für die Durchführung der übernommenen fachspezifischen Projektteilaufgaben. Insbesondere bei der Anwendung des Matrix-Projektmanagements kommt es darauf an, daß die betroffenen mittleren Führungskräfte sich ihrer Verantwortung zur Durchführung der Projektteilaufgaben bewußt sind, für die ihre organisatorischen Einheiten zuständig sind. Denn nur wenn jede am Projekt beteiligte Abteilung ihren Projektanteil plangemäß erfüllt und das Projektteam diese Teilaufgaben dem Gesamtprojekt entsprechend koordiniert, dann ist ein erwartungsgemäßer Projektabschluß gewährleistet. Die Teilaufgaben für unterschiedliche Projekte erfordern zusätzlich zu den Kapazitätsplanungen der einzelnen Projekte auch abteilungsinterne Planungen der Ressourcen bzw. Kapazitäten.

2e) Mithilfe bei Konfliktlösungen. Im Falle von Konflikten zwischen Teammitgliedern, die weder innerhalb des Teams noch von der Projektleitung gelöst werden können, ist eine Einschaltung der zuständigen Führungskräfte häufig sehr hilfreich. Im übrigen ist die Bewältigung von Konflikten zwischen Team bzw. Teammitglied und den Mitarbeitern der am Projekt beteiligten Abteilungen ohnehin Aufgabe der zuständigen Führungskräfte.

3. Engagement der ausführenden Mitarbeiter.

Was die ausführenden Mitarbeiter anbetrifft, so liegt es an ihrem Engagement, die für das Unternehmen oder für die am Projekt Beteiligten festgelegte und allgemein akzeptierte flexible Projektmanagement-Philosophie konsequent anzuwenden und deren Möglichkeiten im Interesse des Projektes aber vor allem auch im eigenen Interesse zu nutzen. Dabei geht es um folgendes:

3a) Nutzung der Chancen zur Eigeninitiative und zum selbständigen verantwortlichen Handeln. Viele qualifizierte Mitarbeiter sind daran interessiert, selbständig zu arbeiten, um ihre Fähigkeiten zu entfalten und sich weiterzuentwickeln. Soweit möglich, sollte eine Beteiligung an der allgemeinen Zielsetzung in Anspruch genommen werden (s. Kap. 7, Abschn. 7.2). Auf jeden Fall sind die zu erreichenden Teilziele von den Beteiligten selbst oder zumindest in Zusammenarbeit mit den jeweils zuständigen Vorgesetzten zu formulieren. Dasselbe gilt erst recht für die Planung der auszuführenden Aufgaben bzw. Teilaufgaben. Im allgemeinen erfolgt die Planung ohnehin im Projektteam unter Mitwirkung der am Projekt beteiligten Fachkräfte. Ein Merkmal für die Bereitschaft, Verantwortung zu übernehmen, ist die Partizipation an Entscheidungen und vielmehr noch die eigenständige Entscheidung im Rahmen des zuständigen Aufgabenbereichs. Die vielen Zwischenfälle und Probleme bei der Realisierung des Projektes geben reichlich Gelegenheit, Eigeninitiative und Verantwortungsbewußtsein unter Beweis zu stellen. Zum selbständigen und verantwortungsbewußten Arbeiten gehört allerdings auch die Einsicht, seine eigenen Grenzen und Kompetenzen zu kennen bzw. richtig einzuschätzen, um im Bedarfsfall rechtzeitig Beratung, Entscheidungshilfe oder sonstige Unterstützung anzufordern oder heranzuziehen.

3b) Kooperations- und Koordinationsbereitschaft. Gerade bei der Projektarbeit kommt es darauf an, mit allen am Projekt Beteiligten zu kooperieren.

Das gilt nicht nur für die Zusammenarbeit innerhalb des Projektteams, sondern auch für die Kooperation zwischen Team und beteiligten Führungskräften sowie den am Projekt mitwirkenden Mitarbeitern. Es geht um eine interne kooperative „Kunden-Lieferanten-Beziehung". Darüber hinaus sind oft direkte Arbeitskontakte zwischen verschiedenen Experten notwendig. Häufig geht es um die Bearbeitung einer umfangreichen Teilaufgabe, die gemeinsam effektiver und effizienter bewerkstelligt werden kann als wenn man getrennt daran arbeitet, weil dadurch die einzelnen Arbeiten zwangsläufig koordiniert werden. Eigenständige Kooperation und gegenseitige Information sowie Kommunikation mit den Beteiligten sind den jeweiligen Gegebenheiten entsprechend zu praktizieren. Generell haben alle am Projekt Beteiligten daran mitzuwirken, daß eine Koordination der Teilaufgaben gewährleistet ist. Denn Projektarbeit erfordert und ermöglicht eine Denkweise, die das gesamte Projektgeschehen erfaßt. Außer der zu erbringenden Gesamtleistung gehört auch die Einhaltung der geplanten Kosten und Termine dazu. Es ist eine unternehmerische Denkweise, die hier gefordert wird. Das Projektteam und am Projekt beteiligte Schlüsselpersonen haben Gelegenheit, unternehmerische Fähigkeiten zu entwickeln. Der Projektleiter ist im Rahmen seines Projektes Unternehmer.

3c) Praktizierung echter Teamarbeit. Projektarbeit soll eine wirtschaftliche Lösung fachübergreifender Aufgabenstellungen ermöglichen. Dazu sind das Wissen und die Fähigkeiten unterschiedlicher Experten dem Projekt entsprechend zu integrieren. Das hat im Team zu geschehen. Jede Fachkraft bringt ihre fachspezifischen Kenntnisse in das Team ein und muß diese mit den Argumenten anderer Fachrichtungen abstimmen. Wenn keine persönlichen Rivalitäten vorliegen und die Auswahl der Fachgebiete den Erfordernissen des Projektes entspricht, ist eine gegenseitige Anerkennung der Experten zu erwarten. Das führt zu einem sachlichen Miteinander, weil jedes Teammitglied erkennt, daß es zur Gesamtgestaltung des Projektes die anderen Partner braucht und nur mit ihnen zusammen einen erfolgreichen Abschluß erzielen kann. Außerdem ergibt sich durch die Teamarbeit eine Erweiterung des eigenen Fachhorizontes. So führen erfolgreiche Zwischenergebnisse trotz mancher Meinungsverschiedenheiten und manchen Disputs zu einem wachsenden Wir-Gefühl und damit zu einem „Teamgeist", der letztendlich eine echte Teamarbeit zur Folge hat, die in der Regel zum Projekterfolg und damit zu einem selbstmotivierenden Erfolgserlebnis führt.

Diese „Drei-Säulen-Hypothese" basiert im wesentlichen auf eigener Empirie. Jahrzehntelange Erfahrungen und auch neuere Beobachtungen in der Praxis bestätigen, daß das Projektmanagement-Engagement und die kooperative Einstellung der drei wichtigen Unternehmensebenen eine entscheidende Voraussetzung für eine erfolgreiche Anwendung insbesondere des Matrix-Projektmanagements ist. Bei der Realisierung des Projektes wirken die drei „Säulen" nicht nebeneinander, sondern miteinander.

12.2 Schaffung günstiger Voraussetzungen für die Projektabwicklung

Günstige Voraussetzungen für die Projektabwicklung ermöglichen einen erfolgreichen Projektverlauf. Dazu sind neben der Aktivierung aller am Projekt beteiligten Unternehmensebenen auch die in den vorangegangenen Kapiteln behandelten personellen und sachlichen Aspekte zu beachten. Die wesentlichsten Gesichtspunkte zur Schaffung günstiger Voraussetzungen für die Projektabwicklung sind im folgenden zusammenfassend wiedergegeben, untergliedert in personelle und sachliche Komponenten:

Auftraggeber bzw. Unternehmensleitung (s. Kap. 4 und 6)
- Klare Zielsetzung mit realistischen und meßbaren Projektzielen sowie weitgehende Kontinuität dieser Ziele.
- Schaffung eines organisatorischen und sozialen Umfeldes, das die interdisziplinäre Kooperation fördert.
- Sicherstellung, daß die Prinzipien des Projektmanagements (Projektmanagement-Philosophie) den am Projekt Beteiligten – einschl. Führungskräften – bekannt sind und angewandt werden.
- Laufende Beobachtung und Verfolgung des Projektfortschritts.
- Unterstützung des Projektleiters bei Schwierigkeiten und unverzügliche Entscheidungen in Konflikt- und Problemfällen.
- Mut zum Abbruch von Projekten bei erheblichen Zielabweichungen.

Übergeordnetes Management **(Topmanagement und beteiligte mittlere Führungskräfte)** (s. Kap. 4 und 6)
- Rechtzeitige Auswahl und Bestimmung des Projektleiters sowie der Projektteammitglieder bzw. anderer Schlüsselpersonen für das Projekt.

- Abgrenzung von Verantwortung und Befugnissen zwischen Projektleiter, Projektteam und Linienvorgesetzten durch Rahmenbedingungen.
- Aktive Mitwirkung bzw. Unterstützung bei der organisatorischen Gestaltung des Projektablaufs, beim Aufbau eines Planungs- und Controllingsystems sowie bei der Realisierung des Projektes.
- Bereitstellung der erforderlichen Ressourcen (insbesondere Personal und Sachmittel).
- Festlegung von Prioritäten bei mehreren parallel abzuwickelnden Projekten (Multiprojektmanagement) und Kapazitätsengpässen.

Projektleitung (s. Kap. 6, Abschn. 6.2)
- Überprüfung der Projektziele auf Realisierbarkeit.
- Gemeinsame Projektplanung im Team.
- Abgrenzung der Teilgebiete des Projektes und Aufgabenverteilung.
- Koordination der Projektarbeiten.
- Laufende Projektüberwachung und -steuerung, unmittelbare Entscheidungen bei Planabweichungen und, soweit erforderlich, Adaption der Projektplanung.
- Förderung von Teamarbeit der am Projekt Beteiligten.
- Kontaktpflege zum Auftraggeber und zu den Führungskräften der am Projekt beteiligten Einheiten - intern sowie extern.
- Nutzung adäquater Methoden, Verfahren und Werkzeuge des Projektmanagements.

Zielgerichtetes Projektmanagement (s. Kap. 7, Abschn. 7.2)
- Beteiligung der für das Projekt vorgesehenen Schlüsselpersonen an der Zielsetzung.
- Zielgliederung (Zielhierarchie) mit Projektteilzielen als Basis für die Delegation von Projektteilaufgaben.
- Anwendung des Prinzips der Zielvereinbarung.

Projektorganisation (s. Kap. 3, Abschn. 3.2 sowie Kap. 5 und 7)
- Einführung einer dem Projekt und dem Umfeld angemessenen Projektmanagementorganisation (z.B. Matrix-Projektmanagement - auch in abgewandelter Form) mit klaren Zuständigkeiten und flexiblen Rahmenbedingungen.
- Anwendung organisatorischer Regelungen von kooperativen Führungsmethoden (z.B. Management by Objectives).

- Nutzung einer dem Projekt entsprechenden Teamorganisation zur Förderung von Kooperation und Koordination.
- Festlegung einer flexiblen Projektablauforganisation mit Regelungen administrativer Belange.

Projektplanung (s. Kap. 7, Abschn. 7.3 und 7.4 sowie Kap. 8)
- Strukturierung des Projektgegenstandes (Produktstruktur) und der Projektaufgaben (Projektstruktur).
- Festlegung projektspezifischer Phaseneinteilung und Meilensteine.
- Projektplanung unter Mitwirkung der am Projekt Beteiligten zu Beginn der Projektarbeit als Basis für das Projektcontrolling.
- Anwendung realistischer Plandaten und Abstimmung der Ablaufplanung mit Kapazitäts-, Termin- und Kostenplanung.

Projektcontrolling (s. Kap. 10)
- Laufende Überprüfung des Projektfortschritts.
- Analyse der von der Projektplanung abweichenden Zwischenergebnisse.
- Aufzeigen und Berücksichtigung von Tendenzen beim Projektablauf.
- Aktualisierung der Projektplanung.

Information und Kommunikation
- Information und Schulung aller am Projekt Beteiligten einschl. des gesamten Managements bezüglich der anzuwendenden Methoden bzw. der „Philosophie" des Projektmanagements.
- Schaffung eines Informationssystems, das den Bedürfnissen von Projektplanung und -controlling gerecht wird.
- Laufende Information aller am Projekt Beteiligten über den Projektverlauf, insbesondere bei Projektschwierigkeiten.
- Regelmäßiger Dialog zwischen Projektleiter und Auftraggeber über das Projektgeschehen.
- Förderung der Kommunikation zwischen Projektmitarbeitern.
- Einführung der „Informations-Bring- und Holschuld" und schnellstmögliche Information an die Betroffenen (Bewußtsein der „Kunden-Lieferanten-Beziehung").

12.3 Erfolgsfaktoren des Projektmanagements

„Wer Aussagen über *Erfolgsfaktoren* des Projektmanagements machen möchte, der muß sich zunächst dem Problem stellen, was unter dem *Erfolg* eines Projektes verstanden werden soll" [7]. H.G. Gemünden stellt dazu fest, daß es den *Erfolgsfaktor* des Projektmanagements nicht gibt, sondern daß es auf die Art des jeweils gewählten Erfolgskriteriums ankommt. Allgemein üblich sind Qualität, technische Leistung, Kosten, Termine und auch soziale Ziele, die für eine Messung des Projekterfolgs zwar notwendig, aber nicht hinreichend sind. Laut H.G. Gemünden [7] „...ist vielmehr eine systematische Differenzierung nach den Kriterien Objekt, Eigenschaft, Perspektive, Phase, Maßstab, zeitlicher Bezug und angestrebtes Ausmaß erforderlich." Diese Erfolgsmaße sind von unterschiedlichen Gesichtspunkten aus zu betrachten.

Objekt: Die Erfolgsbestimmung wird umso schwieriger, je komplexer, innovativer, dynamischer und konflikthaltiger ein Projekt ist.

Eigenschaft: Hierbei geht es um technische, wirtschaftliche, zeitliche und soziale Kriterien.

Perspektive: Bei der Beurteilung des Projekterfolges kommt es auf den Standpunkt des Beurteilenden an. So kann sich aus der Sicht des Projektleiters ein anderes Bild ergeben als vom Standpunkt des Auftraggebers oder des Anwenders.

Phase: Auch der Zeitpunkt der Erfolgsmessung (z.B. bei Projektabschluß oder während der Nutzungsphase) kann zu einem unterschiedlichen Projekterfolg führen.

Maßstab: Für die angelegten Ziele (z.B. technischer, wirtschaftlicher, zeitlicher oder sozialer Art) müssen konkrete Meßgrößen festgelegt werden.

Zeitlicher Bezug: Es gibt Projekte, deren Ergebnis kurzfristig als Mißerfolg angesehen werden muß (z.B. ein Forschungsprojekt), langfristig jedoch Erfolge aufweisen kann. Umgekehrt erweist sich manches Projekt zunächst als Erfolg und stellt sich langfristig bei Nutzung als „Flop" heraus.

Angestrebtes Ausmaß: Grundsätzlich hängt der Erfolg eines Projektes von Vergleichswerten ab. Wenn konkrete, fundierte Ziele vorgegeben werden, dann ist ein Soll-Ist-Vergleich sinnvoll.

Es kommt also darauf an, meßbare Zielgrößen zu formulieren. Das ist bei der Anwendung der Zielvereinbarung, wie sie beim Management by Objectives üblich ist, durchaus möglich. Auch für zunächst nicht meßbare Projektziele lassen sich in den meisten Fällen über den Aufbau einer Zielhierarchie den dazugehörigen Unterzielen jeweils Meßkriterien zuordnen und diesen wiederum Meßgrößen mit entsprechenden Wertebereichen. So entwickeln sich aus den zunächst nicht meßbaren Zielsetzungen letztendlich meßbare Elemente, die insgesamt eine Bewertung des gesetzten Zieles ermöglichen (s. z.B. [45] S. 91 ff). Dabei stellt sich jedoch die Frage, welche Faktoren den Projekterfolg beeinflussen. Dazu sollen empirische Studien Auskunft geben. Zur Einordnung dieser Studien bezüglich der Einflußfaktoren hat H.G. Gemünden [7] einen Bezugsrahmen entwickelt (s. Abb. 12.2), in dem zwischen dem *Projektsystem*, der *Auftragnehmer*- und der *Auftraggeber*-Organisation sowie dem *Kontext* unterschieden wird.

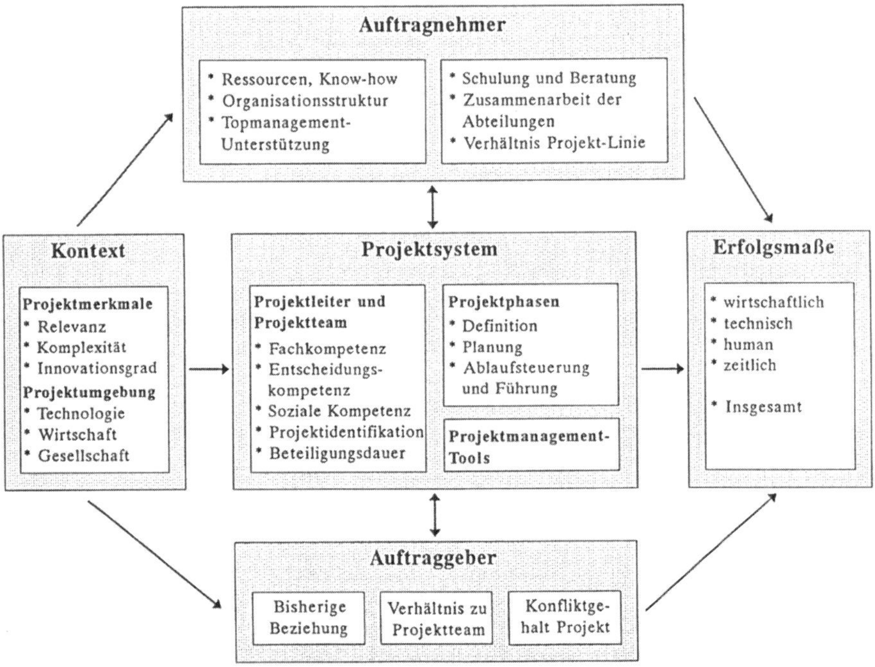

Abb. 12.2. Bezugsrahmen zur Einordnung der empirischen Studien über Einflußfaktoren auf den Projekterfolg nach H.G. Gemünden [7].

Das im Mittelpunkt stehende Projektsystem wird in die Subsysteme *Projektleiter und Projektteam, Projektmanagement-Tools* und *Projektphasen* untergliedert.

Zum Vergleich von Studien verschiedener Autoren werden die zehn Einflußfaktoren jeweils durch einige Kriterien gekennzeichnet [7]:

1. Auftragnehmer-Organisation
   - Ressourcen, Know-how
   - Organisationsstruktur
   - Topmanagement-Support
   - Schulung und Beratung
   - Projektteam
   - Zusammenarbeit Abteilungen
   - Verhältnis Projekt-Linie
2. Auftraggeber-Organisation
   - Bisherige Beziehung zum Auftragnehmer
   - Bedeutung des Projektes aus Kundensicht
   - Akzeptanz, Konfliktgehalt des Projektes
   - Verhältnis zum Projektteam
3. Projektleiter
   - Fachkompetenz
   - Führungsqualität, soziale Kompetenz
   - Managementfähigkeiten
   - Entscheidungskompetenzen
   - Projektidentifikation
   - Beteiligung am Projekt (von/bis)
   - Beeinflussung Projektziele
4. Projektteam
   - Fachkompetenz
   - Soziale Fähigkeiten, Teamgeist
   - Entscheidungskompetenzen, Partizipation
   - Projektidentifikation, Motivation
   - Fluktuation/Kontinuität
   - Anpassungsfähigkeit an Änderungen
5. Projektdefinition
   - Ideensprung
   - Ideensuche
   - Ideenselektion

- Feasibility-Study (Machbarkeitsstudie)
- Zieldefinition und -kommunikation

6. Projektplanung
   - Technische Planung, Anforderungsanalyse
   - Termin- und Kostenplanung
7. Projektsteuerung und -führung
   - Termin- und Kostenkontrolle
   - Leistungs- und Qualitätskontrollen
   - Berichtswesen, unpersönliche Kommunikation
   - Persönliche Kommunikation
   - Organisation Gruppenarbeit, Kooperation
   - Bewältigung von Krisen
   - Zieländerungen
8. Projektmanagement-Tools
   - Projektstrukturplan
   - Netzplantechnik
   - Multiprojektmanagement-Tools
9. Merkmale des Projektes
   - Komplexität, Umfang
   - Relevanz, erwartete Auswirkungen
   - Innovationsgrad, Unsicherheit
   - Dringlichkeit, Zeitdruck
   - Konfliktgehalt
   - Art, Inhalt des Projektes
10. Externe Projektumgebung
    - Technologische Einflüsse
    - Wirtschaftliche Einflüsse
    - Politische und soziale Einflüsse

Als wesentliches Ergebnis wird festgestellt, daß die wichtigsten Einflußblöcke die Merkmale der Auftragnehmer-Organisation, des Projektleiters, des Projektteams und der Projektdefinition sind [7]. „Es fällt auf, daß personalen Faktoren ein wesentlich höheres Gewicht zukommt als technokratischen Instrumenten. Dies belegt die hohe Bedeutung der Variablen: Topmanagement-Support, fachliche, soziale und administrative Fähigkeiten von Projektleiter und Team sowie deren Entscheidungskompetenzen und Identifikation mit den Projektzielen.“ Es wird darauf hingewiesen, daß es stets mehrere Einflußgrößen für den Erfolg des Projektmanagements gibt und daß man dabei von einer multikausalen Problematik ausgehen muß, was auch die eigenen Erfahrungen des Autors bestätigen.

In weiteren empirischen Untersuchungen haben H.G. Gemünden und Th. Lechler [8] ebenfalls festgestellt, daß für die Erfolgsfaktoren des Projektmanagements die menschlichen Aspekte, vor allem „die sozialen und informalen Merkmale weitaus wichtiger sind als die Merkmale des (sogenannten) formal *statischen Projektmanagements,* d.h. der vorher definierten formalen Regeln und Handlungen. Deshalb sprechen die Autoren im Gegensatz dazu von einem zu befürwortenden „prozeßorientierten *dynamischen Projektmanagement.* ... Es kommt auf das persönliche Engagement, das gegenseitige Vertrauen und die Zusammenarbeit der Schlüsselpersonen an. ... Wichtiger als die schriftlich festgelegten Standards des Projektmanagements sind die tatsächlich gelebten Verhaltensweisen. Die offene, vertrauensvolle und direkte mündliche Kommunikation ist viel wichtiger als das schriftliche Reporting-System."

Weiter heißt es [8], daß sich neben den *Funktionen* Zielsetzung, Kommunikation, Planung und Steuerung sowie Partizipation[1], die sich als besonders gut belegte Erfolgsfaktoren erwiesen haben, bei den *Akteuren* das Top-Management, der Projektleiter und das Team als wichtige Einflußgrößen herauskristallisieren. „Das Top-Management kann sich nicht darauf beschränken, Projekte zu kontrollieren. Es muß die Projekte initiieren ... und ihnen eine Richtung geben. Es muß das Projekt stützen, Risiken auf sich nehmen und zusätzliche Ressourcen bereitstellen, wenn es der erwartete Projekterfolg erfordert und rechtfertigt. ... Das Top-Management fördert den Projekterfolg durch eine Übertragung von mehr formaler Kompetenz an den Projektleiter, durch den Einfluß auf die Zusammensetzung der Projektteams und durch die Gewährung eines höheren Grades an Partizipation. Als letzte verantwortliche Instanz hat das Top-Management auch einen positiven direkten Einfluß auf den Projekterfolg. ... Der Einfluß des Projektleiters fällt demgegenüber (lt. Untersuchungsergebnis) deutlich schwächer aus. Nur auf die Zusammensetzung des Teams und die Informations- und Kommunikationsaktivitäten übt er eine signifikante positive Wirkung aus." D.h. es zeigt sich, daß auf Führungsebene „das Top-

[1] Unter dem Faktor *Partizipation* wird das Ausmaß an direkter und indirekter Beteiligung des Projektteams an den Entscheidungen verstanden.

Management vor allem durch angemessene Delegation von Entscheidungsbefugnissen, Einhaltung gegebener Zusagen und durch Unterstützung in Krisensituationen positiv auf die anderen *Akteure* wirkt.“ Der kompetente Projektleiter mit entsprechendem Entscheidungsspielraum trägt vor allem durch eine positive Beziehung zu seinem Team zum Projekterfolg bei. „Das Projektteam ist der eigentliche Träger und Motor der operativen Projektaktivitäten. Es fördert den Projekterfolg auf vielfältige Art und Weise. Ein direkter positiver Effekt auf den Projekterfolg (durch kreative bzw. innovative Aktivitäten) unterstreicht die zentrale Stellung des Teams. Daneben fordert und fördert ein fachlich und sozial kompetentes Team mehr Partizipation. Eine hohe Fachkompetenz führt zum einen zu einer besseren Information und Kommunikation innerhalb und außerhalb des Teams und zum anderen zu einer höheren Qualität der Planung und Steuerung des Projektes.“

Die Qualifikation der am Projekt Beteiligten und vor allem die des Projektteams sind entscheidend für den Erfolg eines Projektes. Was die Führungskräfte anbetrifft, so müssen sie „sich dynamisch auf die Veränderung der Anforderungen einstellen und die Art der Zusammenarbeit variabler und stärker personenabhängig gestalten. Die Spielregeln der Zusammenarbeit lassen sich nur bedingt vorab festlegen. Man muß sich darauf beschränken, bestimmte Rahmenbedingungen zu schaffen, die richtigen Anreize zu setzen, die richtigen Personalentscheidungen zu treffen, Freiräume zu gewähren und sich selbst verantwortende und selbst organisierende Systeme zu schaffen. Konzepte, die sich in diese Richtung bewegen, bezeichnen wir als *dynamische Formen des Projektmanagements.* Bei ihnen stehen die Flexibilität und Anpassungsfähigkeit im Vordergrund, die Handlungsfähigkeit des Systems hat Priorität.“

12.4 Projektmanagement-Konzept (Zusammenfassung)

Eine effektive und effiziente Anwendung des Projektmanagements setzt das Zusammenwirken folgender wesentlicher Faktoren voraus:

1. Fachübergreifende (interdisziplinäre) Aufgabenstellungen als Projekte deklarieren und diese mit Hilfe eines dem jeweiligen Projekt und Umfeld angepaßten flexiblen Projektmanagement-Konzeptes bearbeiten.

2. Schaffung einer angemessenen, die Kooperation und Eigeninitiative fördernde Unternehmenskultur. Das heißt, es geht um ein kulturelles und soziales Umfeld, das die erfolgreiche Führung des Projektes erleichtert. Dazu gehört die Art der Projektführung ebenso wie die Verhaltensweise der am Projekt Beteiligten: die gefühlsbedingte Denkweise der sozialen Gruppen, ihr Empfindungsvermögen, ihre Einstellungen, Vorurteile, Erfahrungen und Wertvorstellungen. Das Umfeld beeinflußt die Art und Weise, wie die Mitarbeiter handeln, wie sie denken und fühlen, wie sie sich im Unternehmen und über das Unternehmen äußern, so daß davon letztendlich die gesellschaftliche Verhaltensweise im Unternehmen bestimmt wird. Dabei geht es vor allem um:
   - Teambildung, Teamarbeit und Teamgeist,
   - Informations- und Kommunikationsbereitschaft,
   - Anwendung eines überwiegend kooperativen Führungsstils sowie um
   - Delegation von Verantwortung und der dazu erforderlichen Befugnisse entsprechend der individuellen Mitarbeiterqualifikation.
3. Nutzung flexibler organisatorischer Methoden und entsprechender Gremien zur Förderung von Kooperation und Koordination. Dabei sind die Beziehungen zwischen den leitenden Führungskräften, den Linienmanagern, dem Projektleiter, den Teammitgliedern und den Projektmitarbeitern aufzuzeigen.
4. Anwendung einer einheitlichen, dem Unternehmen angepaßten und von der obersten Leitung, der mittleren Führungsebene sowie den Mitarbeitern akzeptierten Projektmanagementmethode mit entsprechenden Rahmenbedingungen, die allen Beteiligten bekannt sind und von allen gleichermaßen verstanden werden (gemeinsame bzw. einheitliche Schulung).
5. Anwendung von Zielvereinbarung und Ergebnisüberwachung zumindest bei qualifizierten Projektmitarbeitern.
6. Gemeinsame Projektplanung durch das gesamte Projektteam zu Beginn der Projektarbeit unter Hinzuziehung der am Projekt beteiligten Schlüsselpersonen. Dabei ist eine dem Unternehmen und dem Projekt adäquate Planung durchzuführen, die als Grundlage für das Projektcontrolling dient.
7. Laufendes Projektcontrolling (Überwachung, Steuerung sowie Planungsanpassung) durch das Projektteam und die betroffenen Füh-

rungskräfte. Voraussetzung ist ein geeignetes System zur Überwachung und Bewertung des Projektablaufs und der Projektergebnisse bzw. Zwischenergebnisse.

8. Unterstützung der Projektarbeit durch mitwirkende Abteilungen bzw. Abteilungsleiter und Unternehmensleitung. (Jeder ist einerseits „Kunde“ und andererseits „Lieferant“.)
9. Schnellstmögliche gegenseitige Information aller am Projekt Beteiligten über den jeweiligen Projektstatus einschließlich sich abzeichnender Tendenzen beim Projektablauf. Dazu ist ein angemessenes Informationssystem festzulegen, das eine direkte Information und Kommunikation der Betroffenen gewährleistet. Eine Informations-Bring- *und* Holschuld fördert die Kooperation.
10. Gemeinsames Engagement der drei entscheidenden Hierarchiestufen zur Aktivierung aller Unternehmensebenen im Interesse eines erfolgreichen Projektablaufs (Drei-Säulen-Hypothese).

Diese zehn Faktoren beinhalten das Basiskonzept für ein erfolgreiches Projektmanagement. Es liegt primär am Topmanagement, ob und inwieweit ein solches Konzept eingeführt und praktiziert wird. Es genügt nicht, daß z.B. nur die Mitarbeiter (oder nur eine der anderen „Säulen“) Kenntnis von der anzuwendenden Projektmanagementmethode mit ihren Rahmenbedingungen haben, diese akzeptieren und praktizieren, um mit Projekten erfolgreich zu sein. Voraussetzung für die erfolgreiche Projektarbeit ist, daß diese Kenntnis und Akzeptanz bei allen drei „Säulen“ gleichermaßen vorhanden ist und die Projektmanagement-Rahmenbedingungen auch von allen angewandt und respektiert werden. Was das Topmanagement anbetrifft, so bereiten auch beim Projektmanagement die Grundaufgaben der Unternehmensführung (Zielsetzung, Planung, Entscheidung, Realisierung bzw. Durchsetzung und Controlling) den Weg für den Erfolg des Vorhabens. Der aus der Unternehmensführung bekannte „Managementkreis“ (s. Abb. 8.1) gilt mit gewissen Zusätzen auch beim Projektmanagement, wie Abb. 12.3 zeigt.

Das *Prinzip der Zielvereinbarung* schafft die Grundlage für einen kooperativen bzw. *partizipativen Führungsstil* und gleichfalls für eine *Ergebnisüberwachung*. Damit liegt aber auch eine Basis für die Beurteilung des Projekterfolgs vor. Denn es wird erwartet, daß das Projektergebnis der *Zielvereinbarung* entspricht. Eventuell notwendige Änderun-

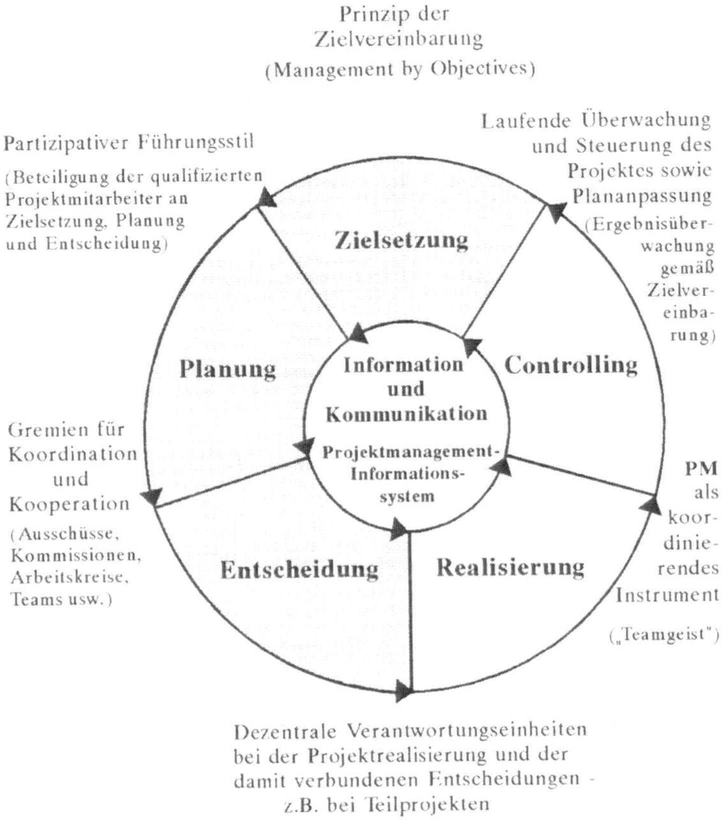

Abb. 12.3. Managementkreis für ein erfolgreiches Projektmanagement. (PM = Projektmanagement)

gen aufgrund neuer Forderungen des Auftraggebers oder aufgrund von Realisierungsschwierigkeiten während der Projektdurchführung müssen jeweils zwischen Auftraggeber und Projektleitung vereinbart werden und führen zu abgeänderten Zielen, die wiederum neue Meßwerte für den Projekterfolg liefern. Somit bleibt die *Zielsetzung* Maßstab für das Projektergebnis.

Die Anwendung eines überwiegend *partizipativen Führungsstils* führt zur *Beteiligung der qualifizierten Projektmitarbeiter an Zielsetzung, Planung und Entscheidung.* Dadurch wird eine Akzeptanz der am Projekt Beteiligten erreicht, die Selbstmotivation auslöst und entsprechende Effektivität sowie Effizienz zur Folge hat. *Gremien für Koordination und Kooperation* fördern die Zusammenarbeit der verschiedenen am Projekt beteiligten Stellen und gewährleisten einen Informationsaustausch der *dezen-*

tralen Verantwortungseinheiten. Damit ist eine organisatorische Voraussetzung dafür geschaffen, daß die zur *Projektrealisierung* gegliederten und delegierten *Teilprojekte* bzw. Teilaufgaben stets aufeinander abgestimmt werden, ohne den Vorteil der dezentralen Detailentscheidungen vor Ort zu beeinträchtigen. Das Projektmanagement *(PM)* insgesamt wirkt vor allem durch das Projektteam *(„Teamgeist") als koordinierendes Instrument* auch bei der *Realisierung* und beim *Controlling.* Die *laufende Überwachung und Steuerung des Projektes* sowie eine erforderliche *Plananpassung* an neue Erkenntnisse während der Projektdurchführung führen zu einem effizienten und effektiven Projektablauf. Aufgrund der *Zielvereinbarung* ergibt sich eine *Ergebnisüberwachung,* die das partnerschaftliche Verhältnis (Kunden-Lieferanten-Beziehung) der am Projekt Beteiligten zum Ausdruck bringt, was wiederum der Motivation und dem Projekt förderlich ist.

Ein dem Projekt und dem Umfeld angemessenes *Projektmanagement-Informationssystem* unterstützt und erleichtert die notwendige *Information und Kommunikation.* Damit kommt das *Projektmanagement als koordinierendes Instrument* besser zur Geltung. Eine gute *Kommunikation* sowie eine wirkungsvolle *Information* begünstigen die Teamarbeit und schaffen eine vertrauensvolle Basis für gute Zusammenarbeit aller Projektpartner. Der sich bildende *„Teamgeist"* resultiert in einer erfolgreichen Anwendung des Projektmanagements.

Literatur

1. Beckers, H.-J. (1980): Projektmanagement. In: RKW-Handbuch: Führungstechnik und Organisation, Kennzahl 1522. Erich Schmidt Verlag, Berlin.
2. Burghardt, Manfred (1988): Projektmanagement. Leitfaden für die Planung, Überwachung und Steuerung von Entwicklungsprojekten. Siemens AG, Berlin/München.
3. Cleland, David I. (1990): Project Management. Strategic Design and Implementation. TAB BOOKS INC., Blue Ridge Summit, PA.
4. End, W., Gotthardt, H. und Winkelmann, R: (1986) Softwareentwicklung. Leitfaden für Planung, Realisierung und Einführung von DV-Verfahren (Projektplanung, Methoden, Phasenkonzept). SIEMENS AG, Berlin/München, 5. Auflage.
5. Fieten, R. (1980): Management-by-Konzepte – Idee und Anwendungsmöglichkeiten. RKW-Handbuch Führungstechnik und Organisation; Kennzahl 2022, III/1980. (Hrsg. Potthoff, E.) Erich Schmidt Verlag, Berlin.
6. Frese, E. (1980): Führungsmodelle. RKW-Handbuch Führungstechnik und Organisation; Kennzahl 1098, VIII/1980. – Hrsg. Potthoff, E. – Erich Schmidt Verlag, Berlin.
7. Gemünden, H.G. (1990): Erfolgsfaktoren des Projektmanagements – Eine kritische Bestandsaufnahme der empirischen Untersuchungen. Projekt Management 1&2/90, Seiten 4-15. – Hrsg. GPM Gesellschaft für Projektmanagement INTERNET Deutschland e.V. – Verlag TÜV Rheinland, Köln.
8. Gemünden, Hans Georg und Lechler, Thomas (1998): Dynamisches Projektmanagement – Grenzen des formalen Regelwerks. Projekt Management 2/98, Seiten 3-14. – Hrsg. GPM Deutsche Gesellschaft für Projektmanagement e.V. – Verlag TÜV Rheinland, Köln.
9. Hansel, J. und Lomnitz, G. (1987): Projektleiter-Praxis. Erfolgreiche Projektabwicklung durch verbesserte Kommunikation und Kooperation. Springer-Verlag, Berlin/Heidelberg/New York.
10. Heeg, F.-J. (1993): Projektmanagement. Grundlagen der Planung und Steuerung von betrieblichen Problemlösungsprozessen. – REFA Fachbuchreihe Betriebsorganiation. – Carl Hanser Verlag, München.
11. Heintel, P. und Krainz, E.E. (1990): Projektmanagement. Eine Antwort auf die Hierarchiekrise? Betriebswirtschaftlicher Verlag Gabler, Wiesbaden.
12. Heuer, G. C. (1979): Projektmanagement. Planung und Steuerung komplexer Vorhaben. Vogel-Verlag, Würzburg.
13. Humble, J. (1972): Praxis des Management by Objectives. Verlag Moderne Industrie, München.
14. Humble, J. (1973): MbO-Fibel. Grundsätze der Führung durch Zielvereinbarung. Herder & Herder Verlag, Frankfurt/M.
15. Imai, M. (1993): Kaizen. Der Schlüssel zum Erfolg der Japaner im Wettbewerb. Verlag Moderne Industrie, München.
16. Knizia, R. (1992): Projektmanagement von DV-Projekten. – Praxis der Wirtschaftsinformatik. – Betriebswirtschaftlicher Verlag Gabler, Wiesbaden.

17. Lechler, Thomas und Gemünden, Hans Georg (1998): Kausalanalyse der Wirkungsstruktur der Erfolgsfaktoren des Projektmanagements. DBW Die Betriebswirtschaft 4/98 (Juli/Aug.), Seiten 435-450. Schäffer-Poeschel Verlag, Stuttgart.
18. Litke, H.-D. (1993): Projektmanagement. Methoden, Techniken, Verhaltensweisen. 2. überarb. und erweiterte Auflage. Carl Hanser Verlag, München/Wien.
19. Madauss, B. J. (1990): Handbuch Projektmanagement. Mit Handlungsanleitungen für Industriebetriebe, Unternehmensberater und Behörden. 3. überarbeitete und erweiterte Auflage. C. E. Poeschel-Verlag, Stuttgart.
20. Mees, J., Oefner-Py, St. und Sünnemann, K.-O. (1992): Projektmanagement in neuen Dimensionen. Das Helogramm zum Erfolg. Betriebswirtschaftlicher Verlag Gabler, Wiesbaden.
21. Mehrmann, E. und Wirtz, T. (1992): Effizientes Projektmanagement. ECON Taschenbuch Verlag, Düsseldorf und Wien.
22. Neuberger, O. (1990): Führen und geführt werden. 3. Aufl. von Führung. Ferdinand Enke, Stuttgart.
23. N. N. (1982): Euphorie und Realität. Aus der Schriftenreihe: EDV in der Papierindustrie, Nr. 17 P. Verband Deutscher Papierfabriken e.V., Bonn.
24. Odiorne, G.S. (1980): Management by Objectives. Führungssysteme für die achtziger Jahre. Verlag Moderne Industrie, München.
25. Oyen, V. und Schlegel, H.B. (1986): Projektmanagement heute. Eine Führungsalternative unserer Zeit. GABAL Schriftenreihe, 12.
26. Page-Jones, M. (1991): Praktisches DV-Projektmanagement. Grundlagen und Strategien. Regeln, Ratschläge und Praxisbeispiele. Carl Hanser Verlag, München.
27. Pinto, Jeffrey K. (Editor), (1998): The Project Management Institute – Project Management Handbook. Jossey-Bass Publishers, San Francisco.
28. Platz, J. (1990): Sieben Mißverständnisse zum FuE-Projektmanagement. Projekt Management 1&2/90, Seiten 16-26. – Hrsg. GPM Gesellschaft für Projektmanagement INTERNET Deutschland e.V. – Verlag TÜV Rheinland, Köln.
29. Platz, J. und Schmelzer, H. (1986): Projektmanagement in der industriellen Forschung und Entwicklung. Einführung anhand von Beispielen aus der Informationstechnik. Springer-Verlag, Berlin/Heidelberg/New York.
30. Reschke, H.; Schelle, H.; Schnopp, R. – Hrsg. – (1989): Handbuch Projektmanagement, Band I und II. Verlag TÜV Rheinland.
31. Rinza, P. (1985): Projektmanagement. Planung, Überwachung und Steuerung von technischen und nichttechnischen Vorhaben. (Reihe: Betriebswirtschaft und Betriebspraxis.) VDI-Verlag, Düsseldorf.
32. Saynisch, M., Schelle, H. und Schub, A. (Hrsg.) (1979): Projektmanagement. Konzepte, Verfahren, Anwendungen. – Deutsche Gesellschaft für Operations Research, Arbeitsgruppe Netzplantechnik und Projektmanagement – Verlag Oldenbourg, München/Wien.
33. Schmitz, H. und Windhausen, M. P. (1986): Projektplanung und Projektcontrolling; in: Betriebswirtschaft und Praxis. VDI-Verlag, Düsseldorf.
34. Seibert, Siegfried (1998): Technisches Management. Innovationsmanagement, Projektmanagement, Qualitätsmanagement. B.G. Teubner, Stuttgart/Leipzig.
35. Sommer, H. (1994): Projektmanagement im Hochbau. Eine praxisnahe Einführung in die Grundlagen. Springer-Verlag, Berlin/Heidelberg/New York.
36. Staehle, W. (1991): Management. 6. Aufl., Vahlen, München.
37. Steinbuch, P. A. (1985): Organisation, Projektorganisation. Reihe: Kompendium der praktischen Betriebswirtschaft. Friedrich Kehl Verlag GmbH, Ludwigshafen/Rhein.

38. Stroebe, R.W. (1992): Führungsstile. Situatives Führen und Management by Objectives. 4. Aufl. Sauer, Heidelberg.
39. Surböck, E. (1978): Management von EDV-Projekten.Verlag de Gruyter, Berlin/New York.
40. Warnecke, H.-J. (1992): Die Fraktale Fabrik. Revolution der Unternehmenskultur. Springer-Verlag, Berlin/Heidelberg/New York.
41. Weiss, J.W. and Wysocki, R.K. (1992): 5-Phase Project Management. A Practical Planning and Implementation Guide. Addison-Wesley Publishing Company, Inc., Reading, Mass.(USA) et al.
42. Wolff, R. (1989): Wider Befehl und Gehorsam. Das Partnerschaftsmodell bei Wolfcraft. Scripta Mercuratae Verlag, St. Katharinen.
43. Wunderer, R. und Grunwald, W. (1980): Führungslehre. Band II: Kooperative Führung. Walter de Gruyter, Berlin, New York.
44. Zielasek, G. (1979): Practical Application of Project Management by Teamwork and Network Technique. Proc. of the 6th INTERNET Congress, Garmisch-Partenkirchen; vol. 4, S. 189-197. VDI-Verlag GmbH, Düsseldorf.
45. Zielasek, G. (1987): Zur empirischen Beurteilung des Einsatzes der Datenverarbeitung im Unternehmen. Verlag M. Wahl, Karlsruhe.

Sachverzeichnis

Springer und Umwelt

Als internationaler wissenschaftlicher Verlag sind wir uns unserer besonderen Verpflichtung der Umwelt gegenüber bewußt und beziehen umweltorientierte Grundsätze in Unternehmensentscheidungen mit ein. Von unseren Geschäftspartnern (Druckereien, Papierfabriken, Verpackungsherstellern usw.) verlangen wir, daß sie sowohl beim Herstellungsprozess selbst als auch beim Einsatz der zur Verwendung kommenden Materialien ökologische Gesichtspunkte berücksichtigen.
Das für dieses Buch verwendete Papier ist aus chlorfrei bzw. chlorarm hergestelltem Zellstoff gefertigt und im pH-Wert neutral.

Springer

MIX
Papier aus verantwortungsvollen Quellen
Paper from responsible sources
FSC® C105338

Printed by Books on Demand, Germany